절세
상식
사전

절세 상식사전
Common Sense Dictionary of Reducing Tax

초판 발행 · 2020년 4월 29일
개정판 발행 · 2021년 5월 13일
개정 2판 발행 · 2022년 5월 10일
개정 3판 발행 · 2023년 5월 26일

지은이 · 유종오
발행인 · 이종원
발행처 · (주)도서출판 길벗
출판사 등록일 · 1990년 12월 24일
주소 · 서울시 마포구 월드컵로 10길 56(서교동)
대표전화 · 02)332-0931 | **팩스** · 02)323-0586
홈페이지 · www.gilbut.co.kr | **이메일** · gilbut@gilbut.co.kr

기획 및 책임 편집 · 이재인(jlee@gilbut.co.kr) | **본문 디자인** · 박상희
마케팅 · 정경원, 김진영, 장세진, 김도현, 이승기 | **제작** · 이준호, 손일순, 이진혁, 김우식
영업관리 · 김명자, 심선숙 | **독자지원** · 윤정아, 최희창

교정교열 · 김동화 | **일러스트** · 조윤혜 | **전산편집** · 김정미 | **CTP 출력 및 인쇄** · 정민문화사 | **제본** · 정민문화사

ISBN 979-11-407-0422-4   13320
(길벗 도서번호 070516)

정가 19,800원

· ·

독자의 1초를 아껴주는 정성 길벗출판사

(주)도서출판 길벗 | IT교육서, IT단행본, 경제경영서, 어학&실용서, 인문교양서, 자녀교육서 www.gilbut.co.kr
길벗스쿨 | 국어학습, 수학학습, 어린이교양, 주니어 어학학습, 학습단행본 www.gilbutschool.co.kr

절세 상식사전

유종오 지음

길벗

직장인, 자영업자·프리랜서, 투자자, 자산가 등 납세자 입장에서 세테크를 알려주는 최초의 책!

세금 납부는 나와 가족을 위한 장기투자, 투자자 마인드가 필요!

'세금 잘 내는 기술'인 세테크를 잘하면 납세자는 어떤 이익을 볼 수 있을까?

첫째, 연말정산 세금환급, 펀드, 부동산투자와 같은 재테크 효과를 얻을 수 있다. 직장인들이 연말정산 때 세금을 환급받거나 투자자들이 비과세 요건을 미리 알고 대비해 투자수익률을 높이는 것 등이 이에 속한다.

둘째, 나와 내 가족이 더 나은 환경에서 살게 된다. 세금은 납세자인 국민이 자신과 나라에 투자하는 투자금과 같다. 꼭 내야 할 세금인지, 금액은 적정한지, 잘못 낸 것은 아닌지를 꼼꼼히 따져 세금을 신고하고 납부해야 한다. 그런 다음 내가 낸 세금이 정말 나라와 국민을 위해 잘 쓰이고 있는지 감시해야 한다. 우리가 세금을 내는 것은 나라의 주주로서 나라에 투자하는 것과 같다. 납세자는 투자자 관점에서 세테크에 임해야 한다. 세테크, 즉 절세 노력은 세금투자자에게 필수적인 권리이자 의무다.

직장인, 자영업자·프리랜서, 자산가라면 꼭 알아야 할 세테크 상식 총망라

세금은 벌어들인 소득과 보유 또는 양도한 자산의 금액에 따라 내야 할 종류와 납부금액의 크기가 달라진다. 미리 알고 대비한다면 절세할 수 있지만, 대부분의 사람은 세금 납부 고지서가 날아오기 전에는 어떤 세금을 얼마나 내야 하는지 잘 모른다. 또 많은 세금 관련 책들이 납세자 입장을 고려하지 않고 세금의 종류를 기준으로 설명하는 데 그치는 아쉬움이 있었다.

이 책은 철저히 납세자 입장에서 구성했다. 먼저 〈준비마당〉에서는 세테크에 필요한 기초 상식을 다룬다. 〈첫째마당〉에서는 직장인, 〈둘째마당〉에서는 자영업자·프리랜서가 알아야 할 세금 종류와 세테크 노하우를 소개한다. 〈셋째마당〉에서는 투자 관련, 〈넷째마당〉에서는 자산가를 위한 세테크를 다룬다. 〈다섯째마당〉에서는 그 외 생활 속 다양한 세금을 알려준다.

다소 어려운 세무 실무를 이해할 수 있도록 가능한 많은 사례를 들어 설명했으며, 어려운 세법 용어는 각주에 따로 설명을 해두었다. 실생활에서 세테크 활용 능력을 키우는 데는 세테크에 대한 원리 이해가 필수적이다. 이 책에서는 세금 계산구조를 소개하고, 절세 포인트가 어디에 있는지, 그 방법은 무엇인지 자세히 설명했다.

최신 세법 개정사항을 충실히 반영한 책

세법은 국내외 경제 상황 변화와 정책 목적에 따라 매년 한 차례 이상 개정이 이루어진다. 지난해 말에도 국회와 정부는 어김없이 세법을 개정했다. 세법 개정이 이루어지면 그에 따라 세테크의 내용도 영향을 받는다. 이에 최신 세법 개정사항을 충실히 반영해 매년 이 책의 개정판을 출간하고 있다. 앞으로도 실생활에 영향을 미치는 세법 개정사항이 있다면 그 사항을 간추려 시의적절하게 책에 반영할 생각이다.

공인회계사·세무사 유종오

사례별 세테크 노하우 찾기

 사례 1 ▶ 6년 전 부동산 거래 세금, 내야 할까?

부동산 재벌 B씨는 6년 전 등기 없이 양도한 토지에 대해 양도소득세 1억 원을 납부하라는 고지서를 받았다. 5년만 지나면 세금을 내지 않아도 된다고 하는데, 꼭 내야 할까?

> **세금 절약 TIP ▶** 세법에서는 정부가 세금을 부과할 수 있는 기한을 정해두고 있다. 일반 세금인 양도소득세는 5년이 지나면 부과할 수 없지만, B씨는 미등기양도라는 비정상적인 방법으로 세금을 내지 않았으므로 거래 후 10년까지는 세금을 부과할 수 있다. 버티지 말고 그냥 내자(8장 참고)!

> **준비마당 ▶ 알면 약, 모르면 독이 되는 세테크의 모든 것**
> 세금 내는 기술, 세테크를 잘하면 세금을 줄여 훌륭한 재테크 효과를 얻을 수 있다. 〈준비 마당〉에서는 세금 재테크를 잘하려면 꼭 알아야 할 세금의 기본 개념을 소개한다. 알면 약, 모르면 독이 되는 세테크 이야기이므로 꼭 알아두자.

사례 2 ▶ 신용카드와 현금영수증, 잘 써서 절세하자!

연봉이 4,000만 원인 L씨는 올해 신용카드 2,500만 원과 현금영수증 500만 원, 총 3,000만 원을 지출했다. 또 소득이 없는 부인 명의의 직불카드로 500만 원을 사용했다. 신용카드 사용액 중에는 전통시장 500만 원, 대중교통비 500만 원, 신문·도서 등 300만 원, 의료비 100만 원, 보험료 300만 원, 아파트관리비 200만 원이 포함되어 있다. 연말정산 시 소득공제받을 수 있는 최대 금액은 얼마일까?

세금 절약 TIP ▶ 소득공제 대상은 신용카드 외에도 직불카드, 선불카드, 현금영수증 등 다양하다. 단, 신용카드 사용액 중 소득공제가 되는 항목과 되지 않는 항목이 따로 있으니 꼼꼼히 확인해야 한다. 신용카드 사용액 중 전통시장, 대중교통, 직불카드 사용분에 대한 공제세율이 각기 다르니 자신의 상황에 맞게 최대한 공제받을 수 있는 수단을 주로 사용하자(24장 참고).

첫째마당 ▶ 유리지갑 직장인을 위한 세테크
직장인에게 연말정산은 잘하면 '13월의 보너스', 잘못하면 '세금 추가납부'가 되는 중요한 일이다. 〈첫째마당〉에서는 직장인을 위한 연말정산 노하우와 퇴직소득세 절세 노하우를 알려준다. 직장인이라면 꼭 챙겨 보자!

사례 3　　**개인사업체를 법인으로 전환하면 어떤 장점이 있을까?**

개인사업자로 사업을 하고 있는 Z씨는 매출액이 20억 원을 넘자 여러 면에서 유리하다는 법인전환을 검토하고 있다. 과연 Z씨는 법인전환을 하는 것이 유리할까?

세금 절약 TIP ▶ 개인사업체를 법인으로 전환하면 다음 세 가지 장점을 얻을 수 있다. ① 순이익이 일정 금액 이상이면 절세효과가 크다. ② 매출 규모가 같다면 법인사업자가 개인사업자보다 관할세무서의 집중 관리를 덜 받는다. ③ 외부에서 대규모 자금을 조달하기 쉽다(43장 참고).

둘째마당 ▶ 자영업자·프리랜서, 부업러를 위한 세테크 노하우
자영업자·프리랜서, 부업러들은 세금 문제를 직접 챙기거나 회계사나 세무사에게 위탁하는 경우가 많다. 하지만 세금 지식이 있어야 제대로 절세를 할 수 있다. 〈둘째마당〉에서는 꼭 알아야 할 사업소득세와 부가가치세에 대해 소개한다.

사례 4 **주식거래 세금을 줄이는 세테크 노하우란?**

M씨는 주식투자로 삼성전자 주식 500주를 주당 4만 원에 매수해 5만 원에 매도했다. 매매수수료에 주식거래세까지 골치가 아프다. 주식거래 시 절세 포인트는 무엇일까?

세금 절약 TIP ▶ 주식거래비용을 최저로 하려면 소액투자자든 대주주든 온라인매매를 하되 단타매매를 피하는 것이 기본 상식이다. 또한 삼성전자 주식을 거래하더라도 대주주인 경우에는 1년 이상 주식을 보유한 후 처분해야 양도소득세를 줄일 수 있다(71장 참고).

셋째마당 ▶ 금융소득, 부동산 수익 세테크 전략
투자수익률을 높이는 가장 쉽고 중요한 방법은 세금을 줄이는 것이다. 〈셋째마당〉에서는 금융소득세, 양도소득세, 재산세, 취·등록면허세, 종합부동산세 등 투자와 관련된 세금을 줄여 세테크 수익률을 높이는 방법을 소개한다.

 사례 5 **아버지가 남긴 유산에 대한 신고·납부는 어떻게 해야 할까?**

홀로 된 부친을 부양하던 V씨는 3억 원의 아파트를 증여받으면서 증여세로 4,700만 원을 신고·납부했다. 이후 부친이 지병으로 사망해 700만 원으로 장례를 치르고, 부친 명의의 단독주택 1채와 예금상품 1억 원, 사망보험금 2억 원을 수령했다. 이에 대한 상속세는 얼마일까?

세금 절약 TIP ▶ 상속재산은 예금이나 부동산뿐 아니라 보험금, 퇴직금, 신탁재산도 가산된다. 그리고 2년 이내에 자산을 처분하거나 채무를 부담한 경우에도 용도가 명백하지 않으면 상속재산에 포함될 수 있다. 상속세는 받는 금액에 따라 적용세율이 달라진다. 그리고 분납도 가능해 자신의 상황에 맞게 상속세 납부 시기를 조절할 수 있다(99장 참고).

넷째마당 ▶ 부자들만 아는 상속, 증여세 세테크
10억 원 이상의 재산을 상속받으면 누구나 상속세 납부자가 될 수 있다. 상속재산에는 사망보험금, 퇴직금, 신탁재산도 포함되니 물려받거나 물려줄 재산이 10억 원이 넘는다면 〈넷째마당〉에서 소개하는 상속, 증여세 세테크를 알아두자.

사례 6 │ 이혼 후 재산분할, 양도소득세 폭탄을 맞다!

Z씨는 자기 소유의 아파트를 배우자 명의로 이전하고 협의이혼을 했다. 그런데 1년 후 2억 8,000만 원 정도의 양도소득세 고지서가 날아왔다. 대가 없이 준 건데 왜 양도소득세가 나온 걸까?

세금 절약 TIP ▶ 이혼으로 재산분할을 하기 위해 부동산을 나눌 때는 위자료 명목이더라도 소유권 이전의 등기원인을 '재산분할청구'로 해야 증여세와 양도소득세 과세를 피할 수 있다. Z씨의 경우에는 등기원인을 '이혼위자료 지급'으로 기재해 양도소득세가 부과되었을 것이다(113장 참고).

다섯째마당 ▶ 알면 도움되는 생활 속 세테크

우리가 알게 모르게 내는 수많은 종류의 세금을 미리 알면 쉽게 절세할 수 있다. 〈다섯째마당〉에서는 자동차, 골프, 담배, 술 관련 세금과 절세 방법, 이혼 시 세금 추가납부 피하는 방법 등 알면 도움되는 생활 속 다양한 세테크를 소개한다.

필요할 때마다 꺼내 보는 세테크 서식 238

세테크 서식 238은 길벗 홈페이지(www.gilbut.co.kr)에서 회원가입 없이 무료로 다운받을 수 있습니다.
홈페이지에서 '절세 상식사전'을 검색하세요.

연말정산

- 교육비납입증명서
- 근로소득원천징수영수증(근로소득지급명세서)
- 근무지(변동)신고서
- 근무지신고서
- 기부금명세서
- 기부금영수증
- 기부금영수증발급명세
- 기부금영수증발급명세서
- 기부금조정명세서
- 방과후학교수업용도서구입증명서(학교외구입분)
- 보험료납입증명서(단체보험)
- 보험료납입증명서
- 소득공제신고서
  -근로소득자공제신고서
- 소득자별근로소득원천징수부
- 소득자별근로소득원천징수부2
- 연금계좌이체명세서
- 연금납입확인서
- 연금보험료등소득·세액공제확인서
- 외국인근로소득세액감면신청서
- 원천징수이행상황신고서(원천징수세액환급신청서)
- 의료비부담명세서
- 의료비지급명세서
- 일시퇴거자동거가족상황표
- 일용근로소득지급명세서(지급자제출용)
- 장기주택저당차입금이자상환증명서
- 장애인증명서
- 장애인특수교육비납입증명서
- 접대비조정명세서
- 주택자금상환증명서
- 취학전아동수강료납입증명서
- 학원수강료지로납부확인서

퇴직소득세

- 과세이연계좌신고서
- 근로자퇴직등통지서
- 퇴직소득과세이연명세서
- 퇴직소득세지방소득세과세표준신고및납부계산서
- 퇴직소득세지방소득세과세표준신고서
- 퇴직소득세지방소득세과세표준확정신고및정산계산서
- 퇴직소득원천징수영수증(퇴직소득지급명세서)
- 퇴직소득원천징수영수증및지급명세서

사업소득세

- 1세대3주택이상자의장기임대주택등일반세율적용신청서
- 간편장부소득금액계산서
- 감면세액조정명세서
- 결손금소급공제세액환급신청서
- 경비등송금명세서
- 계산서
- 계좌개설(변경)신고서
- 공동사업자별소득분배명세서
- 과목별소득금액조정명세서
- 과세표준및세액의결정-경정청구서
- 과세표준수정신고및추가자진납부계산서
- 국세환급금신청서
- 국세환급금양도요구서
- 국외투자기구신고서
- 국외특수관계인간주식양도가액검토서
- 기부금대상민간단체추천서
- 기부금명세서
- 기부금모금액및활용실적명세서
- 기부금영수증발급명세서
- 기부금조정명세서

- 기장세액공제신청서
- 기타소득원천징수영수증-기타소득지급명세서
- 농어촌특별세과세대상감면세액합계표
- 대부업자수입금액검토표
- 대손충당금및대손금조정명세서
- 대주주등신고서
- 대차거래채권매매거래원천세액환급신청서
- 대차거래채권확인서
- 매입처별계산서합계표
- 매출처별계산서합계표
- 배당에대한원천징수부
- 비거주자유가증권양도소득신고서
- 비거주자유가증권양도소득정산신고서
- 비거주자의사업·선박등임대·사용료·인적용역·기타소득지급명세서
- 사업소득세액연말정산신청서(포기)서
- 사업소득원천징수영수증(매월원천징수용), 사업소득지급명세서(매월원천징수용)
- 사업소득원천징수영수증(연말정산용)
- 사업용계좌개설신고서
- 사업장현황신고서
- 선급비용조정명세서
- 성실신고확인자선임신고서
- 세액공제조정명세서
- 소득공제신고서
- 소득구분계산서
- 소득금액조정계산서
- 소득금액조정합계표
- 소득자별근로소득원천징수부
- 소득자별연금소득원천징수부
- 손실거래명세서
- 수입명세서
- 신탁재산(투자회사재산)에대한원천징수세액명세서
- 양도소득원천징수영수증(지급명세서)
- 연금계좌이체명세서

- 연금소득원천징수영수증(연말정산용)
- 연금소득원천징수영수증
- 연금소득자소득 · 세액공제신고서
- 연금소득자소득공제신고서
- 연금수령개시및해지신청서
- 연예인수입금액검토표
- 영수증수취명세서
- 영수필통지서-납부서-영수증
- 외국납부세액공제(필요경비산입)신청서
- 외국인근로소득세액감면신청서
- 외국항행사업소득세액감면신청서
- 외화평가차손익조정명세서
- 원천징수세액반기별납부승인신청서
- 원천징수세액본점일괄납부승인신청서
- 원천징수이행상황신고서(세액환급신청서)
- 유가증권양도소득원천징수영수증(지급명세서)
- 의료비인출명세서
- 의료업자수입금액검토표(일반병의원 · 한의원 공통)
- 이자배당사용료기타소득세조약에의한비과세면제신청서
- 이자배당소득지급명세서
- 이자소득원천징수영수증, 배당소득원천징수영수증-이자소득지급명세서, 배당소득지급명세서
- 일용근로소득원천징수영수증
- 일용근로소득지급명세서
- 일인별수입금액명세서
- 임대보증금등의총수입금액조정명세서
- 임대주택사업자의거주주택1세대1주택특례적용신고서
- 자동차학원수입금액검토표
- 장기주택저당차입금이자지급명세서
- 장기채권분리과세철회신청서
- 장기채권이자소득분리과세신청서
- 재고자산등평가방법(변경)신고서
- 재고자산평가조정명세서
- 재해손실세액공제신청서
- 접대비조정명세서
- 제세공과금조정명세서
- 조정계산서
- 조정후수입금액명세서
- 종합소득세 · 농어촌특별세 · 지방소득세 과세표준확정신고및자진납부계산서
- 종합소득세과세표준확정신고서(단일소득-단순경비)
- 종합소득세과세표준확정신고서
- 종합소득세지방소득세과세표준신고및자진납부계산서
- 종합소득세농어촌특별세지방소득세과세표준확정신고및납부계산서
- 주식거래명세서
- 주식양도소득금액계산명세서
- 주요경비지출명세서

- 주택담보노후연금이자비용증명서
- 주택임대사업자수입금액검토표
- 주택자금상환증명서
- 중간예납추계액신고서
- 지급이자조정명세서
- 지정기부금단체추천서
- 채권매출확인서
- 총수입금액및필요경비명세서
- 총수입금액조정명세서
- 최저한세조정명세서
- 추가납부세액계산서
- 추계소득금액계산서
- 토지등매매차익계산명세서(기준경비율)
- 토지등매매차익예정신고서및납부계산서
- 퇴직급여충당금조정명세서
- 퇴직보험료등의조정명세서
- 퇴직연금납입증명서
- 표준대차대조표
- 표준손익계산서
- 표준원가계산서
- 표준원가명세서
- 표준재무상태표
- 표준합계잔액시산표
- 학원사업자수입금액검토표
- 해외부동산취득및투자운용(임대)명세서
- 해외영업소설치현황표
- 해외현지법인명세서
- 해외현지법인재무상황표
- 홈택스이용신청서
- 환매조건부채권매매거래원천세액환급신청서
- 환매조건부채권매매거래확인서

양도소득세

- 대주주등신고서
- 부동산매각의뢰신청서
- 부동산양도(신고, 확인)서
- 비거주자유가증권양도소득신고서
- 양도소득과세표준신고및납부계산서
- 양도소득금액계산명세서
- 양도소득세간편신고서(소명자료제출시)
- 양도소득세물납신청서
- 양도소득원천징수영수증
- 양도취득가액및필요경비계산명세서
- 유가증권양도소득원천징수영수증
- 주식거래명세서
- 주식등양도소득금액계산명세서

상속세 · 증여세

- 가가업상속공제신고서
- 가업상속재산가액명세서

- 공익법인결산서류등의공시
- 공익법인등의세무확인결과집계표
- 공익법인등의세무확인서
- 공익법인출연재산등보고서
- 금융재산상속공제신고서
- 기부금품의모집및지출명세서
- 동거주택상속공제신고서
- 보유부동산명세서
- 보험계약자등명의변경명세서
- 상속개시전처분채무부담사용처소명명세서
- 상속세(증여세)연부연납허가신청서
- 상속세결정경정청구서
- 상속세과세가액계산명세서
- 상속세과세표준신고서
- 상속인별상속재산및평가명세서
- 상속재산미분할신고서
- 상속증여세물납신청서
- 상속증여세연부연납허가신청서
- 수증자등및과세가액계산명세서(II)
- 수증자등및과세가액계산명세서
- 수혜자선정부적정명세서
- 연부연납허가신청서
- 영농상속공제신고서
- 외국납부세액공제신청서
- 운용소득사용명세서
- 이사등선임명세서
- 장부의작성 · 비치의무불이행등명세서
- 재산의운용및수익사용내역부적정명세서
- 재해손실공제신고서
- 전환사채등발행및인수명세서
- 주권(출자증권 · 공채 · 사채 · 수익증권 · 은행예금 · 기타예금)명의개서신청서(변경명세서)
- 주식(출자지분)보유명세서
- 주식등의출자연취득등보유처분명세서
- 증여세과세표준신고및자진납부계산서(특수관계법인과의거래를 통한 증여의제이익신고용)
- 증여세과세표준신고서(기본세율적용분)
- 증여세과세표준신고서
- 증여재산및평가명세서
- 증여재산평가및과세가액계산명세서
- 지배주주등과특수관계법인
- 채무공과금장례비용상속공제명세서
- 출연받은재산의공익목적사용현황
- 출연받은재산의사용명세서
- 출연자등특수관계인사용수익명세서
- 출연자및이사등주요구성원현황명세서
- 출연재산매각대금사용명세서
- 출연재산운용소득매각대금사용계획내역서
- 퇴직급여등지급명세서
- 특정기업광고등명세서
- 특정시설물(골프 회원권등)이용권명의개서명세서(변경명세서)

차례

둘째마당 자영업자·프리랜서, 부업러를 위한 세테크 노하우

셋째마당 │ **금융소득, 부동산 수익 세테크 전략**

넷째마당 부자들만 아는 상속, 증여세 세테크

**Common Sense Dictionary
of Reducing Tax**

0

준비
마당

알면 약,
모르면 독이 되는
세테크의 모든 것

001

또 하나의 소득,
절세로 만든다!

절세는 누구에게나 필요하다!

대부분의 사람이 세금은 자기와는 무관하고, 기업, 투자자, 대규모 자영업자, 전문직 종사자만 알면 되는 것이라 생각한다. 하지만 유리지갑 직장인도, 소규모 자영업자나 프리랜서도, 부업으로 소소한 수익을 올리는 사람도, 주택 1채만 가지고 있는 사람도 세금 문제를 피해갈 수 없다. 세금 납부는 누구나 관심을 가져야 하는 국민의 의무 중 하나지만, 세금을 꼼꼼히 따져보는 사람은 그리 많지 않다.

직장인만 하더라도 '연말정산[1]이나 잘하면 되지' 혹은 '연말정산은 나와 상관없어'라고 생각하는 사람이 많다. 소규모 자영업

---

1   **연말정산** 근로소득, 연금소득, 일정한 사업소득을 지급할 때 매월 급여와 소득 중 일정 금액을 미리 원천징수해 납부한 후 이를 연 단위로 정산해 정한 시기(근로소득은 다음 해 3월 10일까지, 다른 소득은 다음 해 5월 말까지)에 신고·납부하는 제도다. 정산세액이 원천징수세액보다 크면 세금을 환급받고, 적으면 추가납부를 하게 된다.

자나 프리랜서의 경우 세금 문제를 아예 회계사에게 일임하는 경우도 많다. 하지만 본인에게 어떤 이유로 세금을 떼어가는지를 알면 흥미도 생기고 유용하다.

부동산도 마찬가지다. 부동산을 한 번이라도 매매해본 사람은 부동산을 사고파는 과정에서 얼마나 많은 세금이 발생하는지 알 것이다. 이 과정을 알면 내야 할 세금을 미리 알아서 준비하고, 피할 수도 있다.

합법적으로 세금을 줄이는 '절세'

절세란, 세법이 인정하는 테두리 내에서 세금을 합법적으로 줄이는 것을 말한다. 근로소득자들이 매년 연말정산을 할 때 신용카드 지출 내역, 연금저축 불입액, 월세 지출 내역, 기부금 내역 등 소득(세액)공제 증빙을 제출해 세금을 줄이거나 환급받는 것이 대표적인 절세 방법이다.

불법적으로 세금을 줄이는 '탈세'

탈세란, 거짓 증빙을 제출해 불법적인 방법으로 세금을 적게 내거나 부당하게 환급받는 것을 말한다. 부동산을 양도하고 다운계약서[2]를 작성해 양

---

2   **다운(Down)계약서/업(Up)계약서** 다운계약서란, 부동산 등을 매매할 때 실제보다 적은 금액으로 양도한 것처럼 허위로 작성하는 계약서를 말한다. 부동산을 파는 사람이 양도금액을 줄이면 양도차익이 줄고, 양도자는 양도소득세를 적게 낸다. 부동산을 사는 사람이 취득금액을 줄이면 취득세를 적게 낸다. 이와 반대로 1세대 1주택자로 양도소득세를 내지 않는 경우 양도금액(그리고 취득금액)을 높이기 위해 업계약서를 작성하기도 한다. 업계약서는 부동산을 산 사람이 나중에 이 부동산을 양도할 때 양도차익을 줄여 양도소득세를 적게 내는 데 이용된다. 다운계약서와 업계약서 모두 불법이다.

도소득세[3]를 적게 내거나 가짜 기부금 영수증으로 세액공제를 받는 것이 탈세에 속한다.

탈세를 하면 당장은 세금을 적게 내니 이익이 될지 모르지만, 그 사실이 세무조사 또는 탈세제보[4] 등에 의해 밝혀지면 무거운 세금 추징과 가산세[5]로 이어지므로 오히려 손해를 입는다. 더욱이 '사기나 기타 부정한 행위로 조세를 포탈하거나 조세의 환급 및 공제를 받은 자'에 해당되면 조세포탈죄로 형사처벌까지 받게 된다.

따라서 세테크는 세법에서 허용하는 여러 가지 절세 팁을 최대한 활용하는 기술이지, 탈세를 하는 것이 아니라는 점을 기억하자.

---

3 **양도소득세** 부동산이나 특정 주식 등 세법에서 정한 과세 대상 재산을 양도할 때 양도금액에서 취득금액 등을 뺀 양도소득에 대해 부과하는 세금을 말한다(86장 참고).

4 **탈세제보** 세금탈루(탈세) 또는 세금의 부당환급과 관련된 중요 자료를 제공하거나 체납자의 은닉재산을 신고하는 것을 말하며, 탈세제보를 하는 사람에게 해당 세액의 5~20%(최고 40억 원 한도)를 지급하는 탈세제보신고포상금제도가 있다. 차명계좌를 신고한 경우에는 건별로 100만 원을 지급한다.

5 **가산세(加算稅)** 납세의무자가 세법에서 정한 신고를 하지 않거나 세금 납부를 연체했을 때 부과하는 경제적 벌칙으로, 세금의 일부다.

002

소득이 많지 않은데
세테크가 필요할까?

세금과 무관한 사람은 없다

이제 막 취업한 신입사원 A씨는 주변 사람들에게 재테크나 세테크에 관련된 이야기를 들으면서 '집도 없고, 차도 없고, 소득도 많지 않은데 세테크를 할 만한 게 있을까?'라고 생각한다. 어찌 보면 맞는 말이다. 세금을 낼 소득이나 재산이 없다면 세테크는 자기와 상관없는 남의 이야기일 수 있다.

그런데 좀 더 생각해보자. 정말 자신은 세금과 무관한 생활을 하고 있을까? 재산이나 소득이 없으니 내고 있는 세금이 없을까?

세금은 알게 모르게 빠져나간다

세금은 '알고 내는 세금'과 '나도 모르게 내는 세금'으로 나눌 수 있다. 예를 들어 근로소득자들이 다음 연도 초에 연말정산을 통해 납부하거나 환급받는 근로소득세는 '알고 내는 세금' 중 하나다. 근로소득세는 매달 간이세

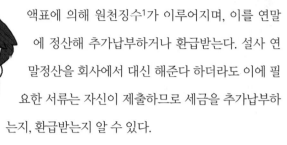

액표에 의해 원천징수[1]가 이루어지며, 이를 연말에 정산해 추가납부하거나 환급받는다. 설사 연말정산을 회사에서 대신 해준다 하더라도 이에 필요한 서류는 자신이 제출하므로 세금을 추가납부하는지, 환급받는지 알 수 있다.

근로소득세 이외에도 양도소득세, 법인세, 종합소득세 등은 납세의무자가 신고·납부하므로 알고 내는 세금에 속한다. 재산세, 주민세 등과 같은 지방세도 지방자치단체에서 고지해주므로 이 역시 알고 내는 세금이다.

하지만 우리 생활 속에는 자신이 의식하지 못하는 사이에 새나가는 세금이 무수히 많다. 생활필수품이나 커피값, 술값, 식대, 담뱃값 속에 이미 부가가치세, 주세, 교육세, 담뱃세 등이 포함되어 있다. 또 교통비 속에도 교통세나 주행세 등이 포함되어 있어 자기도 모르게 지갑에서 세금이 빠져나간다. 결국 소득이나 재산이 있을 때뿐 아니라 소비를 할 때도 세금을 낸다. 오죽하면 "인간에겐 피할 수 없는 두 가지가 있다. 하나는 죽음이고 또 하나는 세금이다"(벤저민 프랭클린)라는 말이 있을까.

---

1 **원천징수** 근로소득이나 기타소득 등을 지급할 때 지급하는 자(사업자)가 지급받는 자(소득자)에게서 세법에 따라 세금을 미리 징수해 납부하는 절차를 말한다. 원천징수된 세금은 사후정산(연말정산 또는 종합소득 합산신고) 과정을 통해 선납세금으로 공제받거나 환급받을 수 있다.

세금을 줄이는 일을 즐기자

'피할 수 없으면 즐겨라'라는 말이 있다. 세금을 즐거운 마음으로 내는 사람은 없겠지만, 세금을 줄이는 일은 즐길 수 있다. 세금을 피할 수 없다면 즐겨야 하고, 즐기기 위해서는 두 가지 마인드가 필요하다. 하나는 세금을 지출이 아닌 투자로 보는 마인드, 또 하나는 절세 마인드다.

세금은 생계가 어렵거나, 병들었거나, 장애를 가진 사람들에 대한 복지의 재원이 된다. 또 사회기반시설이나 국방 등과 같은 공무 서비스, 환경보호 등에 투입되어 사회활동이나 경제활동이 안전하고 자유롭게 이루어지도록 하는 재원이 된다. 이와 같은 세금이 없다면 개개인의 사회생활은 매우 피폐해질 것이고, 사회안전망의 부재로 사회가 몹시 불안정해져 삶의 질이 떨어질 것이다. 세금을 '폭탄'이라고 생각해 세금 내기를 거부하거나 탈세를 한다면 삶의 안전을 위해 개인적으로 훨씬 더 많은 위험과 손실을 감수해야 한다.

하지만 세금은 기부가 아니다. 세금은 법으로 정한 의무이므로 이를 절세하려는 노력도 법을 지키는 일에 속한다. 따라서 절세는 세법을 이해하고, 세금의 공정성을 높이는 민주주의 실천 방법 중 하나라 할 수 있다.

003

세금의 종류를 알아보자

세금의 종류, 얼마나 알고 있는가?

세금의 종류를 양 손가락에 꼽을 정도로 알고 있다면 그래도 많이 아는 것이다. 수입재화에 붙는 '관세'[1] 외에 알 만한 세금을 꼽아보자.

매달 월급에서 떼는 근로소득세는 누구나 알고 있을 것이다. 재산세나 주민세는 구청에서 고지해주므로 알고 있을 것이고, 집을 팔 때 내는 양도소득세와 살 때 내는 취득세, 부동산을 소유하고 있을 때 내는 재산세, 종합부동산세도 알고 있을 것이다. 이것들은 사회적으로 논란이 큰 세금이기도 하다.

법인의 소득에 매기는 법인세와 개인의 소득에 매기는 소득세도 빼놓을 수 없다. 부자들의 고민인 상속세와 증여세, 상품이나 용역을 살 때 소비자들이 부담하는 부가가치세, 주식을 팔 때 내는 증권거래세, 자동차를 소유

---

1 **관세** 세관을 통과하는 상품에 대해 물리는 세금이다. 즉, 물품이 한 국가의 경제적인 경계를 넘어 법적 관세 영역으로 출입할 때 부과되는 모든 조세를 말한다. 관세 기준상으로는 종가세, 종량세, 선택세, 골준세, 계절관세, 톤세, 관세할당, 혼합세 등으로 구별된다. 우리나라의 현행 관세는 수출진흥과 국내산업 보호를 목적으로 수입품에만 부과하는 수입관세로서 종가세를 주로 하고 있다.

했을 때 내는 자동차세도 조금만 관심을 가지면 알 수 있다. 이 정도만 알아도 세금의 종류를 꽤 많이 알고 있는 사람에 속한다.

하지만 이외에도 우리나라에 있는 세금은 종류가 자그마치 30가지나 된다. 물론 그중에는 직장인으로만 생활하면 평생 관련이 없는 세금도 있다. 그래도 살면서 20가지 정도는 알든 모르든 부딪치게 된다. 대표적인 세금을 도표로 나타내보면 다음과 같다.

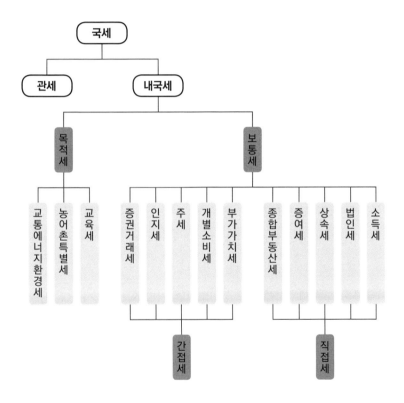

직접세와 간접세

상식적으로 알아두어야 할 세금의 종류는 두 가지다. 첫 번째는 '직접세'

와 '간접세'다. 직접세는 소득세나 재산세처럼 자기 소득이나 재산에 대해 스스로 납부하는 세금이다. 납세자 자신이 직접 부담하는 것이라 세금이 적정한지 판단할 수 있고, 액수가 조금만 늘어도 저항감을 느낀다.

반면, 간접세는 재화나 용역의 가격에 붙는 부가가치세, 대형가전제품 등에 붙는 개별소비세처럼 사업자가 징수해 납부하기는 하지만, 실제로는 최종소비자가 부담하는 세금을 말한다. 소비자들은 이러한 간접세를 부담하면서도 이를 물건 가격의 일부인 것처럼 생각하기 때문에 세금이라고 느끼지 못한다. 즉, '나도 모르게 내는 세금'이라고 보면 된다.

국세와 지방세

두 번째는 '국세'[2]와 '지방세'[3]다. 지방세를 세무서에 납부하러 가거나 국세를 시·군·구청에 신고·납부하러 가면 망신살이 뻗칠 수 있다. 세무서 공무원들은 지방세를 모르고, 시·군·구청 세무 담당 공무원들은 국세를 모른다. 자기 업무가 아니기 때문이다. 소득세, 법인세, 부가가치세, 종합부동산세는 국세이고, 재산세, 취득세는 지방세다.

국세는 아무 세무서에 내도 상관없지만, 지방세는 반드시 관할 시·군·구청에 내야 한다는 것 정도는 상식으로 알아두자.

---

2 **국세** 중앙정부에서 납세자에게 부과하는 세금이다. 국세의 종류, 과세 요건, 세율 등은 국회에서 만든 법률로 정한다.

3 **지방세** 시·군·구청 등 지방자치단체가 지방의 재정수입에 충당하기 위해 관할구역 내에 거주하는 주민에게 부과하는 세금이다. 국회에서 만든 「지방세법」에 따른다. 「지방세법」이 정하는 범위 안에서 지방자치단체의 조례로 세목, 과세 대상, 세율 등에 관한 사항을 정할 수 있다.

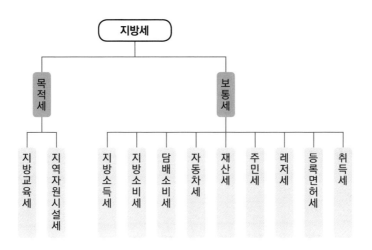

지방세

목적세
지방교육세
지역자원시설세

보통세
지방소득세
지방소비세
담배소비세
자동차세
재산세
주민세
레저세
등록면허세
취득세

004

세금을 모르면
큰코다친다

세금을 줄이려다 벌금 내고 싶지 않다면?

세테크는 납세의무자[1]가 성실하게 노력하면 누릴 수 있는 권리다. 하지만 세테크를 잘못하면 세금을 줄이기는커녕 원래보다 훨씬 많은 세금과 가산세를 내야 할 수도 있다.

잘못된 세테크는 바뀐 세법을 모르고 잘못 적용한 경우, 세법에 어긋난 방식으로 탈세한 경우, 조세회피를 했다가 소송에서 패한 경우로 나눌 수 있다.

잘못된 세테크 1 ‖ 바뀐 세법을 모르고 잘못 적용한 경우

세법은 매년 바뀐다. 주로 나라의 경제 상황 변화, 헌법재판소 또는 대법원 판결에 따른 개정, 기타 정책적인 목적을 달성하기 위해 1년에 한 차례 이상 개정된다. 세법이 바뀌면 합법이 탈법이 되기도 하고, 그 반대가 되기

---

1   **납세의무자** 세금을 신고·납부할 의무를 가진 사람을 말한다.

도 한다. 직장인이 시민단체에 기부하면 과거에는 근로소득에서 공제했지만, 이제는 기부금의 일정률을 세액에서 공제한다. 그런데도 예전처럼 기부금을 소득에서 공제해 신고하면 절세가 아니라 탈세가 될 수 있다. 바뀐 세법을 어기고 세금을 적게 냈기 때문이다. 따라서 연말정산을 할 때는 개정세법을 잘 업데이트해 실수하지 않도록 주의해야 한다.

잘못된 세테크 2 ‖ 세법에 어긋난 방식으로 탈세한 경우

탈세는 고의적인 세금탈루(稅金脫漏, 세금이 밖으로 빠져나가 새다)일 뿐, 세테크가 아니다. 탈세가 적발되면 세액의 최대 40%(국제거래 60%)에 해당하는 '부당과소신고가산세'[2]와 함께 세금 미납기간 동안 매일 세액의 0.022%에 해당하는 '납부지연가산세'[3]를 부담해야 한다. 원천징수를 했더라도 연간 750만 원이 넘는 기타소득은 종합소득에 합산해 신고해야 한다. 프리랜서가 이와 같은 소득을 누락해 신고하면 탈세가 된다. 분리과세로 끝나는 기타소득 기준금액(750만 원 이하)을 모를 때 생길 수 있는 탈세인데, 이 경우 세금 추징과 가산세를 피할 수 없다. 기업이 매출을 누락하거나 거짓 경비를 장부에 반영하는 것도 탈세에 해당해 무거운 가산세가 부과된다.

---

2 **과소신고가산세** 무신고가산세가 세법에서 정한 신고의무를 아예 이행하지 않은 데 따른 가산세라면, 과소신고가산세는 세법에서 정한 금액보다 적게 신고한 데 따른 가산세를 말한다. 과소신고가산세에는 10%의 가산세가 부과되는 일반과소신고가산세와 부당한 방법으로 적게 신고해 40%(국제거래가 수반되는 부정행위의 경우 60%)의 가산세가 부과되는 부당과소신고가산세가 있다.

3 **납부지연가산세** 세법에서 정한 세금을 납부기일까지 납부하지 않은 데 대한 연체이자 성격의 가산세로, 하루에 미납세액의 0.022%씩 늘어난다. 단, 고지납부하는 세금은 납부기한까지 체납 시 세액의 3%, 완납할 때까지 최대 5년 동안 1일 0.022%씩 가산세가 추가된다.

잘못된 세테크 3 ‖ 조세회피를 했다가 소송에서 패한 경우

조세회피 방식으로 세테크했다가 소송에서 지는 경우에도 적게 낸 세금을 추징당하고, 무신고가산세, 과소신고가산세, 납부지연가산세를 물 수 있다. 예를 들어 아버지가 10억 원을 본인 명의로 은행에 예치하지 않고, 아들 명의를 빌려 각각 5억 원씩 예치했다고 가정해보자. 그러면 1인당 이자소득이 금융소득종합과세[4] 기준금액인 2,000만 원에 미달하게 되어 종합소득세를 회피할 수 있다.

하지만 이 경우 다음 두 가지 중 하나로 귀결될 가능성이 크다. 이 거래가 명백한 '명의위장거래'로 밝혀지면 실질소득자인 아버지에게 종합소득세 추징이 가능하다. 또는 명의위장이 아니라 사실상 '증여'로 간주되면 아들에게 증여세를 추징할 수 있다.

잘못된 세테크의 결과 1 ‖ 가산세 납부

가산세는 세법에 정해진 신고·납부의무를 지키지 않았을 때 부과하는 행정벌(行政罰, 「행정법」에서 의무 위반에 대한 제재로 가하는 벌)에 해당하는 세금이다. 가산세는 크게 신고 관련 가산세(무신고가산세, 과소신고가산세, 초과환급신고가산세 등)와 세금 납부지연 관련 가산세(미납 또는 과소납부·초과환급가산세, 납세고지

---

4 금융소득종합과세 이자소득과 배당소득 등 금융소득을 종합소득에 합산해 과세하는 제도. 낮은 세율로 분리과세하던 이자소득과 배당소득을 근로소득·사업소득 등 다른 종합소득에 합산해 누진세율을 적용함으로써 부의 재분배를 촉진하고 조세형평성을 실현하기 위한 제도다. 1996년부터 실시되었지만, 1997년 말에 발생한 외환위기로 전면유보되었다가 2001년 1월 1일부터 다시 실시되었고, 2013년부터는 기준금액이 4,000만 원에서 2,000만 원으로 인하되었다(30장 참고).

후 납부지연가산세)로 구분된다.

신고 관련 가산세는 세액의 10~60%(또는 수입금액의 0.07% 또는 0.14%)이고, 세금 납부지연 관련 가산세는 신고·납부기한까지의 미납(과소납부, 초과환급) 세액에 덧붙여 1일 0.022%를 연체이자 가산세로 그리고 납세고지서에 따른 납부기한까지 미납 또는 과소납부한 세액의 3%를 합해 부과한다.

하지만 가산세도 경감해줄 때가 있다. 법정신고기한 내에 신고한 후 1개월 이내에 수정신고[5]를 하면 해당 가산세의 90%, 3개월 이내면 75%, 6개월 이내면 50%, 1년 이내면 30%, 1년 6개월 이내면 20%, 2년 이내면 10%를 누진적으로 감면해준다.

법정신고기한 후에 신고하는 경우에는 1개월 이내 신고 시 가산세의 50%, 3개월 이내면 30%, 6개월 이내면 20%를 누진적으로 감면해준다.

잘못된 세테크의 결과 2 ‖ 조세포탈죄로 처벌

「조세범처벌법」에 따르면, 조세포탈죄는 '사기나 기타 부정한 방법으로 세금을 떼어먹거나 환급 또는 공제받은 자'에게 적용된다. 물론 처벌하기 전에 조세범칙조사심의위원회에서 탈세 행위가 사기나 기타 부정한 행위에 의한 것인지 여부를 심의한다.

조사 결과 이중장부, 허위계약, 증빙서류 허위작성, 부정세금계산서 수

---

5   **수정신고** 애초에 법정신고기한 내에 세금을 신고했지만, 내야 할 세금보다 적게 신고했거나 많이 환급받은 경우 납세의무자가 자진해 이를 정정하는 신고를 말한다. 수정신고는 정부가 오류를 시정해 결정 또는 경정해 통지하기 전에 행하는 것으로, 확정신고와 같은 효력이 있다.

수, 기업자금 변칙유출, 상습적인 부동산투기 등 악의적이고 고의적인 것으로 확인되면 국세청장이나 관할세무서장이 고발 여부를 판단한다. 이때 단순한 무지 또는 실수에 의한 경우에는 조세범 처벌 대상이 되지 않는다. 조세범이라 하더라도 국세청장 등의 고발이 없으면 검사가 공소를 제기할 수 없는 고발전치주의가 적용된다.

조세포탈범에 대해서는 2년 이하의 징역 또는 포탈세액이나 환급·공제받은 세액의 2배 이하에 해당하는 벌금형에 처하는데, 징역형과 벌금형을 병과할 수 있다. 특히 포탈세액 등이 3억 원 이상이고, 이 금액이 당초 신고·납부해야 할 세액의 30% 이상인 경우 또는 포탈세액 등이 5억 원 이상인 경우에는 3년 이하의 징역 또는 포탈세액 등의 3배 이하에 해당하는 벌금형에 처한다. 조세포탈범의 공소시효는 7년이지만, 가중처벌 대상인 경우에는 공소시효가 10년으로 연장된다.

잘못된 세테크의 결과 3 ‖ 고액 및 상습체납자의 처벌

국세를 체납한 경우 체납한 때로부터 1년이 지난 국세가 2억 원 이상에 해당하면 관보에 체납자의 인적사항과 체납금액이 공개되고, 3회 이상 체납하고 1년 이상 체납액이 2억 원 이상인데 감치 필요성이 인정되는 경우에는 최대 30일까지 유치장에 감치할 수 있다.

005
세테크의 기본은
서류 챙기기!

세테크의 핵심은 무엇일까? 세금 계산구조나 신고·납부 시기와 방법은 다소 복잡하므로 전문가에게 맡기는 것이 안전하다. 하지만 아무리 전문가라도 해결해줄 수 없는 일이 있다. 바로 세금 계산의 기초가 되는 증빙자료를 챙기는 일과 장부를 기록하는 일이다. 증빙자료는 거래를 입증할 객관적인 증거이고, 기록은 거래 내역을 확인하는 자료이므로 세테크의 핵심에 해당한다. 아무리 세테크를 하려 해도 이에 필요한 증빙이나 기록이 없다면 누구에게도 하소연할 수 없다.

다운계약서를 작성했다가 고민에 빠진 A씨

(사례) A씨는 3년 전에 아파트를 취득하면서 매도자의 요구에 따라 어쩔 수 없이 1억 원을 낮춘 다운계약서를 작성해주었다. 그런데 그 아파트를 팔면서 고민에 빠졌다. 아파트가 비과세 요건을 충족하지 못해 양도소득세를 내야 하는데, 다운계약서 금액으로 하자니 세금이 무려 2,000만 원이 더 나오기 때문이었다. 더욱이 그 당시 계약금과 중도금은 계좌이체했지만, 잔

금을 치를 때 1억 원에 해당하는 금액은 계좌이체하지 않았다. A씨는 어떻게 해야 할까?

이 사례는 부동산 거래에서 매수자가 매도자보다 불리한 상황에서 종종 발생하는 일이다. 매수자도 취득 시 계약서상의 가격이 낮아지면 그만큼 취득세[1] 등을 줄일 수 있는 이점이 있어 마지못해 응하게 된다. 하지만 해당 아파트가 양도소득세 비과세 물건이 아니라면 A씨처럼 양도할 때 고민에 빠진다.

A씨의 고민은 두 가지다. 첫 번째는 증빙이 있는 다운계약서대로 신고하는 것이다. 하지만 이렇게 하면 무려 2,000만 원의 세금을 억울하게 더 내야 한다. 두 번째는 정상거래가로 신고하는 것이다. 정상거래가로 신고하면 양도소득세를 줄일 수 있지만, 3년 전 매도자와 분쟁이 발생하게 된다. 이 경우 거래대금 중 1억 원에 대한 증빙이 없어 A씨에게 불리하다. 설사 자기 신고가 받아들여진다 해도, 그 당시 취득세 등을 적게 냈기 때문에 이에 대한 세금 추징과 가산세 부담이 발생할 수밖에 없다.

따라서 A씨가 선택할 수 있는 방법은 각각의 경우에 발생하는 세금효과를 비교해 결정하는 것이다. 이 사례에서 취득세 등의 추징세금은 300만 원 안팎이지만, 추가로 내야 할 양도소득세는 2,000만 원이므로 정상거래가로 하는 것이 유리하다.

그런데 문제는 바로 증빙이다. A씨는 다운계약서가 허위였고, 실제 취

---

1 **취득세** 부동산이나 항공기, 차량 등 「지방세법」에서 열거하는 자산을 취득할 때 부과되는 세금으로, 취득세와 종전의 등록세를 통합한 것이다. 보통 취득가액의 1~10%를 부과한다(77장 참고).

득금액은 1억 원이 더 많다는 증빙을 갖추지 못했기 때문에 A씨의 주장은 받아들여지기 어렵다. 이러한 거래에서 가장 중요한 증빙은 매매계약서, 취득세·등록면허세[2] 영수증, 수수료 자료, 인테리어 등 시설 개보수 관련 세금계산서 등 자료, 매매대금영수증, 계좌이체 기록 등인데, A씨에게는 다운계약서를 뒤집을 만한 명확한 증빙(거래대금 수수 기록)이 전혀 없다. 따라서 A씨는 억울하지만 다운계약서대로 신고하고, 양도소득세 2,000만 원을 더 낼 수밖에 없다.

세무 증빙에 필요한 서류

세법은 납세자에게 세법이 규정하는 바에 따라 '모든 거래에 관한 장부와 증빙서류를 성실하게 작성해서 비치해야 한다'라고 정하고 있다. 세무 조사나 세액을 결정할 때도 이에 의하도록 하고 있다. 다시 말해, 회사는 세테크를 위해 회계장부와 증빙서류를 구분해 작성·비치할 의무가 있고, 개인도 증빙서류를 갖추고 있어야 한다. 회사가 작성한 자기거래 기록이 '장부'라면, '증빙'은 자기와 상대방 간의 거래사실을 증명하는 서류다.

세무상 증빙으로는 세금계산서, 계산서, 신용카드매출전표, 현금영수증

---

2   **등록면허세** 저당권·전세권 등 취득과 무관하게 등기 또는 등록하거나 면허·인가·허가 등을 낼 때 부과되는 세금을 말한다(78장 참고).

등 정규증빙과 지출 사실이 확인되는 증빙(입금증, 계좌이체 기록), 소득세신고 시 제출한 주요 경비 지출명세서 등이 있고, 급여·임금, 퇴직금 등에 대해서는 지급명세서(부득이한 경우에는 지급받은 자의 주소·성명·주민등록번호, 입금받은 서명날인 서류) 등이 있으며, 등기·등록 또는 명의개서[3]가 필요한 자산의 취득·양도와 관련해서는 기명날인 또는 서명한 계약서의 원본 등이 있다. 세금을 신고할 때는 반드시 장부와 증빙서류에 근거해야 하며, 그렇지 않을 경우 세금 추징과 가산세 부담을 피할 수 없다.

몇몇 공적기관이 파악하고 있는 과세자료가 국세청에 정기적으로 제출된다는 점도 알아둘 필요가 있다. 중앙정부와 지방자치단체는 물론 보험공단, 금융기관, 한국공인회계사회, 지방변호사회, 한국세무사회, 여신전문금융협회 등도 매년 일정 기한까지 국세청에 영업·판매·생산·공사 등의 실적, 보험급여, 주고받은 세금계산서 등 과세자료를 제출할 의무가 있다. 국세청은 이런 자료를 바탕으로 세금을 신고하지 않거나 적게 신고한 자의 소득을 파악해 과세할 수 있으므로 유의해야 한다.

---

3 **명의개서** 권리자가 바뀌었을 때 장부나 주주명부에 변경하여 기록하는 일을 말한다.

006 세테크 전문가를 공짜로 활용하라!

전문가와 사전에 상담하라

법은 그물망처럼 우리의 삶을 촘촘히 둘러싸고 있다. 평상시에는 느끼지 못하다가 어떤 일을 계기로 법의 그물망에 걸려들면, 그물에 갇힌 물고기처럼 몸부림치다 상처를 입고 심각한 고통을 받을 수 있다. 법의 그물이 어디에, 어떻게 드리워져 있는지 모르므로 보통 사람들이 법의 그물망에서 상처를 덜 받으려면 해당 전문가의 도움을 받을 수밖에 없다.

세법도 마찬가지다. 교통법규처럼 단순한 법조차도 다툼이 일어나 깊이 들어가보면 무척 복잡해 잘잘못을 가리기 어렵듯, 아무리 단순해 보이는 세법이라도 적용할 때 그것이 절세인지 탈세인지 구별하는 일은 쉽지 않다. 그렇기 때문에 세법전문가의 도움이 절실해지는 때가 종종 발생한다.

세금 문제가 발생할 때는 사전에 전문가와 상담하고 세무 처리를 해야 손실을 예방할 수 있고, 사후적으로도 세금을 절약할 수 있다. 세금 문제에 대한 전문적이고 구체적인 상담은 조세전문가인 공인회계사, 세무사 등에 의뢰하는 것이 좋다. 그리고 세금 문제에 대한 일반적인 상담은 국세청이나 지방자치단체에서 운영하는 기관을 이용하면 된다.

국세청 홈택스 국세상담센터

국세청에서는 고객들을 위해 무료로 세무 상담을 진행하고 있다.

- 전화 상담: 국번 없이 126(토, 일, 공휴일 제외)
- 인터넷 상담: 국세청 국세상담센터 홈페이지를 통해 궁금한 사항 문의
- 상담 사례 검색: 국세청 국세상담센터 홈페이지에서 기존 세법, 홈택스 상담 사례 검색

▲ 국세청 국세상담센터(call.nts.go.kr)

지방세는 해당 시·군·구청 세무과

취득세, 재산세 등의 지방세는 국세와 달리 세무서가 아니라 시·군·구청 세무과나 해당 기관의 홈페이지를 통해 상담받을 수 있다.

국세청 징세법무국 법규과

법령 해석에 의문이 생겼을 때는 서면질의나 세법해석사전답변제도를 이용하는 것이 좋다. 서면질의란, 납세자가 국세청장에게 일반적인 세법해석과 관련하여 문서로 질의하면 서면으로 답변을 주는 제도다. 세법해석 사전답변이란, 납세자가 '실명'으로 자신과 관련된 특정한 거래의 세무 관련 의문사항에 대해 사전(법정신고기한 전)에 구체적인 사실관계를 명시하여 질의할 경우 국세청장이 명확하게 답변을 주는 제도다.

서면질의의 경우, 문서(서면질의 신청서)로 신청해야 하며 우편, 팩스, 인터넷(홈택스), 직접 방문의 방법으로도 신청할 수 있다. 세법해석 사전답변의 경우, 문서(세법해석 사전답변 신청서 및 세법해석 사전답변 신청대상 검토표)로 신청해야 하며 우편, 전자(홈택스), 직접 방문의 방법으로도 신청할 수 있다. 우편으로 신청할 경우 접수처는 '세종 국세청로 8-14 국세청 법규과 세법해석 담당자(우: 30128)'다.

국선대리인 활용

납세의무자가 상속·증여세 및 종합부동산세 외 세금에 대하여 이의신청이나 심사청구, 심판청구를 할 때 경제적 사정으로 대리인 선임이 어려운 경우 국세청이 국선대리인을 선정해준다. 다만 청구인의 종합소득금액이 5,000만 원 이하, 재산보유액이 5억 원 이하, 청구세액이 5,000만 원 이하인 경우에 한한다.

국선대리인을 신청하려면 '국세청 납세자권익24' 홈페이지에 접속해 '권리구제/불복 신청' 메뉴에서 '국선대리인 신청' 페이지를 이용하면 된다.

▲ 납세자권익24(www.nts.go.kr/taxpayer_advocate/main.do)

007 알아두면 유용한 세테크 사이트

웬만한 세금 정보는 인터넷에 다 있다

세금과 관련된 문제가 발생했을 때 주변에 전문가가 있으면 조언을 구해 적절하게 대응할 수 있지만, 그렇지 않은 경우에는 불안해진다. 이때 도움을 받을 수 있는 곳이 바로 인터넷 세금 관련 사이트다. 세무 상담을 하거나 세금 정보를 제공하는 사이트는 무수히 많다. 이 중 무료이면서 자주 쓰이는 사이트를 살펴보자.

국세청과 홈택스

우선 즐겨찾기로 등록해두어야 할 곳은 바로 국세청과 국세청이 운영하는 홈택스(www.hometax.go.kr)다. 대한민국의 모든 납세자가 회원이 될 수 있고, 세금에 관한 각종 정보가 가장 많으며, 세무 공무원들에게 직접 질의하거나 상담받을 수 있다는 장점이 있으므로 꼭 알아두어야 한다.

각종 세법령의 원문 조회, 세금에 대한 계산·조회부터 신고·납부 방법, 세무 상담에 이르기까지 세금과 관련된 모든 것이 제공된다.

또한 국세청 홈택스는 한 번의 로그인으로 납세자들이 필요로 하는 국세 관련 인터넷 서비스를 이용할 수 있고, 집에서도 국세청 업무를 볼 수 있어 매우 유용하다.

▲ 국세청(www.nts.go.kr)

조세심판원

억울한 세금 문제가 발생했을 때 도움을 받을 수 있는 곳으로 조세심판원이 있다. 국세청에서 해결하지 못하는 억울한 세금에 대해 조세불복을 하는 곳이다. 조세불복 절차와 양식을 상세하게 제공하고 있으므로 조세불복을 해야 하는 상황이 발생했다면 꼭 방문해 내용을 확인한 후 진행하는 것이 좋다.

▲ 조세심판원(www.tt.go.kr)

한국납세자연맹, 한국공인회계사회, 한국세무사회

한국납세자연맹은 조세전문가와 시민운동가 등이 주축이 되어 납세자의 권리찾기 운동에 앞장서는 단체로, 사회적으로 이해관계자가 많은 세무상 쟁점에 집단적으로 대응하는 데 유용한 곳이다. 그 외 세무전문가 사이트로는 한국공인회계사회(www.kicpa.or.kr)와 한국세무사회(www.kacpta.or.kr)가 있다.

▲ 한국납세자연맹(www.koreatax.org)

세금신고·납부 사이트

각종 세금신고와 납부를 편리하게 할 수 있는 사이트들도 있다. 국세에 해당하는 양도소득세, 종합소득세, 부가가치세, 법인세, 증여세 등 대부분의 세금을 신고·납부할 수 있는 홈택스가 대표적이

▲ 위택스(www.wetax.go.kr)

다. 국세와 지방세는 각종 금융기관 사이트를 통해 납부할 수 있으며, 지방세는 위택스를 이용하면 편리하다. 또 세금을 카드로 납부할 때는 카드로택스(www.cardrotax.kr)를 이용해보자.

008 나라가 포기하는 세금도 있다

납세의무자가 내야 할 세금을 계속 납부하지 않으면 어떻게 될까? 평생 동안 세금 납부의무가 따라다니는 것일까? 아니면 일정 기간이 지나면 내지 않아도 되는 것일까?

세법에는 신고 또는 납부고지 후 일정 기간이 지나면 세금을 부과할 수 없거나 납부하지 않아도 된다는 조항이 있다. '국세부과 제척(除斥, 배제해 물리침)기간제도'와 '소멸시효제도'가 바로 그것이다. 사례를 통해 알아보자.

국세부과를 할 수 없는 '제척기간'

(사례) 부동산 재벌 B씨는 최근 세무서로부터 양도소득세 1억 원을 납부하라는 고지서를 받고 고민에 빠졌다. 6년 전 등기 없이 토지를 양도한 후 양도소득세를 신고하지 않았는데, 이제야 세금 납부 고지가 온 것이다. 사실 B씨는 5년이 지나면 세금을 내지 않아도 된다는 이야기를 듣고 내심 안심하고 있었다. B씨는 1억 원을 납부해야 할까, 납부하지 않아도 될까?

국세부과 제척기간은 납세의무가 발생한 줄도 모르고 지내다가 한참 후에 납세고지[1]를 받았을 때 발생할 수 있는 정신적·경제적 충격을 완화하기 위한 안전장치다. 또한 세무당국이 과세권 실행에 게으름을 피우지 않도록 하기 위한 견제장치이기도 하다. 즉, 납세의무자가 세금을 고의로 내지 않은 뒤 제척기간이 지날 때까지만 버티면 된다는 생각을 갖게 하려는 것이 아니다. 국세부과 제척기간제도가 과세당국의 태만에 경종을 울릴 수 있으므로 납세의무자 입장에서는 법적 권리가 된다.

정상적으로 신고한 경우, 국세부과 제척기간은 경우에 따라 5년 또는 10년이다. 신고를 하지 않거나 비정상적으로 신고한 경우 제척기간은 더 연장된다. 원칙적인 국세부과 제척기간은 다음과 같다.

① 정상적으로 신고한 경우: 5년
- 이 가운데 국제거래 및 거주자의 국외 소재 자산·용역 등 거래의 경우: 7년
② 법정신고기한까지 신고하지 않은 경우: 7년(역외거래는 10년)
③ 사기, 기타 부정한 행위로 국세포탈, 환급·공제받은 경우: 10년(역외거래는 15년)
④ 결손이 발생한 기간의 소득세 및 법인세는 이월결손금을 공제한 기한에서 1년
⑤ 상속 및 증여세의 경우
- 정상신고한 경우: 10년

---

1 **납세고지** 확정된 세금을 납부기한까지 납부하도록 세무서장이 납세자에게 알리는 절차다.

- 부정한 방법으로 포탈, 환급·공제받은 경우, 신고를 하지 않은 경우, 거짓신고·누락한 경우: 15년
- 50억 원 이상의 우회거래, 국외재산, 명의등록 없는 재산 등을 상속·증여한 경우: 발견한 때로부터 1년
⑥ 이의신청, 심사청구, 심판청구, 「감사원법」에 따른 심사청구, 「행정소송법」에 따른 소송에 대한 결정이나 판결이 확정된 경우: 결정된 때로부터 1년
⑦ 경정청구 또는 조정권고의 경우: 해당일로부터 2개월

B씨는 미등기 양도라는 비정상적인 방법으로 국세인 양도소득세를 포탈했다. 그러므로 양도소득세 확정신고[2]기한인 양도 연도 다음 해 5월 31일 다음날(6월 1일)부터 10년이 경과하기 전까지는 세금을 부과할 수 있다. 즉, B씨는 세금을 내야 한다.

국세징수권의 소멸시효

소멸시효는 오랜 기간 권리를 행사하지 않으면 그 권리를 소멸시키는 제도로, 사회질서의 불안정 상태를 해소하자는 취지로 만들어졌다.

---

2 **확정신고** 납세의무자가 각 과세기간(세금신고 대상기간)에 대한 과세표준과 세액을 신고하는 절차로, 자신의 조세채무를 확정하는 행위다. 확정신고에 오류·탈루가 있을 때는 수정신고 또는 경정청구를 해야 한다.

사례 C씨는 사업을 하다 금융위기를 맞아 부도가 나면서, 부가가치세와 소득세를 신고하기는 했지만 자금 여유가 없어 세금을 내지 못하고 지금까지 지내왔다. 그 후 세무서에서 납부최고(세금을 정해진 기간까지 납부하도록 고지하는 절차)를 하다 재산이 없어서인지 별다른 조치 없이 세월이 흘렀다. 이렇게 계속 버티면 세금을 내지 않아도 되는 것일까?

정부가 세금을 징수하는 권리를 행사할 수 있는 때(납세의무가 확정된 때)로부터 5년간 이를 행사하지 않으면 소멸시효가 완료되어 더 이상 세금을 징수하지 못한다. 이때 알아두어야 하는 것은 소멸시효의 기산일(起算日, 일정한 날수를 계산할 때 첫날로 잡는 날)과 중단·정지 사유다. 소멸시효의 기간 계산에 영향을 미치기 때문이다.

소멸시효의 기산일은 소득세나 법인세처럼 자진신고·납부하는 세금은 법정신고·납부기한 다음날부터, 종합부동산세처럼 정부가 결정하는 세금은 납세고지에 따른 납부기한 다음날부터 시작된다.

하지만 이렇게 소멸시효가 시작됐다 하더라도 도중에 정부가 납세고지, 독촉(또는 납부최고), 교부청구·압류처분 등 징수 절차를 진행하면 소멸시효가 중단된다. 따라서 그로 인한 법정기간이 지난 때로부터 새롭게 5년을 기산하게 된다.

한편 시효의 진행 중에 징수유예[3]기간·분납기간·연부연납기간·체납처분 유예기간이 있는 경우에는 그 기간만큼 시효의 진행이 일시 정지되며,

---

3   **징수유예** 납세자에게 납부기한이 되기 전에 법에서 정한 특별한 사정이 발생해 세무서장이 조세징수가 곤란하다고 인정하는 때에 납부기한 등을 연장해주는 특례제도다.

정지 사유가 종료된 후 그전에 지나간 기간과 통산해 5년이 경과하면 시효가 완성된다.

　　결국 C씨는 소멸시효가 진행되고 있으므로 소멸시효의 중단이나 정지 사유가 발생하지 않는다면 납부최고에 의한 기한 다음날부터 5년이 지나야 비로소 세금 납부의무가 사라지게 된다.

009 억울하게 낸 세금 돌려받는 세테크

더 낸 세금이 있다면 돌려받을 수 있다

권리와 의무는 언제나 함께한다. 권리만 있고 의무가 없다면 이 세상은 어지러워질 것이고, 의무만 있고 권리가 없다면 숨이 막힐 것이다. 납세는 헌법에 명시된 국민의 의무 중 하나다. 반면, 세금에 대한 권리도 있다. 혹시 억울하게 또는 실수로 더 낸 세금이 있다면 돌려받을 수 있다. 하지만 이 권리도 제때 행사하지 않으면 사라진다. 따라서 세금환급도 세테크의 일종이라 할 수 있다. 그렇다면 더 낸 세금을 돌려받는 방법에는 어떤 것이 있을까?

경정청구를 통한 세금환급

경정청구는 납세의무자가 신고기한 내에 이미 신고·납부했거나 정부가

결정·경정[1](決定·更正, 납세의무자의 신고가 없거나 신고액이 실제보다 적을 때 정부가 과세표준과 과세액을 결정하는 일)한 세금 액수가 납부해야 할 금액보다 많은 경우, 과세관청이 이를 정정하도록 촉구하는 권리다. 경정청구 권리는 제때 행사하지 않으면 사라지므로 다음 표를 참고해 행사하는 것이 좋다.

▼ 경정청구의 요건과 기한

구분	일반적인 경우	예외적인 경우
청구자격	법정신고기한 내에 세금을 신고한 자	세금을 신고했거나 정부결정을 받은 자
청구사유	세액을 과대신고(또는 결정)한 경우	후발적 사유로 당초 신고와 결정 등이 과대하게 된 경우
청구기한	법정신고기한 경과 후 5년 이내(결정·경정처분을 안 날로부터 90일 이내)	해당 사유가 발생한 것을 안 날로부터 3개월 이내
청구효력	• 정부는 청구한 때로부터 2개월 이내에 세액의 감액 여부를 결정해야 할 의무가 있음 • 2개월 이내에 통지가 없을 경우 불복청구 가능	

　　표에서 말하는 '일반적인 경우'란, 근로소득자가 연말정산을 하면서 실수로 소득공제 또는 세액공제를 빠뜨렸거나 양도소득세를 신고하면서 필요경비[2]를 빠뜨린 경우다. 이때는 법정신고기한으로부터 5년 이내에 경정청구를 하면 더 납부한 세금이나 덜 환급받은 세금을 돌려받을 수 있다.

1　**정부에 의한 결정·경정** 국세는 신고·납부 방법에 따라 '납세자에 의한 자진신고·납부' 세목과 '정부결정' 세목으로 구분된다. 법인세, 소득세, 부가가치세 등 대부분의 세목은 자진신고·납부제도를 취하지만, 상속세, 증여세 등과 같은 세목은 정부결정제도를 취한다. 하지만 자진신고·납부 세목도 신고·납부 또는 수정신고를 하지 않으면 정부가 과세표준과 과세액을 수정한다. 기한후신고는 바로 신고기한과 정부결정·경정기간 사이에 이루어지는 절차다.

2　**「소득세법」에서 인정하는 필요경비** 특정 연도 소득을 계산할 때 총수입금액(매출액)에 대응해 지출한 비용을 말한다. 예로 매출원가나 판매관리비 같은 비용을 들 수 있다. 「소득세법」에서는 사업소득, 기타소득, 양도소득에 대해서만 필요경비를 인정하고 다른 소득에서는 필요경비를 인정하지 않는다.

반면 '예외적인 경우'란, 신고나 결정 당시에는 고려할 수 없었던 후발적 사유, 즉 판결에 따라 소득이 달라지거나 조약에 따른 상호합의 변경, 양도계약 해제 등에 따라 애초의 신고 또는 결정 내역이 달라진 것을 말한다. 이때는 사유 발생을 알게 된 날로부터 3개월 이내에 경정청구를 해야 한다.

수정신고와 기한후신고란?

'수정신고'란, 경정청구와 반대로 법정신고기한 내에 신고했지만, 내야 할 세금보다 적게 신고했거나 많이 환급받은 경우 납세의무자가 자진해서 이를 정정하는 신고다. 수정신고는 정부가 오류를 시정해 통지하기 전에 행하는 것으로, 확정신고한 것과 같은 효력이 있다.

'기한후신고'란, 법정신고기한 내에 세금을 신고하지 않은 자가 정부가 세금을 결정통지하기 전에 행하는 신고다. 기한후신고는 확정신고의 효력이 없으므로 정부가 기한후신고 내용을 바탕으로 세액을 결정한다.

수정신고나 기한후신고는 다음 표와 같이 가산세 부담을 줄여주므로 소극적인 세테크 방법이라 할 수 있다.

▼ 수정신고의 가산세 감면율

구분	감면율	구분	감면율
신고기한 후 1개월 이내	가산세의 90%	신고기한 후 6개월~1년 이내	가산세의 30%
신고기한 후 1~3개월 이내	가산세의 75%	신고기한 후 1년~1년 6개월 이내	가산세의 20%
신고기한 후 3~6개월 이내	가산세의 50%	신고기한 후 1년 6개월~2년 이내	가산세의 10%

※ 가산세는 과소신고가산세, 초과환급신고가산세, 영세율과세표준신고불성실가산세를 포함

▼ 기한후신고의 가산세 감면율

구분	감면율
신고기한 후 1개월 이내	무신고가산세의 50%
신고기한 후 1~3개월 이내	무신고가산세의 30%
신고기한 후 3~6개월 이내	무신고가산세의 20%

법에 의한 권리구제제도

법에 의한 권리구제제도는 세금고지 전인지, 후인지에 따라 이용하는 제도가 다르다.

① 세금고지 전에 이용하는 '과세전적부심사제도'

과세전적부심사제도는 세무조사나 서면 확인 등으로 추가납부할 예상 세액이 300만 원이 넘을 경우 과세 전에 과세 내용을 납세자에게 미리 알려주고, 납세자가 사전에 시정할 수 있도록 하는 제도다.

다만 이 청구는 세무조사결과통지서 또는 과세예고통지서를 받은 날로부터 30일 이내에 당해 세무서장·지방국세청장에게 해야 한다. 한편 과세 내용에 이의가 없을 때는 가산세 부담을 줄이기 위해 '조기결정신청제도'를 이용할 수 있다.

② 세금고지 후에 이용하는 '조세불복제도'

과세적부심 청구기한이 경과하여 세금을 고지받은 후에는 다음과 같은 조세불복 절차를 이용하면 된다.

- 이의신청: 세무서 또는 지방국세청에 제기
- 심사청구: 국세청에 제기
- 심판청구: 국무총리실 조세심판원에 제기
- 감사원 심사청구: 감사원에 제기
- 행정소송: 「행정소송법」에 의해 법원에 제기

위와 같은 권리구제 절차를 밟고자 할 때는 1단계로 이의신청·심사청구·심판청구·감사원 심사청구 중 하나를 선택해 청구한다. 이 경우 반드시 세금고지서 등을 받은 날 또는 세금 부과 사실을 안 날로부터 90일 이내에 서류를 제출해야 한다.

1단계에서 구제받지 못하면 2단계로 법원에 행정소송을 제기할 수 있다. 이 경우에는 결정통지서를 받은 날(또는 결정통지를 받기 전이라도 그 결정기간이 지난 날)로부터 90일 이내에 서류를 제출해야 한다. 그렇지 않으면 정당하더라도 소송 요건을 갖추지 못해 각하(却下, 국가기관에 대한 행정상 신청을 배척하는 처분)된다. 한편 이와 같은 행정소송에 대해 국세청장·관세청장·지방자치단체장은 소송 결과를 반기마다 그다음 달 15일까지 조세심판원장에게 제출해야 한다.

③ 심리자료 사전열람제도

불복심리가 진행되는 과정에서 심리 절차를 공정하고 투명하게 운영하기 위한 제도다. 불복청구 사건 담당 직원이 불복사건보고서 등 심리자료를 위원회에 상정하기 전에 과세처분 관서와 납세자가 열람할 수 있도록 하고, 보충 의견이나 추가증빙을 제시하면 이를 반영해 위원회에 상정토록 한다.

납세자 권리구제 절차

과세전적부심사

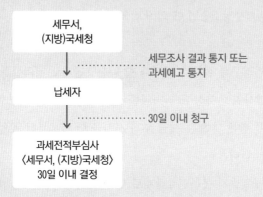

세무서,
(지방)국세청

⋯⋯⋯⋯⋯ 세무조사 결과 통지 또는
과세예고 통지

납세자

⋯⋯⋯⋯⋯ 30일 이내 청구

과세전적부심사
〈세무서, (지방)국세청〉
30일 이내 결정

심사·심판청구, 소송

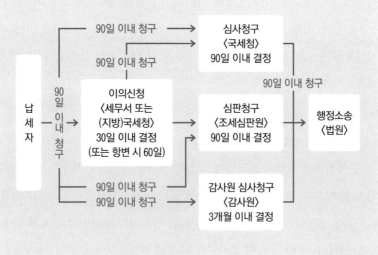

납세자

90일 이내 청구

90일 이내 청구 → 심사청구
〈국세청〉
90일 이내 결정

90일 이내 청구

이의신청
〈세무서 또는
(지방)국세청〉
30일 이내 결정
(또는 항변 시 60일)

90일 이내 청구 → 심판청구
〈조세심판원〉
90일 이내 결정

행정소송
〈법원〉

90일 이내 청구
90일 이내 청구 → 감사원 심사청구
〈감사원〉
3개월 이내 결정

납세자보호담당관제도를 통한 납세자 권리구제

세무서의 부당한 세금 부과, 경정청구의 부당한 거부 등 납세자의 권리가 침해당하는 경우, 불복기간이 지난 경우에는 '납세자보호담당관제도'를 활용하자.

납세자보호담당관제도는 세금과 관련된 납세자의 권익을 보호하기 위한 제도로, 세금의 부과, 징수, 조사 과정에서 일어날 수 있는 납세자의 억울함을 풀고 불만을 해소하기 위해 시행되고 있으며, 전국 모든 세무관서의 납세자보호실에서 전담한다.

이 제도는 납세자가 권리구제 절차를 잘 모르거나, 세금 부과 내용이 실제와 다르거나, 객관적인 자금 입증이 곤란한 경우 또는 과도한 세무조사 등으로 인해 억울하게 세금을 낸 경우에 납세자 입장에서 구제 방법을 찾아준다.

이런 상황에 처한 사람은 누구나 국세상담센터(국번 없이 126)에 전화를 걸거나 방문해 관할세무서 납세자보호담당관과 상담할 수 있다.

010

세테크 마인드가
삶의 질을 높인다

세테크에 유능한 사람과 그렇지 않은 사람의 차이는 무엇일까? 어떤 권리를 행사하려면 품이 많이 드는 것이 사실이다. 권리의 유무, 권리행사의 절차 및 방식을 확인하고 청구하고 대응하는 일에 상당한 에너지가 요구되기 때문이다. 그래서 많은 사람이 "에이, 귀찮아!"라고 말하며 당연한 권리행사를 포기한다. 이렇게 되면 세금수입 중 상당액이 납세자에게 가지 못하고 국고로 귀속된다.

환급된 세금이 무려 6조 7,497억 원

2021년 한 해 동안 납세자의 착오납부 등에 의해 환급된 금액, 불복청구[1]에 의해 환급된 금액은 각각 4조 9,644억 원과 1조 7,853억 원으로, 무려 6조 7,497억 원이 넘는다. 2021년 세수결정액이 344조 782억 원이므로 총세금

1 　불복청구 세무관서에 의해 위법·부당한 과세처분을 받거나, 필요한 처분을 받지 못함으로써 권리 또는 이익에 침해를 당한 사람이 그 처분의 취소·변경을 청구하거나, 필요한 처분을 청구하는 것을 말한다.

의 약 2%에 해당하는 세금을 잘못 징수했다가 되돌려주었다는 뜻이다.

이를 세분해 살펴보면, 납세자의 착오 또는 이중납부로 돌려받은 세금이 9,160억 원, 세무서의 직권으로 경정처분[2]해 돌려준 세금이 3,597억 원, 납세자가 경정청구 또는 불복을 통해 환급받은 세금이 각각 3조 6,887억 원, 1조 7,853억 원이다.

이는 2020년 세수 대비 환급비율 2.3%보다 다소 줄었지만, 납세자로서 권리행사에 의한 세금환급 규모가 적지 않음을 알 수 있다.

이에 대해 "결국 세금을 더 내는 것이니 애국하는 것 아니냐?"라고 자조적으로 주장할 수도 있다. 하지만 이런 태도야말로 사태를 더욱 악화시킨다. 우리는 통상 세금에 대해 두 가지 극단적인 태도를 경험한다. 하나는 세금을 '폭탄'이라는 부정적인 이미지로 규정하고 세금을 적게 내거나 내지 않는 것을 자랑처럼 생각하는 태도이고, 또 하나는 세금에 무관심한 태도다. 모두 공공재원인 세금에 대해 바람직하지 못한 태도다.

2　**경정처분** 납세의무자가 신고한 내용 또는 과세관청이 결정한 내용에 잘못이 있을 때 세무서장 또는 지방국세청장이 이를 시정하기 위해 행하는 행정처분이다.

'응능부담의 원칙'이 깨지면 간접세가 늘어난다

세금 부담의 원칙으로 '세금은 능력에 따라 부담한다'는 '응능부담(應能負擔)의 원칙'이 있다. 이 원칙은 보통 직접세를 대상으로 한다. 즉, 소득세는 소득이 늘어날수록, 상속세와 증여세는 재산이 많을수록 부담이 커진다. 소득세나 상속세 같은 직접세는 소득이나 재산이 많을수록 세금을 더 내도록 설계되어 있다.

그런데 만약 모든 사람이 세금을 동일하게 낸다면 어떻게 될까? 소득이나 재산이 많은 사람은 세금 부담이 줄어 더 부자가 되고, 가난한 사람은 세금 부담이 늘어 더 가난해진다. 또 이렇게 해서 직접세로 걷는 세금이 줄어들면 부가가치세, 주세와 같은 간접세로 세금을 걷는 수밖에 없다.

그런데 간접세(부가가치세, 주세 등)는 소득이나 재산 대비 소비가 많은 사람이 세금을 더 부담하게 되어 간접세 비중이 커질수록 결국 가난한 사람이 더 가난해진다. 이렇게 되면 조세형평도 문제이지만, 소득격차가 더욱 커지게 되어 직장인이나 프리랜서처럼 소득이나 재산 대비 소비 성향이 큰 사람들에게 불리해진다. 세금을 능력껏 내게 하는 것이 사회 안정과 공정성을 높이는 데 좋은 이유다.

세금은 사회와 국가에 대한 투자다

세금은 우리 사회의 안전망과 기반시설 구축을 위한 필수불가결한 자금원이다. 세금으로 복지지출과 기반시설을 충당하지 않는다면 국민의 생명과 건강, 생활과 재산을 지켜줄 사회 시스템이 부실해져 사회 불안이 커지고, 결국 개개인의 자유로운 삶과 능력 발휘를 저해할 것이다.

세금이 투자라면 납세자는 투자자이자 주주다. 주주(납세자)는 경영자(정부)가 투자금을 잘 운용하고 있는지 끊임없이 감시하고, 성과를 주기적으로 평가해 책임을 물어야 한다. 세테크 마인드를 갖는다는 것은 단순히 세금을 절약하는 것이 아니라 사회 시스템이 정상적으로 작동하도록 감시자 역할을 하는 것이다.

011

소득 유형에 따라 달라지는 세테크 방법

개인소득을 다루는 「소득세법」

개인소득은 개인(또는 공동사업자)이 자연인으로서 벌어들이는 소득을 말한다. 개인소득에 대한 과세를 다루는 「소득세법」에서는 소득의 종류를 크게 '종합소득', '퇴직소득', '양도소득'으로 구분한다. 이들 소득은 서로 발생하는 방식이 다르다.

종합소득은 매년 1월 1일부터 12월 31일까지 개인이 벌어들인 소득으로, 「소득세법」에 열거된 여섯 가지 소득, 즉 ① 이자소득, ② 배당소득, ③ 사업소득(부동산임대업소득 포함), ④ 근로소득, ⑤ 연금소득, ⑥ 기타소득을 전부 포괄한다.

종합소득 1, 2 ‖ 금융소득(이자소득, 배당소득)

종합소득 중 이자소득과 배당소득을 합해 '금융소득'이라고 한다. 이자소득은 예금이나 대여금에 발생하는 소득을 말하고, 배당소득은 주식투자

등에 대한 대가로 받는 소득을 말한다. 이 두 소득은 투자에 대한 대가라는 점에서 유사하다. 두 소득의 연간 합계 2,000만 원을 기준으로 그 이하면 분리과세로 세금 문제를 끝내지만, 그 이상이면 다른 종합소득과 합산해 과세한다(이를 '금융소득종합과세'라고 한다. 30장 참고).

분리과세는 사업소득 등 다른 소득과 합산해 과세하지 않고, 그 소득을 지급할 때마다 세금을 원천징수하는 방식으로 세금 문제를 끝내는 절차를 말한다. 다른 소득과 합산하지 않으므로 세금 부담이 적다. 현재 이자소득과 배당소득 외에도 기타소득, 일용근로자의 근로소득 등이 분리과세 대상이다. 하지만 이 소득들도 일정 금액을 초과하면 다른 소득과 합산해 종합소득으로 과세하므로 세금 부담이 증가한다.

종합소득 3 ‖ 사업소득(부동산임대소득 포함)

사업소득은 개인(또는 공동사업자)이 영리 목적으로 재화나 서비스를 지속적·반복적으로 공급한 대가로 인해 발생하는 소득이다. 자영업자(또는 전문직사업자), 프리랜서 소득이 이에 속한다. 사업소득에 대한 세금은 수입금액에서 필요경비를 뺀 사업소득금액에서 다시 소득공제·이월결손금을 공제한 금액(과세표준)에 소득세율을 곱해 계산한다.

사업소득 중 부동산임대업소득은 부동산 자산을 사용한 대가라는 점에서 금융자산을 빌려주고 받는 소득인 이자, 배당소득과 유사하므로 다른 사업소득과 달리 취급한다. 금융소득과 다른 점은 부동산 취득이나 유지관리와 관련된 비용이 발생하기 때문에 세법상 필요경비를 인정한다는 것이다.

부동산임대업소득에서 필요경비는 대부분 건축물에 대한 감가상각비[1]와 유지관리비다.

종합소득 4 ‖ 근로소득

근로소득은 개인이 한 조직에서 정한 시간과 장소에서 근로를 제공하고 받는 대가를 말한다. 근로를 제공하더라도 시간과 장소에 구애받지 않는 자유직업소득(사업소득)이나 기타소득과 구분한다(16장 참고).

종합소득 5 ‖ 연금소득

연금소득은 국민연금이나 공무원연금, 연금저축 등 공적·사적 연금 불입액을 일정 기간이 경과한 후에 연금 방식으로 받는 소득이다. 그런데 연금은 근로소득이나 사업소득 등 이미 세금을 뗀 돈을 불입하므로 연금소득에 세금을 부과하면 세금을 두 번 내게 된다. 이 때문에 연금소득에 대한 세금을 계산할 때는 다른 종합소득세를 계산할 때 소득공제받은 연금 불입액 부분만을 대상으로 한다. 이중과세를 방지하기 위한 것이다. 연금소득에는 퇴직연금기금에서 발생하는 이연퇴직소득이 포함된다.

연금소득은 가입자의 사망 및 의료비, 요양, 천재지변 등에 지급한 금액

---

1 **감가상각비(減價償却費)** 감가상각은 건물, 기계장치나 비품 등에 대해 경제적 수명(내용 연수)기간 동안 생기는 가치의 소모를 반영하는 회계상의 절차로, 이렇게 계산된 금액을 감가상각비라 한다. 감가상각비는 소득에서 빼주므로 그만큼 절세효과가 생겨 해당 유보금으로 해당 자산을 재취득할 수 있게 해준다.

을 제외한 소득금액이 연간 1,200만 원을 초과할 때만 다른 종합소득과 합산해 과세하거나 15% 세율로 분리과세할 수 있도록 하고 있다.

종합소득 6 ‖ 기타소득

기타소득은 개인의 소득 중 앞서 설명한 다섯 가지 종합소득에 속하지 않는 소득으로, 교수가 일시적 강연이나 번역을 하고 받은 대가, 영업권과 같은 권리의 양도액, 계약 위반에 따른 소득 등이 이에 속한다. 기타소득은 보통 총액의 60%를 비용으로 인정해주므로 기타소득의 40%에 22%의 세율을 곱해 계산한다. 총액으로 보면 8.8%의 세율로 세금을 내는 셈이다. 다만, 기타소득금액(총액의 40% 해당액)의 합계금액이 연간 300만 원(총지급액 기준 750만 원)을 초과하면 다른 종합소득과 합산해 과세한다.

이처럼 개인의 소득은 「소득세법」에서 정한 분류에 따라 각기 다른 방식으로 과세하므로 그에 따라 세테크 방식도 달라진다. 예를 들어 금융소득은 일정 금액을 초과하지 않도록 금융자산을 배우자나 자녀들에게 분산시켜 예치하거나(단, 증여세 부담 여부를 함께 검토해야 한다) 금융소득 발생 시기를 조절하고, 사업소득이나 근로소득은 필요경비 또는 소득공제를 최대한 활용하는 세테크가 필요하다.

**Common Sense Dictionary
of Reducing Tax**

첫째
마당

유리지갑
직장인을 위한
세테크

012

아는 만큼 보이는
연말정산 파헤치기!

13월의 보너스, 연말정산이란?

연말정산이란, 매달 월급에서 미리 징수한(원천징수라고 함) 세금에 대해 1년 월급을 합산한 후 각종 공제 등을 빼고 계산한 실제 납부한 세금(결정세액)과 차액을 정산하는 절차를 말한다. 연말정산은 1년 단위로 하는데, 보통 이듬해 2월분 월급을 지급할 때 환급해주거나 추가납부하도록 한다. 따라서 연말정산에 따른 신고는 2월분 급여를 신고하는 3월 10일까지 하게 된다.

하지만 예외도 있다. 중도 퇴사한 경우에는 퇴직한 달의 월급을 지급하는 때, 연말정산을 한 후 해당 기간 근로소득을 추가 지급한 경우에는 추가 지급한 때, 법원의 판결·화해 등에 의해 부당 해고기간의 급여를 일시에 지급하는 경우에는 그 판결·화해 등이 있는 날의 다음 달 말일까지 연말정산을 해야 한다. 또한 휴직자는 퇴직자가 아니므로 근로자와 동일하게 다음 해 2월까지 연말정산을 해야 한다.

환급이냐 추가납부냐 그것이 문제로다

연말정산에 따라 환급을 받느냐, 추가납부를 하느냐는 매달 월급에서 떼는 세금의 크기와 연말정산 시 소득공제, 세액공제 등에 따라 결정된다. 보통 매달 급여에서 미리 떼는 세금이 많은 사람이나 정산할 때 각종 소득공제와 세액공제를 빠짐없이 챙기는 사람이 연말정산에 따른 세금을 환급받을 확률이 높다.

이 때문에 연말정산을 '13월의 보너스'라 부르기도 한다. 연말정산은 각자가 처한 상황에 따라 달라지므로 설사 연봉이 동일하다 해도 환급액이나 추가납부액이 모두 다르다.

세금은 부양가족 수, 연금지축 여부, 의료비, 교육비, 주택 관련 자금 여부, 월세액의 크기, 신용카드 사용액, 기부금의 크기 등에 따라 차이가 난다. 소득공제금액은 근로소득금액의 큰 비중을 차지하므로 세금에 미치는 영향이 크다. 따라서 연말정산을 차분히 준비해 환급받을 수 있는 세금을 놓치는 일이 없도록 해야 한다.

| 연말정산 |

연말정산 신경 쓰고
안 쓰고의 차이는 크다

그까짓 것? 모아보면 꽤 된다

월급쟁이들은 매년 2월, 전년도 월급에 대해 연말정산을 하면서 희비가 엇갈린다. 누구는 세금을 환급받는다며 좋아하고, 누구는 세금을 더 내야 한다며 울상을 짓는다. 그런데 그 와중에 초연한 사람들도 있다. 바로 "그까짓 것, 얼마나 된다고!" 하며 각종 연말정산 증빙을 제대로 챙기지 않는 사람들이다.

귀차니스트 D씨와 똑순이 E씨의 차이점

자, 여기 연봉 3,500만 원(비과세소득 제외)에 공제 요건이 비슷한 두 사람의 세금 차이를 알아보자. D씨는 복잡한 일이라면 딱 질색인 귀차니스트, E씨는 모든 일처리를 똑부러지게 하는 똑순이다. D씨와 E씨 모두 부모(연도 말 현재 각 60세)를 모시고 사는 독신이다. 둘 다 국민연금 40만 원, 건강·고용 보험료 70만 원, 보장성보험료 80만 원, 종교단체 기부금 지출이 15만 원이고, 신용카드 사용금액은 1,300만 원이다.

귀차니스트 D씨는 연말정산 증빙을 제출하지 않았고, 똑순이 E씨는 빠짐없이 제출했다. 이 경우 세금 차이가 얼마나 날까?

▼ 증빙서류 제출에 따른 결과 비교

계산구조	귀차니스트 D씨	똑순이 E씨	차이
연봉	35,000,000원		–
(-) 근로소득공제	10,500,000원		–
(=) 근로소득금액	24,500,000원		–
(-) 종합소득공제	1,500,000원	6,737,500원	**5,237,500원**
(=) 과세표준	23,000,000원	17,762,500원	5,237,500원
(×) 초과누진세율	15%		–
(=) 산출세액	2,190,000원	1,404,375원	785,625원
세액공제	854,000원	835,000원	19,000원
납부세액	1,336,000원	569,375원	**766,625원**

D씨는 연말정산 관련 서류(근로자소득공제신고서 등)를 제출하지 않았으므로 근로소득공제 이외에는 종합소득공제를 최소한만 받을 수 있다. 즉, 근로자 본인에 대한 소득공제 150만 원과 근로소득 세액공제 724,000원 그리고 표준세액공제 13만 원만 받을 수 있다.

반면, E씨는 연말정산 제출서류를 빠짐없이 제출해 소득공제는 근로소득공제를 포함해 기본공제 450만 원(본인과 부모 각 150만 원씩), 부녀자공제 50만 원, 연금보험료공제 40만 원, 건강·고용보험료공제 70만 원, 신용카드공제 637,500원으로 합계 6,737,500원, 세액공제는 보장성보험료세액공제 96,000원(보험료 불입액의 12%), 기부금 세액공제 15,000원(종교단체 기부금의

10%), 근로소득 세액공제 724,000원으로 합계 835,000원을 받는다. 따라서 D씨와 E씨가 부담해야 하는 세액을 계산해보면 앞의 표와 같다.

두 사람의 연봉은 동일하므로 근로소득금액도 2,450만 원으로 동일하다. 하지만 종합소득공제는 연말정산용 근거자료를 제출했을 때와 그렇지 않았을 때 공제금액이 달라져 무려 524만 원가량의 과세표준[1] 차이가 발생한다. 그 결과, D씨는 약 134만 원, E씨는 약 57만 원의 세금을 납부해야 한다. 무려 77만 원가량의 세금 차이가 나는 것이다. '법 위에서 낮잠 자는 사람은 보호해주지 않는다'라는 격언을 되새겨보게 된다.

---

1   **과세표준(課稅標準)** 세금을 부과하는 데 그 기준이 되는 금액을 말한다.

| 연말정산 |

연말정산 세액 계산구조를 파악하자!

세테크의 출발은 세금 계산구조를 이해하는 데 있다. 세금이 어떻게 계산되는지 알아야 어디서, 어떻게 세금을 줄일지도 파악할 수 있기 때문이다.

연말정산 세액을 계산하는 과정은 6단계로 구분할 수 있다. 단계별로 하나씩 살펴보자.

1단계 ‖ 소득 총급여액 구하기

연봉에서 비과세소득을 빼 순수한 연말정산 대상소득인 총급여액을 구하는 단계다. 연봉은 급여와 각종 상여, 퇴직 시 받는 소득 중 퇴직소득에 속하지 않는 소득, 「법인세법」상 상여처분[1] 등 모든 근로소득을 포함하는데, 여기서 월 20만 원 이내 자가운전보조금이나 월 20만 원 이내 식대 등 비과세소득을 뺀다.

---

[1]   **상여처분** 법인의 자금이 외부로 유출되었지만, 귀속이 명확하지 않거나 대표이사가 유용한 것으로 간주되는 거래에 대해 해당 금액을 대표이사에게 상여를 지급한 것처럼 처리하는 세무상 절차를 말한다.

2단계 ‖ 근로소득금액 구하기

소득 총급여액에서 누구나 받을 수 있는 근로소득공제를 빼 근로소득금액을 구하는 단계다. 근로소득금액은 기본공제 대상 여부를 판단할 때의 연간소득금액이다. 총급여가 500만 원 이하이면 70%까지, 1억 원을 초과하면 초과하는 금액의 2%에 1,475만 원을 합한 금액(연간 2,000만 원 한도)만큼 공제받을 수 있다(16장 참고).

3단계 ‖ 과세표준 구하기

근로소득금액에서 각종 소득공제를 빼고 과세표준을 구하는 단계인데, 어찌 보면 가장 중요한 단계라고 할 수 있다. 과세표준은 가능한 모든 소득공제금액을 공제한 후 남는 최후의 소득으로, 여기에 세율을 곱해 세금을 산출하기 때문이다. 세테크는 대부분 이 단계에서 이루어진다.

4단계 ‖ 산출세액 구하기

과세표준에 구간별 세율을 적용해 산출세액을 구하는 단계다. 세액공제나 감면이 없을 때의 세금이라고 보면 된다. 다음은 과세표준 구간별 기본세율과 산출세액 계산 속산표다.

▼ 과세표준 구간별 기본세율과 속산표

과세표준 구간	기본세율	속산표
1,400만 원 이하	6%	과세표준 × 6%
1,400만 원 초과~5,000만 원 이하	15%	과세표준 × 15% − 126만 원
5,000만 원 초과~8,800만 원 이하	24%	과세표준 × 24% − 576만 원
8,800만 원 초과~1억 5,000만 원 이하	35%	과세표준 × 35% − 1,544만 원
1억 5,000만 원 초과~3억 원 이하	38%	과세표준 × 38% − 1,994만 원
3억 원 초과~5억 원 이하	40%	과세표준 × 40% − 2,594만 원
5억 원 초과~10억 원 이하	42%	과세표준 × 42% − 3,594만 원
10억 원 초과	45%	과세표준 × 45% − 6,594만 원

5단계 ‖ 결정세액 구하기

산출세액에서 근로소득 세액공제 등 각종 세액공제나 세액감면을 빼 올해 부담해야 할 최종세액, 즉 결정세액을 구하는 단계다.

6단계 ‖ 세금 납부 또는 환급 결정

세금을 추가납부해야 하는지, 환급받는지를 결정하는 단계다. 결정세액과 기납부세액(원천징수세액 등)을 비교해 결정세액이 크면 세금을 추가납부해야 하고, 작으면 환급받는다. 세금 계산구조를 잘 살펴보면 단계별로 세테크가 가능하다는 것을 알 수 있다.

▼ 연말정산 세액 계산구조

구분	계산구조	내용
1단계 소득 총급여액 구하기	연간급여액 (-) 비과세소득 = 총급여액	• 「법인세법」상 상여처분금액 포함 • 자가운전보조금(월 20만 원 한도), 식대 (월 20만 원 한도) 등 제외
2단계 근로소득금액 구하기	(-) 근로소득공제	연간 2,000만 원 한도
	= 근로소득금액	
3단계 과세표준 구하기	(-) 각종 소득공제	인적공제(기본공제·추가공제), 특별공제(건 강보험료 등, 주택자금), 기타 소득공제(연 금보험료, 신용카드 등)
	= 과세표준	1,400만 원, 5,000만 원, 8,800만 원, 1억 5,000만 원, 3억 원, 5억 원, 10억 원
4단계 산출세액 구하기	(×) 세율	6%, 15%, 24%, 35%, 38%, 40%, 42%, 45%
	= 산출세액	
5단계 결정세액 구하기	(-) 세액공제(감면)	근로소득 세액공제, 자녀세액공제, 연금계 좌 세액공제, 특별세액공제(보장성보험료, 의료비, 교육비, 기부금 세액공제, 월세세액 공제) 등
	= 결정세액	
6단계 최종 정산	(-) 기납부세액	기납부된 원천징수세액
	= 납부 또는 환급세액	

소득이 있다고
다 세금 내는 건 아니다

월급내역서에 꼭 있는 소득세와 지방소득세

근로소득에 붙는 세금은 국세인 소득세와 지방세인 지방소득세나. 근로소득은 고용계약에 따라 근무하는 직장인들이 일반적으로 지급받는 근로소득(국내 외국기관, 국외 외국법인, 비거주자로부터 받는 급여 포함)과 일용근로자(보통 3개월 미만으로 고용된 자)들이 지급받는 일용근로소득으로 구분할 수 있다. 하지만 월급을 받는다고 해서 무조건 세금을 내는 것은 아니다. 비과세소득과 여러 가지 소득공제제도가 있기 때문이다. 또 징수할 세액이 일정 금액에 미달하는 경우 소액부징수제도[1]가 적용되어 징수하지 않는다.

비과세근로소득의 종류

실업급여, 육아휴직급여, 산전후휴가급여, 요양급여, 장해급여 등 「산업

---

1 **소액부징수제도** 보통 원천징수세액이 1,000원 미만일 때, 중간예납세액이 50만 원 미만일 때 소액부징수제도를 적용해 세금을 징수하지 않는다.

재해보상보험법」·「근로기준법」·「고용보험법」·「공무원연금법」 등 각종 법률에 따라 지급받는 배상·보상 또는 위자료 성격을 지닌 급여, 사용자 부담 보험료에 대해서는 비과세한다.

근로자가 법에 따라 지급받는 학자금, 숙직료, 여비로서 실비변상 정도의 금액(자가운전보조금 월 20만 원 이내), 월정액급여 210만 원 이하(직전 연도 총급여 3,000만 원 이하) 생산직 근로자(돌봄, 미용, 숙박업, 배달, 운송 노동자 포함)가 받는 연장근로수당 등으로서 연 240만 원 이하 금액, 교원과 연구원이 법에 따라 지급받는 연구보조비로서 월 20만 원 이내 금액, 기자 등이 받는 취재수당 중 월 20만 원 이내 금액, 연 500만 원 이하 직무발명보상금 등이 대표적인 국외근로소득으로서 월 100만 원(원양어업, 국외건설현장의 경우 월 300만 원) 이내 금액, 월 20만 원 이내 식대, 출산이나 6세 이하 자녀보육급여로 월 10만 원 이내 금액, 경조사비로 지급받는 20만 원 이내 금액, 본인 및 배우자 출산 전후 휴가급여 등이 대표적인 비과세근로소득이다.

또 대주주가 아닌 임직원 등이 제공받는 사택이용이익이나 회사로부터 대여받은 주택자금 대여이익도 비과세근로소득에 해당하고, 벤처기업 등의 임직원이 부여받은 스톡옵션 행사이익도 연 5,000만 원까지 비과세한다.

각종 소득공제와 세액공제

위 비과세소득 외에 소득에서 공제하는 다양한 소득공제도 있다. 대표적으로 연봉에서 일정 금액을 공제해주는 근로소득공제, 종합소득공제, 세액공제가 있다. 이들 공제는 근로소득자인지 여부에 따라 다른데, 다음 표와 같다.

▼ 소득공제 및 세액공제의 종류와 적용 대상자

구분		종류	적용 대상자
소득공제	인적공제	기본공제(본인, 배우자, 부양가족공제)	종합소득자
		추가공제(경로우대자, 장애인, 한부모, 부녀자공제)	
	물적공제	특별소득공제[1](건강·고용보험료[2], 주택자금)	근로소득자
		연금보험료공제(국민연금 및 법정연금, 근로자부담금공제)	종합소득자
		주택담보노후연금 이자비용공제	연금소득자
		신용카드 등 공제	근로소득자
		기타 소득공제(중소기업창업투자조합출자, 고용유지중소기업소득, 소상공인, 우리사주조합출연금[3], 장기집합투자증권저축 등)	종합소득자
세액공제		배당세액공제	배당소득자
		외국납부 세액공제	국외원천소득자
		기장세액공제, 재해손실 세액공제	사업소득자
		근로소득 세액공제	근로소득자
		자녀세액공제	종합소득자
		특별세액공제(보장성보험료, 의료비, 교육비, 기부금 세액[4]공제) 또는 표준세액공제	근로소득자
		연금계좌 세액공제(연금저축, 퇴직연금 불입액)	종합소득자
		정치자금 세액공제(10만 원 이하 기부)	종합소득자
		기타 세액공제(성실사업자 의료비·교육비, 근로소득 월세 등)	

1) 특별공제는 근로소득자에게만 허용되며, 특별소득공제와 특별세액공제를 신청하지 않으면 표준세액공제로 연 13만 원 공제. 단, 기타종합소득에서는 표준세액공제로 연 7만 원(성실사업자는 12만 원) 세액공제
2) 건강·고용·장기요양보험의 경우 직장가입자 또는 개인사업자 본인이 부담한 보험료는 전액 공제
3) 우리사주조합출연금의 대상은 우리사주조합원만이고, 성실사업자의 경우에는 의료비와 교육비 공제 가능
4) 기부금은 모든 종합소득에서 공제 가능

소득공제의 종합 한도 및 특별세액공제 한도

고소득자에 대한 과도한 소득공제를 배제하기 위해 특별소득공제에 대한 종합 한도가 있다. 소득공제 한도금액은 연 2,500만 원으로, 대상이 되는 소득공제는 주택자금 관련 공제, 소상공인공제부금 공제, 중소기업창업투자조합출자, 청약저축, 우리사주조합출자, 장기집합투자증권저축, 신용카드공제 등이다.

또한 특별세액공제 중 보장성보험료와 기부금 세액공제에 대해서는 해당 과세기간에 합산과세되는 종합소득산출세액을 한도로 한다.

근로소득세 세액감면 기준

주점, 비음료점업, 금융보험업을 제외한 중소기업에 취업한 청년과 노인(60세 이상), 장애인, 경력단절 여성에 대해서는 취업 후 3년간(청년은 5년간) 근로소득세의 70%(청년은 90%, 연간 200만 원 한도)를 감면한다. 여기서 청년은 근로계약체결일 기준으로 15세 이상~34세 이하를 의미하며, 병역이행 시 해당 기간(6년 한도)만큼 감면기간이 연장된다. 또 군복무 후 동일 기업에 1년 이내 재취업 시 복직한 날로부터 2년 또는 최초 취업일로부터 5년(최대 7년)까지 감면된다.

| 연말정산 |

근로소득공제와 세액공제는 근로소득에 대한 비용

근로소득공제는 근로소득세액공제와 함께 근로자의 연봉에서 필요경비(인건비, 복리후생비, 사업비 등)의 일부로 보아 세금을 과세하지 않는 금액이다. 근로소득공제 및 세액공제를 해주는 이유는 근로 능력을 유지하고 재생산하는 데 필요한 최저금액을 근로자에게 보장해주기 위함이다. 회사가 매출에 필요한 비용을 빼 과세 대상소득을 계산하듯 근로자가 자신의 근로 능력을 유지, 재생산하기 위해서는 최소한의 의식주가 해결되어야 하는데, 근로소득공제는 바로 이에 해당하는 금액이다. 즉, 최저임금[1]에 해당한다고 보면 된다.

---

1 **최저임금** 최저임금제에 따라 임금의 최저 수준을 보장해 근로자의 생활 안정과 노동력의 질적 향상을 꾀함으로써 국민 경제의 건전한 발전에 이바지함을 목적으로 한다. 고용노동부산하 최저임금심의위원회에서 매년 8월 5일까지 심의결정해 고시한다.

근로소득공제는 최저임금과 마찬가지

2023년에 적용되는 최저임금은 시급 9,620원이다. 월급으로 환산하면 주 40시간 기준 2,010,580원, 주 44시간 기준 2,211,638원이다. 1년으로 환산하면 2,600만 원 수준이다. 다시 말해, 근로 능력을 유지하기 위한 연간 최저임금은 2,600만 원 수준이므로 이 정도 금액의 근로소득은 전액 공제될 필요가 있는 것이다. 즉, 현행 근로소득공제금액은 최저임금액조차 보전해주지 못하는 수준으로, 근로소득자에게 너무 인색하다고 할 수 있다.

근로소득공제는 근로소득 구간에 따라 다음 표와 같은 금액을 공제한다.

▼ 근로소득공제액 계산표

총급여액(과세 대상 연봉)	근로소득공제금액	속산표
500만 원 이하	총급여액 × 70%	총급여액 × 70%
500만 원 초과~ 1,500만 원 이하	350만 원 + {(총급여액 − 500만 원) × 40%}	총급여액 × 40% + 150만 원
1,500만 원 초과~ 4,500만 원 이하	750만 원 + {(총급여액 − 1,500만 원) × 15%}	총급여액 × 15% + 525만 원
4,500만 원 초과~ 1억 원 이하	1,200만 원 + {(총급여액 − 4,500만 원) × 5%}	총급여액 × 5% + 975만 원
1억 원 초과	1,475만 원 + {(총급여액 − 1억 원) × 2%[1]}	총급여액 × 2% + 1,275만 원

1) 연간 2,000만 원 한도로 공제함

종합소득공제 최저한도인 150만 원(본인공제 150만 원)을 고려하더라도 총급여액 1,000만 원까지는 100% 근로소득공제를 해줄 필요가 있다고 생각한다. 하지만 현행 근로소득공제금액은 총급여액 500만 원 이하에 대해 70%까지만 공제해준다.

앞의 표에서 총급여액은 15장에서 설명한, 비과세근로소득을 제외한 급여를 말한다. 만약 연봉(퇴직금 포함)이 3,800만 원인데, 여기에 퇴직금이 290만 원이고 비과세소득이 360만 원(식대, 자가운전보조금 포함)이라면, 총급여액은 퇴직금과 비과세소득을 제한 3,150만 원이 된다. 이 경우 근로소득공제액은 9,975,000원[= 750만 원 + {(3,150만 원 - 1,500만 원) × 15%}]으로 최저생계비 수준의 공제도 안 된다.

한편, 일용근로자는 보통 일당 형식으로 임금을 받는데, 이에 따라 근로소득공제 방식도 일당의 일정 금액을 공제해준다. 현재 일용근로자는 일 15만 원을 공제해주고 있다.

근로소득공제는 다른 소득공제와 달리, 세법에 따라 자동으로 이루어지기 때문에 공제신청서나 증빙 없이도 공제를 받을 수 있으며, 근로기간이 1년 미만인 경우에도 해당 금액을 전액 공제해준다. 두 사업장 이상에서 급여를 받는 경우에는 주된 사업장에서 합산해 앞의 표에 따라 근로소득공제액을 계산한다.

근로소득세액공제

근로소득에 대해서는 관련 산출세액에서 다음 금액을 세액공제한다.

근로소득에 대한 종합소득 산출세액	공제액
130만 원 이하	세액의 55%
130만 원 초과	715,000원 + 130만 원 초과액 × 30%

단, 공제세액은 다음 금액을 한도로 한다.

① 총급여 3,300만 원 이하는 74만 원

② 총급여 3,300만 원 초과 7,000만 원 이하는 Max[66만 원, {74만 원 - (총급여 - 3,300만 원) × 0.8%}]

③ 총급여 7,000만 원 초과 1억 2,000만 원 이하는 Max[50만 원, {66만 원 - (총급여 - 7,000만 원) × 0.5%}]

④ 총급여 1억 2,000만 원 초과는 Max{20만 원, (총급여 - 1억 2,000만 원) × 0.5%)}

017

인적공제는
가정의 생계유지 비용

　근로소득공제가 근로자 자신의 최저생계비를 보전하는 것이라면, 종합소득공제 중 인적공제는 근로자 가정의 생계유지에 필요한 최소한의 금액이라고 할 수 있다. 다시 말해, 배우자를 포함한 부양가족들의 최저생활을 보전할 수 있도록 부양가족 1인당 일정 금액을 소득에서 공제해주는 것이다.

　인적공제는 크게 소득공제[1]인 기본공제와 추가공제, 세액공제인 자녀세액공제로 구분된다.

1　**소득공제의 기준일** 소득공제 시 기준일은 과세연도 말이다. 즉, 매년 12월 31일이 배우자·부양가족 또는 경로우대자 여부를 판단하는 기준일이 된다. 기준일까지 혼인신고 여부로 배우자공제를 판단하며, 부양가족공제의 기준일 또한 12월 31일 현재 연령 기준을 충족하는지로 판단한다.
　　예외적으로 과세기간 중 사망하거나 장애가 치유된 경우 사망일 전일·장애치유일 전일의 상황에 따르고, 연령 기준 적용 시에는 과세기간 중 해당 나이에 해당하는 날이 있으면 공제 대상자가 된다.

소득공제 1 ‖ 기본공제

종합소득이 있는 거주자 자신과 배우자, 부양가족 1인당 150만 원씩 종합소득금액에서 공제한다(비거주자이면 본인만 공제). 이때 배우자와 부양가족은 공제 자격이 있는 경우에 한해 기본공제 혜택이 주어지는데, 다음 표와 같이 연령 요건과 소득 요건을 모두 충족해야 한다.

▼ 인적공제 대상자와 요건

구분	공제 대상자	요건	
		연령	연간소득금액 합계
본인공제	소득자 본인	제한 없음	제한 없음
배우자공제	본인의 배우자	제한 없음	100만 원 이하 (근로소득만 있을 때는 총급여액 500만 원 이하)
부양가족 공제	직계존속	60세 이상	
	직계비속과 입양자[1]	20세 이하	
	형제자매	60세 이상 또는 20세 이하	
	기초생활급여 수급자	제한 없음	
	「아동복지법」에 따른 위탁아동[2]	18세 미만	

1) 직계비속과 입양자의 배우자는 대상이 아니지만, 공제 대상자와 그 배우자가 모두 장애인인 경우에는 배우자도 공제 대상이 됨
2) 위탁아동은 해당 과세기간에 6개월 이상 직접 양육한 경우, 보호기간이 연장된 20세 이하 위탁아동 포함

표에서 말하는 연간소득금액이란, 총수입액에서 필요경비를 뺀 순소득금액을 말한다. 근로소득금액·사업소득금액·이자소득금액·배당소득금액·연금소득금액·기타소득금액 등 종합소득금액(비과세, 분리과세소득 제외)과 퇴직소득금액, 양도소득금액을 포함한 금액이 해당 기간의 연간 합계 100만 원 이하일 때 기본공제를 받을 수 있다. 단, 근로소득만 있는 경우에

는 총급여액이 500만 원 이하일 때 공제 대상이다.

소득공제 2 ‖ 추가공제

기본공제 대상자인 사람 중 다음 표의 일정한 요건을 갖춘 경우에는 50만 원에서 200만 원까지 종합소득금액에서 추가로 소득공제를 할 수 있다.

▼ 추가공제 요건과 소득공제금액

구분	추가공제 요건	소득공제금액
경로우대자공제	70세 이상으로 소득금액 연 100만 원 이하	1인당 연 100만 원
장애인공제	장애인(연령 제한 없음)으로 소득금액 100만 원 이하	1인당 연 200만 원
부녀자공제	• 배우자가 없는 여성으로서 부양가족이 있는 주민등록표상 세대주 • 배우자가 있는 여성 • 소득금액 3,000만 원 이하(총급여 4,000만 원 수준)	연 50만 원
한부모공제	배우자가 없고, 기본공제 대상인 직계비속 또는 입양자가 있는 경우	1인당 연 100만 원

추가공제 사유가 중복된다면 중복공제도 가능하다. 예를 들어 소득자 본인이 75세이고 장애인이며 배우자가 없는 여자 세대주라면, 추가공제액은 350만 원이다. 단, 한부모공제와 부녀자공제가 중복될 경우 한부모공제만 적용한다.

세액공제 || 자녀세액공제

자녀세액공제는 1인 이상의 자녀(입양자, 위탁아동 포함)일 때 추가되는 세액공제다. 종합소득이 있을 때 기본공제 대상자인 자녀(만 8세 이상 만 20세 이하, 소득금액 연 100만 원 이하, 만 7세 미만 취학아동 포함)가 1명이면 연 15만 원, 2명이면 연 30만 원, 3명 이상이면 1인당 연 30만 원과 2명을 초과하는 1명당 연 30만 원을 합한 금액을 세금에서 공제한다. 예를 들어 자녀가 4명이면 연간 90만 원을 세액공제할 수 있다. 하지만 손자, 손녀는 자녀세액공제 대상에 포함되지 않는다.

▼ 자녀세액공제

구분	예외적인 경우
기본공제 대상 자녀	1명: 연 15만 원, 2명: 연 30만 원, 3명 이상: 연 30만 원 + 2명 초과 1명당 연 30만 원
출산 또는 입양자녀	첫째: 연 30만 원, 둘째: 연 50만 원, 셋째 이상: 연 70만 원

한편 자녀장려금은 연소득 4,000만 원 미만 가구에 대해 18세 미만 자녀 1인당 최대 연 70만 원을 지급하고, 만 8세 미만 보편적 아동수당으로 월 10만 원을 지급한다. 하지만 이에 해당하는 경우 자녀세액공제는 배제된다.

| 연말정산 |

출산과 육아에도
세금 혜택을 준다

사례 연봉이 4,000만 원인 F씨가 올해 1월에 첫아이를 출산했다. F씨가 누릴 수 있는 세금 혜택은 어느 징도일까?

출산과 육아에 대한 세제지원

비과세하거나 세액에서 공제하는 방식의 세제지원 혜택은 다음 표와 같다.

▼ 출산과 육아에 대한 지원

구분	내용	비고
출산·자녀보육비	근로자·배우자의 출산, 6세 이하 자녀보육비로 회사에서 지급받는 월 10만 원 이내 금액	비과세근로소득
산전(후)휴가·육아휴직급여	「고용보험법」에 의한 출산·육아 관련 급여	비과세
출산·입양세액공제	자녀가 1명 이상인 경우	첫째 30만 원, 둘째 50만 원, 셋째 이상 70만 원 세액공제
자녀교육비 세액공제	-	학교별로 300~900만 원까지 해당 금액의 15%

F씨는 연봉이 4,000만 원이므로 적용세율은 15%인데, 출산·자녀보육비(월 10만 원 이내), 노동부에서 지급받는 산전(후)휴가·육아휴직급여에 대해 비과세하므로 그 자체만으로도 최소 18만 원(= 10만 원 × 12개월 × 15%)의 세금효과를 누릴 수 있다.

또 자녀세액공제금액 30만 원과 향후 유치원을 보낼 때 최대 300만 원까지 교육비 세액공제(해당 금액의 15%)가 가능하므로 추가로 45만 원의 세금혜택이 발생한다. 모두 합하면 총 75만 원을 절세할 수 있다.

출산과 육아에 대한 지방자치단체 지원

출산과 육아에 대한 지원은 이러한 세액공제 혜택 외에도 지방자치단체의 자금 지원이 있다. 자금 지원 내용은 지방자치단체별로 조금씩 다르다.

이외에도 보건복지부는 임신육아종합포털인 아이사랑 홈페이지를 통해 임신·출산·육아에 대한 정

▲ 임신육아종합포털 아이사랑
(www.childcare.go.kr)

보와 상담 서비스를 제공하고 있다. 이와 더불어 다양한 정부 및 민간지원 서비스는 물론, 생애주기·가구상황·관심주제별로 각종 수당과 서비스가 보기 쉽게 분류되어 있다. 홈페이지를 통해 복지 혜택과 조건을 확인하고 본인에게 맞는 서비스를 찾아 신청하면 된다.

019

| 연말정산 |

효도가 곧 절세!

(사례) 연봉이 4,000만 원인 G씨는 시골에 있는 부모님(조부와 동거 중)께 매달 생활비로 70만 원을 보내드리고 있다. 부모님은 자급자족 수준의 농사를 짓는데, 부친은 63세, 모친은 60세, 조부는 85세다. G씨가 이로 인해 받을 수 있는 세금 혜택은 얼마일까?

부양가족공제 요건

G씨는 현재 부모님과 조부님을 부양하고 있으므로 요건에 맞을 경우 부양가족공제와 경로우대자공제를 받을 수 있다. 우선 부양가족공제를 받을 수 있는지 따져보자. 부양가족공제가 가능하려면 다음 세 가지 요건이 충족되어야 한다.

첫째, 다른 형제가 아닌 본인과 생계를 함께하는 가족이어야 한다. 여기에는 주거 형편에 따라 별거 중인 본인·배우자의 직계존속도 포함된다. 물론 직계존속이 독립된 생계 능력이 없어 사실상 부양하고 있는 경우다.

둘째, 부양받는 가족의 연간소득금액이 100만 원 이하여야 한다. 부모님이 농사를 짓고 있기는 하지만, 자급자족 수준이어서 사실상 소득이 없다고 할 수 있으므로 G씨는 이 소득 요건을 충족한다.

셋째, 직계존속[1]의 연령이 60세 이상이어야 한다. G씨의 부모님과 조부님 모두 60세 이상이다.

따라서 G씨가 부양가족공제로 받을 수 있는 금액은 세 사람 각각 1인당 150만 원씩 총 450만 원이다.

경로우대자공제 요건

다음으로 경로우대자공제를 받을 수 있는지 알아보자. 경로우대자공제는 기본공제 대상자로서 연령이 70세 이상일 때 1인당 100만 원을 공제한다.

G씨의 부모님과 조부님은 모두 기본공제 대상자다. 하지만 부모님은 아직 70세 미만이고, 조부님만이 85세로 연령 요건을 충족하므로 경로우대자공제는 조부 1인만 해당되어 100만 원을 추가로 공제받을 수 있다.

따라서 G씨는 부모님과 조부님을 부양함으로써 부양가족공제, 경로

---

1 **직계존속(直系尊屬)/직계비속(直系卑屬)** 직계존속은 조상으로부터 직계로 내려와 자기에 이르는 사이의 혈족(즉, 부모, 조부모 등), 직계비속은 자기로부터 직계로 이어져 내려가는 혈족(즉, 아들, 딸, 손자, 증손 등)을 말한다.

우대자공제로 총 550만 원을 소득공제받을 수 있다. 그런데 G씨의 연봉 4,000만 원에 해당하는 적용세율은 15%이므로 효도에 따른 소득공제의 절세효과는 550만 원 × 15% = 825,000원이다.

사실 경로효과를 극대화하려면 G씨가 실제 부모님 공양을 위해 지출한 연간총액인 840만 원에 대해 적절한 입증 방법을 통해 실질에 맞게 공제해 줄 필요가 있다고 생각한다. 현재의 공제제도는 인적공제여서 경로에 대한 실질적 지원으로는 한계가 있다.

| 연말정산 |

보험 가입하고 세금 덜 내기

사례 연봉이 4,000만 원인 H씨가 올해 국민연금 180만 원, 고용보험 18만 원, 건강보험 101만 원, 노인장기요양보험 25,000원, 연금저축 300만 원, 퇴직연금 추가 불입액 120만 원, 자동차보험 30만 원, 종신보험 60만 원, 5년 만기 저축성보험 50만 원을 불입했다면, 소득공제와 세액공제를 받을 수 있는 금액은 얼마일까?

보험에 따라 연말정산 시 소득공제와 세액공제 방식이 조금씩 다르다. 보험료공제는 크게 '소득공제'와 '세액공제'로 구분할 수 있다.

예를 들어 보험료 불입액 전액을 소득에서 공제해주는 공적보험 소득공제(국민연금, 건강보험, 고용보험 등), 보험료 불입액의 일정 비율(12%, 15%)을 세액에서 공제해주는 연금계좌 세액공제(연금저축, 연금보험, 확정기여형 퇴직연금), 보장성보험료 세액공제가 있다.

공적연금보험료 소득공제

근로소득자(종합소득자도 공제 가능)가 당해 연도에 공적연금보험료, 즉 국민연금(공무원연금, 군인연금, 사립학교교직원연금 등), 고용보험, 건강보험, 노인장기요양보험에 실제 납부한 금액 전액을 근로소득금액에서 공제받을 수 있다. 물론 근로소득금액을 초과하는 연금 불입액은 없는 것으로 본다.

이때 주의할 점은 국민연금이나 고용보험료, 건강보험료, 노인장기요양보험료는 근로자 본인 부담액만 공제될 뿐 사업주부담분은 제외되며, 그 해에 실제 납부한 금액만 공제받을 수 있다.

연금계좌 세액공제

이 세액공제에는 연금저축, 「근로자퇴직급여보장법」에 따라 근로자가 추가로 부담하는 퇴직연금 부담금이 포함된다. 연금저축은 불입기간이 5년 이상이고, 분기마다 300만 원 범위 내에서 불입하고 불입계약기간 만료 후 만 55세 이후부터 5년 이상 연금으로 지급받는 것이어야 한다.

이 연금저축(또는 연금보험)의 당해 연도 불입액(연령 소득기준 최대 600만 원 한도)과 확정기여형 퇴직연금 중 근로자가 추가로 불입한 금액을 합한 금액(연령 소득기준 최대 900만 원 한도)의 12% 또는 15%(총급여 5,500만 원 이하 근로자)에 해당하는 금액을 연금계좌세액으로 공제받을 수 있다.

이때 주의할 점은 연금저축 또는 퇴직연금을 불입하다 5년 이내에 중도해지하는 경우 매년 공제한 금액(연령 소득기준 최대 연 600만 원 한도, 퇴직연금 포함 900만 원 한도) 누계액의 2%를 해지가산세로 부과한다는 것이다. 단, 종합소득금액이 1억 원을 초과(총급여액 1억 2,000만 원 초과)하는 경우에는 연금 불입액은 300만 원을, 합계금액은 700만 원을 한도로 한다.

보장성보험료 세액공제

근로자의 기본공제 대상자를 피보험자로 하는 보험 중 만기에 환급되는 금액이 납입보험료를 초과하지 않는 보험으로서 생명보험, 상해보험, 손해보험 그리고 「농협·수협·신협·새마을금고법」에 의한 공제, 「군인공제회법」 등에 의한 공제 불입액, 주택임차보증금(3억 원 이하) 반환보증보험·공제 불입액이 보장성보험료 세액공제 대상이다. 이 보험료의 합계액 중 100만 원까지 보험료 불입액의 12% 해당액을 근로소득산출세액에서 공제받을 수 있다.

일반적으로 보험료공제 대상 보험은 보험계약 또는 보험료 납입영수증에 보험료공제 대상임이 표시되므로 이러한 보험 불입금액의 합계액을 계산해 공제금액을 계산한다.

이때 주의할 점은 근로자 본인과 배우자가 맞벌이부부로서 서로 기본공제 대상자가 아닌 경우 배우자를 피보험자로 하면 모두 공제받지 못한다는 것이다. 즉, 맞벌이부부의 보험료공제는 본인이 계약자이고 피보험자가 본인이거나 부부 공동인 경우에 한해 공제받을 수 있다.

한편, 기본공제 대상자 중 장애인을 피보험자 또는 수익자로 하는 장애인 보장성보험(보험 종류는 위와 동일)에 대해서는 추가로 100만 원 한도까지 보험료 불입액의 15% 해당액을 세액공제받을 수 있다. 다만, 장애인 보장성보험 불입액으로 일반 보장성보험공제를 중복해서 받을 수는 없다.

따라서 H씨는 공적보험에 해당하는 3,015,000원(국민연금 180만 원, 고용보험 18만 원, 건강보험 101만 원, 노인장기요양보험 25,000원)은 전액 소득에서 공제받을 수 있고, 연금저축(300만 원)과 퇴직연금(120만 원)은 합계액 420만 원 전액에 대해 15%에 해당하는 63만 원이, 보험 중에서는 보장성보험인 자동차보험[1](30만 원)과 종신보험(60만 원) 불입액 90만 원의 12%인 108,000원이 세액공제 대상이다. 따라서 보험료와 관련한 총소득공제금액은 3,015,000원, 세액공제금액은 738,000원이다.

▼ 보험료공제 종류와 공제 대상금액

항목		공제 대상금액	
소득공제	국민건강보험료	근로자가 부담하는 보험료 전액 공제	
	고용보험료		
	노인장기요양보험료		
세액공제	연금저축 불입액	연 400만 원[1] 한도	불입액의 12% 또는 15%[2]
	확정기여형 퇴직연금 근로자 본인 불입액	연금저축 불입액과 합해 연 700만 원 한도	
	보장성보험의 보험료	연 100만 원 한도[3]	불입액의 12%
	장애인 전용 보장성보험의 보험료	연 100만 원 한도	불입액의 15%

1) 총급여 1억 2,000만 원 또는 종합소득금액 1억 원 초과인 자는 연 300만 원 한도
2) 연금계좌 세액공제의 경우 종합소득금액 4,000만 원 이하 또는 근로소득만 있는 경우 총급여 5,500만 원 이하는 15% 적용
3) 50세 이상은 900만 원 한도

---

1   **자동차보험** 자동차를 가진 사람이 자동차 사고로 사람이나 물건에 손해를 끼치거나 자동차를 도난당했을 때를 대비해 드는 보험이다. 「자동차손해배상보장법」에 따라 차를 가지고 있는 소유자가 의무적으로 가입해야 하는 책임보험과 운전자나 보험회사가 가입·인수 여부를 서로의 뜻에 따라 임의로 결정할 수 있는 종합보험이 있다.

보험료공제를 받을 수 없는 경우

보험료공제를 잘못 적용하는 사례도 알아두자. 다음과 같은 경우에는 보험료공제를 받을 수 없다.

- 연간소득금액이 100만 원을 초과하는 자영업을 영위하는 부양가족 명의로 가입한 보험의 보험료를 공제하는 경우
- 기본공제 대상자에 해당하지 않는 부양가족을 피보험자(수익자)로 하여 보험계약을 체결하고 납입한 보험료를 공제하는 경우
- 고지는 되었지만 미납한 보험료를 공제하는 경우

021

| 연말정산 |

건강 증진과 질병 치료의 세테크

사람들은 건강에 이상이 생기면 약국과 병·의원을 찾는다. 세법은 의료와 관련된 재화 또는 용역에 대해 국민후생 관점에서 접근하고 있다. 하나는 건강의 유지·치료·회복과 관련된 의료 행위와 의료품에 대한 세제상의 지원이고, 또 하나는 의료 서비스를 받기 위해 지출하는 비용에 대한 세제상의 혜택이다.

의료비 세액공제

의료비 세액공제는 대상과 요건이 정해져 있으므로 유의해야 한다. 우선 근로소득자(부양가족 포함) 또는 성실사업자가 지출한 의료비에 대해 의료비 세액공제가 가능한데, 세액공제 대상이 되는 금액은 근로소득자 본인과 기본공제 대상자(나이, 소득 제한 없음)가 지출한 의료비다.

의료비 세액공제는 다음과 같이 한도가 있다. 우선 총급여액의 3%를 초과하는 의료비에 대해 공제하되, 연간 700만 원 한도 내에서 공제해준다. 하지만 본인과 65세 이상인 자, 장애인을 위해 지출한 의료비, 난임부부의 시술비에 대해서는 한도가 없다.

(사례) I씨는 연봉이 4,000만 원이고 70세인 홀어머니와 전업주부인 남편 그리고 대학생 자녀를 부양하고 있다. 올 한 해 본인과 홀어머니를 위해 지출한 의료비 총액은 100만 원이고, 배우자와 자녀를 위해 지출한 의료비 총액은 200만 원으로 의료비 지출액 합계는 300만 원이다. I씨가 의료비 지출액으로 세액공제를 받을 수 있는 금액은 얼마일까?

▼ 의료비 세액공제 대상과 금액

공제 대상	세액공제금액
① 본인과 65세 이상인 자, 장애인을 위해 지급한 의료비, 난임부부의 시술비, 중증 희귀난치성 질환자 또는 결핵환자	공제 대상 의료비 = 의료비 지출액 (단, ②의 의료비공제금액이 총급여액의 3%에 미달할 때는 그 미달하는 금액을 차감)
② ①의 대상자를 제외한 기본공제 대상자를 위해 지급한 의료비	• 공제 대상 의료비 = 의료비 지출액 − 총급여액 × 3% • 공제한도액: 연간 700만 원[1]
의료비 세액공제 총액	①과 ②의 의료비공제금액을 합산한 금액의 15%[2]

1) 단, 본인, 65세 이상인 자, 장애인의 지출 의료비와 난임 시술비, 미숙아·선천성 이상아 의료비는 한도 없음
2) 난임 시술비는 30%, 미숙아 등 의료비는 20%

홀어머니를 제외한 기본공제 대상자를 위해 지출한 의료비 중 연봉의 3%에 해당하는 120만 원까지는 의료비공제 대상이 아니다. 따라서 200만 원 중 120만 원을 공제한 80만 원이 대상이 된다. 연간 한도가 700만 원이므로 80만 원 전액을 공제받을 수 있다.

I씨 본인과 홀어머니를 위한 의료비 지출액 100만 원에 대해서는 한도

가 없으므로 100만 원 전액이 의료비공제 대상이다. 따라서 의료비 총지출액 300만 원 중 세액공제금액은 80만 원과 100만 원을 합한 180만 원의 15%인 27만 원이 된다.

한편 신용카드로 지출한 의료비에 대해서는 신용카드 소득공제와 의료비 소득공제의 중복 적용을 허용하므로 신용카드 의료비 지출액에 대해서는 추가로 신용카드 소득공제가 가능하다.

세액공제 대상이 되는 의료비인지 확인

의료비 지출액을 계산할 때는 세액공제 대상이 되는 의료비와 그렇지 않은 의료비를 구분해야 한다. 진찰·진료·질병 예방을 위해 의료기관에 지급하는 비용, 치료·요양을 위해 의약품을 구입하는 비용, 장애인보장구나 의사·치과의사·한의사 등의 처방에 따라 의료기기를 직접 구입 또는 임차하기 위해 지출한 비용, 시력보정용 안경이나 콘택트렌즈 구입비(1인당 연간 50만 원 이내), 보청기 비용, 산후조리 및 요양비(출산 1회당 200만 원 이내, 총급여 7,000만 원 이하만 해당) 등은 세액공제 대상이 된다.

하지만 미용·성형수술을 위한 비용이나 건강 증진을 위한 의약품 구입 비용, 보험금으로 지급한 의료비 등은 의료비 세액공제 대상이 아니므로 유의해야 한다.

022
자기계발, 교육비의 세테크

사례 J씨는 올해 교육비로 본인 대학원 수강료 950만 원, 배우자 대학원 수강료 550만 원, 5살 아이의 태권도 도장비 35만 원, 대학생 딸(22세)의 학비 800만 원을 지출했다. J씨가 받을 수 있는 교육비 세액공제의 최대 금액은 얼마일까?

교육비 세액공제 대상 부양가족이란?

교육비공제를 받을 수 있는 부양가족은 근로자 본인과 생계를 함께하는 부양가족으로서 직계존속을 제외하고 배우자와 직계비속, 형제자매, 입양자다. 연령 제한은 없지만 연간 소득금액은 100만 원 이하여야 한다(단, 장애인 교육비는 소득금액 제한이 없다).

또 국외교육기관 교육비를 공제받을 수 있는 대상자는 다음 두 가지로 구분된다.

첫째, 국외에서 근무하는 근로자의 경우에는 본인과 국외에서 동거하는 부양가족의 교육비가 공제 대상이다. 둘째, 국내 한국 국적의 근로자인 경우에는 부양가족으로서 '국외유학에 관한 규정'에 의해 자비유학의 자격이 있는 유학생이거나 부양의무자[1]와 국외에서 동거한 기간이 1년 이상인 유학생의 교육비가 공제 대상이다. 단, 고등학생, 대학생은 유학 자격 조건을 갖추지 않아도 된다.

급식비와 교과서 대금도 교육비에 포함

교육비란, 근로자가 기본공제 대상자(연령 제한을 받지 않음)를 위해 해당 교육기관(유치원, 초·중·고등학교, 대학교, 평생교육시설 학교 등)에 지급한 수업료, 입학금, 보육비, 수강료, 그 밖의 공납금(육성회비, 기성회비, 대학입학전형료 등)을 합한 금액을 말한다. 여기에서 초·중·고등학생 교육비에는 학교에 지급하는 급식비, 학교에서 구입한 교과서대, 중·고등학생 교복구입비(1인당 50만 원), 학교에서 실시하는 방과후 수업료(교재구입비 포함), 정규 수업 시간에 행해지는 실기지도비, 회화실습비, 장애인을 위한 교육비, 체험학습비(1인당 30만 원 한도) 등이 포함된다(단, 학생회비, 학교버스이용료, 기숙사비 등은 제외).

본인의 교육비에는 직업능력개발훈련을 위한 수강료로서 고용보험 지원금을 제외한 금액을 포함한다. 이와 마찬가지로 장학금을 받는 경우에는 해당 금액을 공제한 실질부담액만을 대상으로 한다.

---

[1] **부양의무자** 가족을 부양할 의무가 있는 자는 '부양의무자', 부양받는 사람은 '부양대상자'라고 한다. 소득 없는 부모가 부양대상자, 소득 있는 성인 자녀가 부양의무자라 할 수 있다.

국외교육비는 우리나라의 법정교육기관에 해당하는 교육기관에 지출한 교육비를 말하며, 이 교육비를 납부한 연도에 공제한다. 이때 금액은 국내에서 송금한 경우에는 송금일의 대고객외국환매도율로 환산하고, 국외에서 직접 납부한 경우에는 납부일의 기준환율(또는 재정환율)을 적용해 원화 환산 금액으로 한다.

취학 전 아동의 태권도 도장비도 포함

교육비 소득공제 대상은 「유아교육법」, 「초·중등교육법」, 「고등교육법」, 특별법에 따른 학교, 즉 유치원, 초·중·고등학교, 대학교, 대학원, 평생교육법에 의한 원격대학[2], 「학점인정등에관한법률」이나 「독학에의한학위취득에관한법률」에 따른 교육 과정, 「학원의설립·운영및과외교습에관한법률」에 의한 학원으로서 취학 전 아동이 월 단위로 실시하는 교습 과정(주 1회 이상 실시), 교습 등을 받는 체육시설(주 1회 이상 월 단위 과정), 국외에 소재하는 교육기관으로서 우리나라의 유치원, 초·중·고등학교에 해당하는 교육기관, 「근로자직업능력개발법」상의 직업능력개발훈련시설, 보건복지부장관이 장애인 재활교육을 실시하는 기관으로 인정한 법인 등이 해당한다. 즉, 취학 전 아동이 다니는 태권도 도장비 역시 교육비 세액공제 대상이다.

---

2   **원격대학** 사이버대학으로 인터넷을 통해 교수자가 제공한 교육 서비스를 학습자가 시·공간의 제약을 받지 않고 학습할 수 있다. 그리고 일정한 학점을 이수하는 경우 전문대학 또는 대학 졸업자와 동등한 학력·학위를 인정해주는 평생교육시설이다.

교육비공제금액과 한도

근로자 본인의 교육비는 대학원까지 수업료 등 전액을 공제받을 수 있다. 하지만 기본공제 대상자인 배우자·직계비속·형제자매·입양자를 위해 지급한 수업료는 대학교까지 학교급별로 한도를 정하고 있다.

대학생은 1인당 연 900만 원, 유치원아, 보육시설의 영·유아, 취학 전 아동, 초·중·고등학생은 1인당 연 300만 원이 한도다. 단, 기본공제 대상자의 연간소득금액이 100만 원 이상일 때는 교육비공제 대상에서 제외된다.

▼ 기본공제 대상자별 교육비공제 한도(해당 금액의 15% 세액공제)

구분	공제한도액	비고
근로자 본인	전액(대학원 교육비, 직업능력개발훈련시설 수강료, 대학 및 대학원 재학 시 대출학자금 연간 원리금 상환액 포함)	제한 없음
기본공제 대상자인 배우자·직계비속·형제자매·입양자	• 유치원아, 보육시설의 영·유아, 취학 전 아동, 초·중·고등학생: 1인당 연 300만 원 • 대학생: 1인당 연 900만 원 • 대학원생: 공제 대상 아님	• 직계존속 제외 • 연령 제한은 없지만 연간소득금액 100만 원 이하일 것
기본공제 대상자로서 장애인	장애인 관련 시설의 특수교육비 전액	• 직계존속 포함 • 소득, 연령 제한 없음

J씨의 사례에서 배우자는 대학교 교육비까지만 공제 가능하므로 배우자의 대학원 수강료는 공제 대상이 아니다. 딸은 비록 20세가 넘었지만 교육비공제는 연령 제한이 없고 한도가 900만 원이므로 대학 교육비 800만 원에 대해 세액공제를 받을 수 있다.

따라서 J씨는 배우자의 대학원 수강료를 제외한 1,785만 원에 대해 세액공제를 받을 수 있다. J씨가 받을 수 있는 세액공제금액은 1,785만 원의 15%인 2,677,500원이다.

| 연말정산 |

주택 및 월세와 관련된 세금 혜택

무주택세대주의 최대 고민은 바로 '주택 마련'이다. 특히 수도권 거주자의 주택에 대한 고민은 심각하다. 전국적으로 주택 1채를 마련하는 데 걸리는 평균 시간은 8년이다. 실제로 급여생활자들이 봉급을 거의 다 쏟아부어도 10년 이상 걸리는 것이 현실이다. 그나마 주택 마련에 주어지는 세금 혜택이 위안이 될 수 있다.

(사례) 무주택자인 K씨는 주택 마련을 위해 주택청약저축에 가입해 매달 50만 원씩 불입하고 있으며, 30평형 아파트를 임차하면서 차입한 주택임차차입금 1억 원에 대해 올해 원리금으로 1,000만 원을 상환했다. K씨가 주택자금공제로 소득공제할 수 있는 최대 금액은 얼마일까?

주택자금공제 대상은 무주택자, 1세대 1국민주택 소유자

주택자금공제는 근로소득(해당 과세기간 총급여액 7,000만 원 이하. 단, 종합소득금액이 4,000만 원을 초과하면 제외)이 있는 세대주로서 과세연도 중 주택을 소유하지 않은 세대의 세대주 또는 국민주택규모(오피스텔 포함. 주거전용면적 수도권은 85㎡ 이하, 비수도권은 100㎡ 이하)의 주택으로서 취득 당시 기준시가 3억 원 이하 1주택을 소유한 세대의 세대주(가입 후 취득할 경우에는 취득 당시 기준시가가 3억 원 이하인 주택)가 대상이다.

주택자금 소득공제의 종류와 한도

주택자금 소득공제의 종류는 크게 주택청약종합저축 불입금액 소득공제, 주택임차차입금 원리금상환액 소득공제, 장기주택저당차입금 이자상환액 소득공제, 주택담보노후연금 이자비용공제, 청년우대형 주택청약종합저축으로 나뉜다. 하나씩 살펴보도록 하자.

① 주택청약종합저축 불입금액 소득공제

무주택세대주(총급여 7,000만 원 이하)로서 주택청약종합저축(연납입액 240만 원 한도) 불입금액의 40%를 공제받을 수 있다(2025년 말까지).

② 주택임차차입금 원리금상환액 소득공제

총급여 5,000만 원 이하 무주택세대주로서 국민주택규모의 임대차계약서상 입주일(또는 전입일) 전후 3개월 이내에 금융기관에서 차입해 임대인[1]의 계좌로 직접 입금한 금액과 대부업자가 아닌 자로부터 입주일(또는 전입

---

1   **임대인/임차인** 부동산 등을 빌려주는 사람은 '임대인', 빌려 사용하는 사람은 '임차인'이라 한다. 같은 월세라도 임대인 입장에서는 임대료 수입, 임차인 입장에서는 임차료 비용이 된다.

일) 전후 1개월 이내에 적정 이상의 이율(1.8% 이상)로 차입한 금액의 원리금 상환액 40%를 공제받을 수 있다.

③ 장기주택저당차입금 이자상환액 소득공제

무주택세대주 또는 1세대 1주택 세대주가 취득 당시 기준시가 5억 원 이하 주택을 취득하기 위해 당해 주택에 저당권을 설정하거나 승계해 차입한 장기주택저당차입금(또는 주택 완성 시 저당차입금으로 전환하기로 한 분양권 취득 관련 차입금)에 대한 당해 연도 이자상환액을 공제받을 수 있다.

단, 앞의 두 가지 공제와 합해 연간 500만 원 한도 내에서만 가능하다. 이상의 설명을 계산식으로 나타내면 다음과 같다.

주택자금 소득공제 = Min(①, ②)
① Min{(주택청약종합저축 불입금액[1] + 주택임차차입금 원리금상환액) × 40%, 연 300만 원} + 장기주택저당차입금 이자상환액 소득공제[2]
② 연 500만원

1) 연간 240만 원 한도
2) 장기주택저당차입금의 상환기간 및 이자 지급 방식에 따라 이자상환액의 공제 한도가 달라짐. 저당차입금 이자를 만기 15년 이상 고정금리로 비거치식 분할상환하는 경우에는 1,800만 원, 고정금리 방식으로 지급하거나 원금 또는 원리금을 비거치식 분할상환 방식으로 지급하는 경우에는 연간 1,500만 원, 10년 이상인 경우에는 300만 원

④ 주택담보노후연금 이자비용공제

연금소득이 있는 거주자가 주택담보노후연금을 지급받은 경우 연금소득금액에서 공제받을 수 있으며, 공제비용 한도는 연간 200만 원이다.

⑤ 청년우대형 주택청약종합저축

총급여 3,000만 원 이하 또는 종합소득금액 2,000만 원 이하 사업소득이 있는 청년 무주택세대주가 가입한 저축에서 발생한 이자소득 500만 원까지는 비과세한다.

주택자금 소득공제 시 주의할 점

주택자금공제는 당해 연도 해당분 불입액에 국한되며, 미리 선납한 금액은 공제 대상이 아니다. 배우자가 가입한 주택청약저축의 불입액도 공제 대상이 아니다. 다만, 세대 기준이므로 직계존속 등 부양가족이 주택을 소유하고 있더라도 별도 세대인 경우에는 상관없으며, 맞벌이부부가 별도의 세대를 구성해 각각 주택청약저축에 가입한 경우에는 부부 모두 소득공제가 가능하다.

1세대 1주택[2] 여부를 판단할 때는 과세기간 말 현재 1주택이어야 한다. 주택자금공제를 받은 근로자가 저축가입일로부터 5년이 경과하기 전에 해지하면 불입액의 4~8%에 상당하는 금액을 추징당하므로 특히 주의할 필요가 있다.

따라서 K씨가 주택자금공제로 소득공제받을 수 있는 금액을 계산해보면 주택청약불입액 관련 소득공제 가능금액은 96만 원(= Min(50만 원 ×

---

2 **1세대 1주택 비과세** 1세대가 주택 1채를 2년 이상 보유(거주)하다가 해당 주택을 양도하는 경우 양도가액이 12억 원을 넘지 않으면 양도차익이 있다 하더라도 양도소득세를 과세하지 않는 것을 말한다(88장 참고).

12 = 600만 원, 240만 원) × 40%)이고, 주택임차차입금 원리금상환액 관련 소득공제 가능금액은 400만 원(= 1,000만 원 × 40%)이다. 둘을 합해 496만 원인데, 소득공제 가능금액의 연간 한도는 300만 원이므로 최대 소득공제금액은 300만 원이 된다.

월세세액공제, 자세히 알아보자!

근로소득자(총급여 7,000만 원 이하 또는 종합소득금액 6,000만 원 이하, 무주택자)의 경우 기준시가 4억 원 이하 월세주택의 임대인에게 지급하는 월세의 15%(연간 월세 합계 750만 원 한도, 총급여 5,500만 원 이하 근로자 또는 종합소득금액 4,000만 원 이하는 17% 적용)를 세액공제받을 수 있다. 월세세액공제를 받을 경우 현금영수증 소득공제는 허용되지 않는다.

물론 월세를 낸다고 해서 다 세액공제를 받을 수 있는 것은 아니다. 반드시 월세 임차인(본인과 기본공제 대상자 등 계약자 포함)이 국세청 홈페이지나 세무관서에 우편(또는 방문)으로 신고해야 한다. 인터넷 또는 우편신고 시에는 현금거래를 확인할 수 있는 서류(현금영수증, 계좌이체영수증, 무통장입금증 등)와 임대차계약서를 첨부해야 한다.

월세세액공제 주의사항 여섯 가지

월세세액공제를 신청할 때는 다음 사항에 주의할 필요가 있다.

① 현금영수증은 계약서상 임차인 명의로

월세에 대한 현금영수증은 반드시 임대차계약서상 임차인 명의로 발급하거나 신고해야 한다. 임대인의 사업자등록 여부와는 상관없다. 주택임차료만 세액공제 대상이며, 상가임차료는 해당하지 않는다.

② 현금영수증 발급 거부 시 포상금

임대인에게 현금영수증 발급을 요청했으나, 임대인이 발급을 거부한 경우 이를 신고하면 포상금을 지급받을 수도 있다. 단, 임대인이 현금영수증 가맹점에 가입하고서도 현금영수증 발급을 거부해 신고한 경우에 한한다.

③ 가능하면 주민등록 주소 이전

근로소득자가 월세를 지급하는 거주지로 주민등록 이전을 하지 않은 경우에도 세액공제 대상은 되지만, 가능하면 일치시켜야 임대인과의 분쟁을 방지할 수 있다.

④ 국세청에서 현금영수증 발급 가능

월세 현금영수증을 신고하면 최초 신고 후 월세지급일에 국세청에서 현금영수증을 발급해주며, 현금영수증 발급 내역은 국세청 홈택스에서 조회할 수 있다. 단, 국세청에서 별도로 현금영수증 실물을 보내주지는 않는다.

⑤ 매월 신청할 필요는 없다

현금영수증을 매월 신청할 필요는 없다. 최초 신고 후 임대차계약서의 계약기간 동안 월세지급일에 국세청에서 현금영수증을 발급하기 때문이다. 다만, 임대계약이 연장되었거나 변경된 경우에는 다시 신고해야 한다.

⑥ 임대인의 동의는 필요 없다

월세 현금영수증을 신고할 때 임대인의 동의는 필요하지 않으며, 임대차계약서를 첨부해 신고하면 된다.

| 연말정산 |

신용카드와 현금영수증을 이용한 절세

(사례) 연봉이 4,000만 원인 L씨는 올해 사용한 금액이 3,000만 원(신용카드 2,500만 원 + 현금영수증 500만 원)이있다. 또 소득이 없는 남편 명의의 직불카드로 500만 원을 사용하고, 신용카드 사용액 중 전통시장에서 500만 원, 대중교통비로 500만 원, 신문·도서·공연비로 300만 원을 사용했다. 신용카드 사용액 가운데 의료비 100만 원, 보험료 300만 원, 아파트 관리비 200만 원이 포함되어 있다. L씨가 신용카드, 직불카드, 현금영수증 사용에 따라 소득공제를 받을 수 있는 최대 금액은 얼마일까?

소득공제 대상이 되는 지불 수단은?

신용카드 등 사용액에 대한 소득공제 대상은 신용카드만이 아니다. 신용카드 외에도 직불카드, 기명식선불카드(체크카드), 기명식선불전자지급수단(또는 기명식전자화폐) 사용액, 현금영수증 사용액 그리고 학원 수강료 등을 지로로 납부한 금액까지 포함한다. 이때 학원은 「학원의설립·운영및과외교습에관한법률」에 의한 학원을 말하므로 자동차운전학원, 평생교육시설 등은 해당되지 않는다. 본인 명의가 아니라도 배우자·부양가족으로서 소득금액 제한을 받지 않는 가족 명의의 신용카드 사용금액도 합산해 공제받을 수 있다.

신용카드 등 소득공제 대상과 제외 금액

원칙적으로 신용카드 등 소득공제 대상이 되려면 국내에서 사용한 것이어야 한다. 즉, 내국법인, 개인사업자 또는 외국법인이나 비거주자의 국내사업장에서 재화나 용역을 사용하고, 그에 대한 대가를 지급한 금액이 소득공제 대상이 된다. 해외사용액(국내 면세점[1] 사용금액은 제외)은 신용카드 등 소득공제 대상이 아니라는 의미다. 국내사용액이라 하더라도 다음과 같은 금액은 소득공제 대상이 아니므로 연말정산 시 유의해야 한다.

- 사업소득과 관련된 비용 또는 법인의 비용에 해당하는 금액
- 실질거래가 없거나 실제 매출금액을 초과해 사용한 금액
- 명의가 다른 가맹점과 거래한 금액
- 각종 보험료 납부금액(4대보험, 연금보험료, 사적 보험료 등)
- 각종 교육 관련법에 따른 수업료, 입학금, 보육비 등 공납금
- 국세, 지방세, 전기료, 수도료, 가스료, 전화료(정보사용료, 인터넷이용료

---

1 **면세점(免稅店)** 외화 획득이나 외국인 여행자의 편의를 도모하기 위해 공항 대합실이나 시중에 설치한 비과세 상점이다. 상품에 부과되는 세금이 면제되므로 상품값이 싸다.

포함), 아파트관리비, 텔레비전시청료(유선방송료 포함), 고속도로통행료, 국가·지방자치단체·지방자치단체조합에 지급하는 사용료나 수수료

- 상품권 등 유가증권 구입비
- 리스료(자동차 렌트비 포함)
- 취득세 또는 등록면허세가 부과되는 토지, 건물, 차량, 기계장비, 입목, 항공기, 선박, 골프회원권, 승마회원권, 콘도미니엄회원권, 종합체육시설이용회원권 등의 구입비(중고차 구입금액의 10%는 공제)
- 금융·보험 용역과 관련한 지급액, 보증료 등
- 「정치자금법」에 따른 정당 기부금
- 주택자금공제에서 소득공제를 적용받는 월세액
- 보세 판매장, 지정 면세점, 선박·항공기 판매 면세물품 구입비

신용카드 등 소득공제액의 계산

신용카드 등 사용에 대한 소득공제액은 총급여액의 25%('최저사용금액'이라 함)를 초과 사용한 경우 다음 표와 같이 계산한 일정 금액을 소득공제받을 수 있다.

신용카드 등 사용금액은 다음과 같이 구분한다.

① 전통시장사용분, ② 대중교통이용분, ③ 신문·도서·공연 등 사용분, ④ 직불카드·현금영수증사용분(①과 ② 제외), ⑤ 순신용카드사용분[신용카드 등 사용액 – (①+②+③+④)], ⑥ 최저사용분 공제 제외금액 신용카드 등 소득공제액 계산

▼ 신용카드 등 소득공제액 계산구조

신용카드 등 소득공제 = Min{1), 2)} + 3)

1) 공제가능금액 = (① + ② + ③ + ④ + ⑤) - ⑥(㉠ 또는 ㉡ 또는 ㉢ 또는 ㉣)

　① 전통시장사용분 × 40%

　② 대중교통이용분 × 80%

　③ 도서, 간행물, 공연, 박물관, 미술관, 영화관 등 사용분 × 30%

　④ 직불카드, 현금영수증사용분 × 30%

　⑤ 순신용카드사용분 × 15%

　⑥ 최저사용분 공제 제외금액: (㉠ 또는 ㉡ 또는 ㉢ 또는 ㉣)

　　㉠ ⑤ ≥ 최저사용금액인 경우: 최저사용금액 × 15%

　　㉡ ⑤ < 최저사용금액이고 (③ + ④ + ⑤) < 최저사용금액인 경우: ⑤ × 15% + (최저사용금액 - ⑤) × 30%

　　㉢ ⑤ < 최저사용금액이고 (③ + ④ + ⑤) < 최저사용금액인 경우: ⑤ × 15% + (③ + ④) × 30% + {최저사용금액 - (③ + ④ + ⑤)} × 40%

　　㉣ ⑤ < 최저사용금액이고 (① + ③ + ④ + ⑤) < 최저사용금액인 경우: ⑤ × 15% + (③ + ④) × 30% + (① + ② 중 2023.7.1~2023.12.31까지 사용분) × 40% + {최저사용금액 - (① + ③ + ④ + ⑤)} × 80%

2) 공제한도금액

　(1) 총급여액 7,000만 원 초과 시: 연간 250만 원

　(2) 총급여액 7,000만 원 이하 시: 연간 300만 원

3) 추가공제금액(공제가능금액 > 공제한도액인 경우)

　(1) 총급여액 7,000만 원 초과 시: Min{한도초과액, min(① × 40% + ② × 80%, 연간 200만 원)}

　(2) 총급여액 7,000만 원 이하 시: Min{한도초과액, min(① × 40% + ② × 80% + ③ × 30%, 연간 300만 원)}

　이제 L씨가 사용한 신용카드 등 소득공제액과 세금효과 추정액을 계산해보자. 우선 소득공제 대상의 사용액을 구분하면 다음과 같다.

　① 전통시장사용분 500만 원, ② 대중교통이용분 500만 원, ③ 도서·공연사용분 300만 원, ④ 직불카드·현금영수증사용분 1,000만 원, ⑤ 순신용카드사용분 200만 원{= 3,000만 원 - (① + ② + ③ + ④) - 보험료 300만 원 - 아파트관리비 200만 원}이다.

　따라서 공제 가능금액은 앞의 1) 산식에 따라 ① 500만 원 × 40% + ②

500만 원 × 80% + ③ 300만 원 × 30% + ④ 1,000만 원 × 30% + ⑤ 200만 원 × 15% = 1,020만 원이다. 그리고 ⑥ 최저사용분 공제 제외금액은 최저사용금액이 1,000만 원(= 4,000만 원 × 25%)이고, 상황 ⓒ에 해당하므로 ⑤ 200만 원×15% + (최저사용금액 1,000만 원 − ⑤ 200만 원) × 30% = 270만 원이 되어 결국 1)공제 가능금액은 750만 원(= 1,020만 원 − 270만 원)이 된다.

또 공제한도금액은 2)의 (2)에 해당하여 연간 300만 원이다. 그런데 공제 가능금액(750만 원)이 공제한도금액(300만 원)을 초과하므로 추가공제를 받을 수 있는데, 3)추가공제 금액은 표 3)의 (2)에 따라 300만 원(= Min(450, 690, 300))이다. 그래서 실제 공제받는 금액은 위 2)와 3)을 합한 600만 원이 된다. 따라서 L씨가 신용카드 등 사용에 따른 소득공제로 얻을 수 있는 세금효과는 지방소득세를 포함하여 99만 원(= 600만 원 × 16.5%) 정도라고 할 수 있다.

신용카드 등 소득공제 시 유의할 점

첫째, 소득공제 대상이 아닌 금액이 포함되지 않도록 유의해야 한다. 특히 회사경비로 처리된 종업원 명의의 신용카드 사용액 등으로 부당하게 소득공제를 받은 후 세무서의 조회 과정에서 밝혀지면 세금을 추징당할 수 있다. 둘째, 신용카드공제는 본인뿐 아니라 소득 제한에 걸리지 않는 부양가족 지출분까지 포함하므로 빠뜨리지 않도록 해야 한다. 단, 형제자매가 사용한 금액은 제외된다. 셋째, 맞벌이부부는 부양가족 지출분을 소득이 큰 쪽에서 공제받는 것이 유리하다.

| 연말정산 |

기부금에 대한
세금 혜택

사례 연봉이 4,000만 원인 M씨는 올해 자기가 지지하는 국회의원에게 기부금 20만 원, 장애인생활시설에 12만 원, 결식아동돕기 비영리법인에 10만 원, 평소 다니던 사찰에 12만 원을 기부했다. M씨가 받을 수 있는 기부금 세액공제로 인한 절세효과는 얼마나 될까?

세법상의 기부금이란?

세법에서 기부금[1]이란, '특수관계가 없는 자에게 업무와 직접 관계없이 무상으로 지출하는 재산적 증여의 가액'을 말한다. 이렇듯 기부금은 업무와 관계없는 지출이기 때문에 세법상 비용 처리를 해주지 않는 것이 원칙이다. 하지만 기부금 중에 공익성이 있는 금액에 대해서는 건전한 기부문화 활성화를 위해 일정 범위 내에서 공제해주고 있다.

---

1 **기부금** 연말정산 시 소득공제 대상 기부금은 근로자 본인이 기부한 금품뿐 아니라 기본공제 대상자에 해당하는 배우자와 직계비속, 동거입양자가 기부한 기부금을 포함한다. 정치자금기부금, 우리사주조합기부금은 본인의 기부금만 공제 가능하다.

기부금의 종류와 세액공제 대상금액

「소득세법」에서는 기부금을 특례기부금, 우리사주조합기부금, 일반기부금으로 구분하고, 그에 따른 공제 한도를 별도로 정하고 있다.

기부금공제 방법은 두 가지로, 사업소득만 있는 경우에는 필요경비로 반영해 세무상 비용 처리를 하고, 그 밖의 경우에는 기부금 세액공제 방법을 선택해야 한다. 근로소득자의 경우 기부금 종류별 세액공제한도액, 이월공제기간, 기부금품의 평가 방법 등을 정리하면 다음 표와 같다.

▼ 기부금 종류와 세액공제 한도

구분		세액공제 한도금액 (해당 금액의 15%, 30%)	이월공제 기간	기부금액의 평가
특례기부금· 정치자금기부금 세액공제		근로소득금액 × 100%	10년	자원봉사 기부금 = ① + ② ① (총봉사시간 ÷ 8) × 5만 원 ② 봉사용역 부수비용(유류비, 재료비 등 직접비용)
우리사주조합기부금		소득공제(근로소득금액 한도 내 법정기부금) × 30%	이월공제 불가	
일반 기부금 세액 공제	종교단체 기부금 있을 때	(근로소득금액 – 한도 내 법정 및 우리사주기부금) × 10% + Min(앞의 소득금액[1] × 20%, 종교단체 외에 지급한 지정기부금)	10년	
	종교단체 기부금 없을 때	(근로소득금액 – 한도 내 법정 및 우리사주기부금) × 30%		

1) 앞의 소득금액: 근로소득금액 – 특례기부금
※ Min: 그중 작은 것, Max: 그중 큰 것
※ 정치자금기부금은 10만 원까지 110분의 100에 해당하는 금액 세액공제, 초과분은 1,000만 원 이하 15%, 1,000만 원 초과 시 초과 30% 세액공제
※ 세액공제 해당액을 본인이 직접 환급하지 않고 국세청을 통해 기부금단체에 기부할 경우 한도 적용 없음

기부금 세액공제액의 계산

특례기부금과 일반기부금에 대한 세액공제는 기부금 합계가 1,000만 원 이하일 때는 기부금액의 15%, 초과분에 대해서는 30%다. 단, 종합소득 산출세액에서 사업소득과 원천징수대상 금융소득산출세액을 뺀 금액을 한 도로 한다.

그렇다면 기부금 대상 단체는 어디일까? 대상이 되는 단체는 다음과 같다.

① 전액 공제하는 특례기부금에 해당하는 단체(국방헌금, 국가 또는 지방자 치단체에 기부, 재난지역 복구 등의 기부)
② 정치자금기부금(「정치자금법」에 의해 후원회, 선관위를 포함한 정당에 기부한 금액)
③ 일반기부금에 해당하는 단체(노동조합비, 사회복지, 문화, 예술, 종교 등 일반 기부금 단체에 지출하는 기부금 등)

기부금 세액공제 시 유의할 점

「정치자금법」에 의한 기부금에 대해서는 10만 원까지는 납부할 세금에 서 직접 공제(소득세 90,900원, 주민세 9,090원)하고, 초과분에 대해서는 한도에 따라 세액에서 공제해준다.

금전 외 물품 등으로 기부할 때는 해당 물품의 시가(매입가액)를 기부금액 으로 하고, 자원봉사를 한 경우에는 1일 5만 원을 기부한 것으로 본다. 기부 금을 지출했는데도 한도액을 초과해 공제받지 못할 때는 이월공제를 받을 수 있는데, 기부금의 종류별로 이월공제기간(119쪽 표 참고)이 다르므로 유의해야 한다.

불우이웃돕기기부금은 부양의무자가 없는 노인·아동 또는 심신장애로 근로 능력이 없거나 사회통념상 경제적 능력의 부족 등으로 생활이 어려운 이웃을 돕기 위한 기부금이다. 불우이웃 개인 또는 단체에 직접 입금되고, 기부받은 개인 또는 단체 명의로 발급된 영수증을 갖추어야 한다.

사내동호인회를 결성해 급여에서 공제한 회비를 불우이웃돕기에 지출했다면, 기부받은 자의 기부 목적·일자 등이 기재된 영수증이 있어 기부 사실이 확인될 경우 이것도 공제 대상 기부금에 해당한다.

따라서 M씨는 기부금에 대해 정치자금 20만 원 중 10만 원은 90,909원(= 10만 원 × 100/110), 초과 10만 원은 다른 기부금 34만 원과 합해 15%를 세액공제받을 수 있다. 즉, 156,909원(= 90,909원 + 44만 원 × 15%)의 절세효과가 있다.

| 연말정산 |

펀드투자에서 세테크하기

〔사례〕 총급여액이 4,000만 원인 N씨는 2022년 3월에 10년 만기 장기 집합투자증권저축에 가입해 매달 50만 원씩 불입하고 있다. N씨가 2023년 에 이 투자로 소득공제를 받을 수 있는 금액은 얼마일까?

소득공제 대상 장기집합투자증권저축(적립식펀드)은?

장기집합투자증권저축으로서 소득공제 대상이 되려면 다음과 같은 요 건을 갖추어야 한다.

- 가입자가 가입 당시 직권 과세기간 총급여액이 5,000만 원 이하 근 로소득자일 것
- 자산총액의 40% 이상이 국내에서 발행되어 국내에서 거래되는 상 장주식에 투자하는 집합투자기구의 저축일 것
- 계약기간이 10년 이상이고, 가입일(2015년 12월 31일까지 가입)부터 10년 미만 기간 내에 원금이나 이자, 배당, 주식 또는 수익증권 등의

인출이 없을 것

- 적립식저축으로서 1인당 연 600만 원 이내(모든 장기집합투자증권저축의 합계액)에서 불입할 것

소득공제금액 계산 방법

불입일부터 각 과세기간 월별 불입액 합계의 40%와 해당 과세기간의 근로소득금액 중 적은 금액을 소득공제한다.

N씨가 적립식펀드로 근로소득에서 공제받을 수 있는 금액은 240만 원 (= 600만 원 × 40%)이다. N씨의 적용세율은 15% 구간에 해당하므로 약 40만 원(지방소득세 포함)의 절세효과가 발생한다.

이중공제와 세액추정에 유의

연금저축, 주택청약저축에 가입하고 별도로 장기집합투자증권저축에 가입한 경우에는 각각 연금계좌 세액공제와 주택청약저축 소득공제, 장기집합투자증권형저축 소득공제를 받을 수 있다. 그러나 동일한 펀드가 여러 가지 소득공제 대상이 될 때는 그중 하나를 선택해 공제받아야 한다. 다시 말해, 하나의 펀드를 이용해 이중으로 공제받아서는 안 된다.

또 10년 미만 기간 내에 계약을 해지할 경우에는 그동안 소득공제 등으로 실제 감면받은 세액의 상당액을 추징당할 수 있으므로 유의해야 한다.

| 연말정산 |
차량 소유자의 세테크

(사례) O씨는 자가용으로 출퇴근하고 있는데, 회사 업무 수행 시에도 자가용을 이용한다. 회사는 O씨에게 여비를 지급하는 대신, 자가운전보조금 명목으로 매월 18만 원, 한 해 자동차종합보험료로 20만 원을 지급하고 있다. O씨의 급여 중 비과세근로소득에 해당하는 금액은 얼마일까?

비과세근로소득에 해당하는 자가운전보조금의 요건

비과세근로소득으로 보는 자가운전보조금은 다음과 같은 요건을 충족해야 한다.

- 종업원이 자기 소유(부부 공동명의도 가능) 또는 임차한 차량을 직접 운전해 회사의 업무 수행에 이용한다.
- 시내 출장 등에 소요된 실제 여비를 지급받는 대신, 그 소요경비를 당해 사업체의 규칙에 의해 정해진 지급 기준에 따라 지급받는 금액으로 월 20만 원 한도다.

위 금액에 대해서는 따로 증빙을 갖추지 않아도 상관없다. 물론 월 20만 원을 초과하는 금액은 과세 대상 근로소득이 된다.

자가운전보조금과 여비를 함께 지급받는 경우

종업원이 시내 출장 등에 따른 여비를 별도로 지급받으면서 연액 또는 월액의 자가운전보조금을 지급받는다면, 시내 출장에 소요된 실제 여비는 실비변상적인 성질의 급여로서 비과세근로소득에 해당하지만, 자가운전보조금은 비과세근로소득이 아니게 되어 근로소득으로 과세될 수 있다.

다만, 회사의 여비 지급 규정 또는 사규에 따라 지급받는 출장경비는 출장 목적, 출장지, 출장기간 등을 감안해 실제 소요되는 비용을 충당할 정도의 범위 내에서 실비변상적인 성질의 급여로 비과세한다. 이에 해당하는 실비변상적인 출장여비는 월별 한도금액이 정해져 있지 않다.

종업원 차량에 대한 보험금을 지급해주는 경우

자가운전보조금을 지급하는 종업원에게 자동차종합보험료와 같이 기간이 정해져 있는 금액을 지급하는 경우 월할계산한 금액과 매월 정액으로 지급하는 금액을 합해 월 20만 원을 초과하지 않는다면, 자동차종합보험료를 지급받는 달의 총지급액이 20만 원을 초과하더라도 실비변상적인 성질의 급여로 판단해 비과세근로소득에 포함시킨다.

O씨는 자가운전보조금과 종합보험료 금액의 월할계산 금액을 합한 금액이 월 20만 원을 초과하지 않으므로 모두 비과세근로소득이 된다. 따라서 O씨의 비과세근로소득 합계는 236만 원(= 18만 원 × 12개월 + 20만 원)이다.

| 연말정산 |

맞벌이부부의 소득공제 핵심 포인트

맞벌이부부는 연말정산 시 소득공제에 주의할 필요가 있다. 소득공제를 받을 자격이 되지 않는데도 소득공제를 했다가는 사후에 발각되어 세금을 추징당할 위험이 있기 때문이다. 공직자 후보에 대한 국회청문회에서 이러한 사례가 종종 등장한다. 과거 검찰총장 후보자에 대한 국회청문회에서 후보자 배우자의 소득이 7,300만 원을 초과해 배우자공제 자격이 없는데도 배우자공제를 받아 세금을 탈루한 의혹이 제기되기도 했다. 이처럼 맞벌이부부는 연말정산 시 소득공제 요건에 적합한지를 엄밀히 따져가며 공제를 받아야 한다. 맞벌이부부가 유의할 항목들을 하나씩 살펴보자.

우선 배우자에 해당하려면 12월 31일 현재 혼인신고를 한 상태여야 한다. 결혼식을 올렸거나 동거 중이라 하더라도 혼인신고가 되어 있지 않으면 세법상 배우자가 아닐 뿐 아니라 부양가족에도 해당되지 않아 소득공제 대상이 되지 못한다.

배우자공제는 연간소득금액이 100만 원 이하일 때만

인적공제 중 배우자공제는 배우자의 연간소득금액이 100만 원을 초과하는 맞벌이부부라면 서로에 대해 기본공제를 할 수 없다. 연간소득금액이 100만 원(근로소득만 있는 경우 총급여 약 500만 원) 이하일 때만 배우자공제를 할 수 있다.

부부는 부양가족이 동일하고, 특히 배우자의 부모·형제자매도 모두 부양가족으로 공제할 수 있다. 물론 연령과 소득 제한에 걸리지 않는다면 말이다. 다만, 맞벌이부부일 때 주의할 점은 부양가족에 대한 공제는 부부 중 어느 한쪽에서만 공제받을 수 있고, 동일한 부양가족 1인에 대해 부부가 각각 공제받을 수는 없다는 것이다.

자녀양육비공제 또한 어느 한쪽만 받아야 한다. 다만, 자녀에 대한 기본공제와 자녀양육비공제는 분리해서 배우자가 공제받을 수도 있다. 다시 말해, 남편이 자녀에 대한 기본공제를 받고, 아내는 기본공제를 받지 않는 대신 해당 자녀의 양육비공제를 받을 수 있다는 뜻이다.

보험료, 신용카드공제는 본인분만 가능

특히 실수가 많은 공제 중 하나로 보험료공제가 있다. 보험료공제를 받기 위해서는 근로자 본인 또는 기본공제 대상자(연령·소득 요건을 충족하는 배우자와 부양가족) 명의로 가입해야 하므로 본인의 기본공제 대상자에 해당하지 않는 가족의 명의로 가입한 보험료는 공제가 되지 않는다.

만약 근로자 본인과 배우자가 맞벌이부부면서 서로 기본공제 대상이 아니라면, 계약자가 근로자 본인이고 피보험자가 배우자인 경우(또는 그 반대인 경우) 부부 어느 쪽에서도 보험료공제를 받을 수 없다. 따라서 보험계약 시 맞벌이부부는 본인을 피보험자로 하고 본인이 계약해 불입해야 낭패를 방지할 수 있다. 예외적으로 맞벌이부부인 근로자 본인이 계약자이고 피보험자가 '부부 공동'인 보장성보험의 보험료는 계약 당사자(근로자 본인)가 보험료공제를 받을 수 있다. 다시 말해, 피보험자를 부부 공동으로 하는 것이 배우자 단독으로 할 때보다 유리하다는 뜻이다.

신용카드 등 사용금액에 대한 소득공제도 맞벌이부부는 각각 자기 것을 공제할 수 있을 뿐, 어느 한쪽으로 몰아 받을 수는 없다. 가족카드를 사용한 경우에도 각자 명의의 신용카드 사용금액에 대해서만 공제할 수 있다. 물론 맞벌이가 아니라 외벌이이고 배우자가 소득이 없다면 배우자 사용분까지 합쳐 본인이 공제받을 수 있다.

맞벌이 배우자를 위해 지출한 교육비는 공제가 안 된다

의료비공제는 연령이나 소득 제한 없이 본인의 기본공제 대상자에 해당하는 배우자·부양가족을 위해 지출한 의료비에 대해 공제할 수 있다. 따라서 맞벌이부부가 부양가족을 나누어 공제받았다면 각각의 공제 대상자에게 각자가 지출한 의료비에 대해 소득공제를 받을 수 있다.

기부금공제는 부부 각자가 기본공제 대상자로 신청한 부양가족의 기부금에 대해 공제받을 수 있다. 한 가지 주의할 점은 맞벌이부부가 배우자를 위해 지출한 교육비는 공제되지 않는다는 것이다.

주택자금공제는 경우에 따라서

맞벌이부부로서 주택자금공제를 받으려면 근로소득이 있는 세대주여야 한다. 따라서 맞벌이부부가 별도의 세대를 구성하고, 각각 주택을 보유하는 경우 각각 주택마련저축공제를 받을 수 있다. 다만, 각자 본인 명의로 장기주택마련저축에 가입해야 하며, 배우자나 세대원 명의로 가입하면 공제받지 못한다. 이때 주택 수는 세대별 주민등록표상의 동거가족을 기준으로 판단한다.

장기주택저당차입금 이자상환액 공제는 근로소득이 있는 세대주여야 하지만 예외적으로 세대주가 근로소득이 없거나, 있더라도 주택자금공제를 받지 않았다면 세대원이 해당 주택의 명의자이자 실제 거주자이고 세대원 명의로 차입한 경우 공제가 가능하다. 다시 말해, 맞벌이부부 중 요건에 해당하면 세대주가 아니라도 공제가 가능하다.

| 연말정산 |

투자수익도 얻고 소득공제도 받고

자본이득[1]이나 배당 등 투자수익을 얻으면서 세테크도 할 수 있는 투자 방법으로는 중소기업창업투자조합출자 등에 의한 소득공제 및 우리사주조합출연금 소득공제가 있다. 큰 수익을 얻을 수 있는 반면, 위험도 크기 때문에 여유자금으로 투자하는 것이 좋다.

사례 P씨는 연봉이 4,000만 원(소득금액은 1,000만 원)인데, 올해 직접 벤처기업에 1,000만 원을 출자했다. P씨가 올해 또는 내년에 소득공제를 받을 수 있는 금액은 얼마일까?

소득공제 가능한 출자대상 회사

세법에서는 출자금에 대한 소득공제 혜택을 주는 회사로 다음 여섯 가

---

1   **자본이득(資本利得)** 자산을 취득할 때의 가격보다 남에게 양도할 때의 가격이 더 높아 발생하는 이득. 세법상으로는 양도소득이 된다.

지를 열거하고 있다.

① 중소기업창업투자조합, 한국벤처투자조합, 신기술사업투자조합, 기업구조조정조합 또는 부품·소재전문투자조합에 출자하는 경우
② 벤처기업투자신탁의 수익증권에 투자하는 경우
③ 중소기업청장에게 등록한 개인투자조합이 근로자를 비롯한 거주자로부터 출자받은 금액을 당해 출자일이 속하는 과세기간의 다음 과세기간 종료일까지 벤처기업에 투자하는 경우
④ 「벤처기업육성에관한특별조치법」에 의해 벤처기업에 투자하는 경우
⑤ 창업·벤처전문경영참여형 사모집합투자기구에 투자하는 경우
⑥ 「자본시장과금융투자업에관한법률」에 따라 온라인소액투자중개의 방법으로 모집하는 창업 후 7년 이내의 중소기업으로 일정 기업의 지분증권에 투자하는 경우

①, ②는 간접투자 방식으로 펀드 운용회사의 책임하에 투자가 이루어져 위험관리가 비교적 체계적이라면, ③, ④, ⑤, ⑥은 직접투자 방식으로 자신의 책임하에 투자가 이루어진다는 점에서 위험이 더 크다.

소득공제 액수와 유의사항

근로소득 등 소득이 있는 거주자가 2025년 12월 31일까지 출자하거나 투자한 경우에는 출자일(또는 투자일)이 속하는 과세연도부터 출자(또는 투자) 후 2년이 되는 날이 속하는 과세연도까지 선택하는 1과세연도 종합소득금

액에서 출자(또는 투자)액의 10%(개인이 직접 또는 개인투자조합을 통해 벤처기업에 투자 시 3,000만 원 이하는 100%, 5,000만 원 이하는 70%, 5,000만 원 초과는 30%)를 종합소득금액의 50% 한도 내에서 소득공제할 수 있다. 여기서 주의할 점은 다음 두 가지다.

첫째, 소득공제 대상이 되는 출자(또는 투자)는 타인의 출자지분(또는 투자지분) 또는 수익증권을 양수하는 방식의 출자(또는 투자)여서는 안 된다. 다시 말해, 위 회사로부터 지분 또는 수익증권을 직접 인수하는 방식의 출자(또는 투자)여야 한다.

둘째, 출자일(또는 투자일)로부터 3년이 경과되기 전에 지분이나 수익증권을 타인에게 양도 또는 환매해서는 안 된다. 이때에는 공제받은 세액을 추징당한다. 단, 출자자(또는 투자자)의 사망 또는 세대 전원의 출국이나 천재지변으로 재산상 중대한 손실이 발생했을 때는 예외를 허용한다.

P씨는 2021년까지 한 해를 선택해 소득공제를 신청할 수 있다. 이때에는 투자금액의 50%인 500만 원(소득금액의 50% 한도. 사례에서는 500만 원 이하이므로 가능)을 소득공제받을 수 있다.

한편 우리사주조합출연금에 대해서도 소득공제 혜택이 주어진다. 「근로자복지기본법」에 따라 우리사주조합원이 자사주 또는 금융지주회사 주식을 취득하기 위해 우리사주조합에 출연한 경우 연간 1,500만 원(벤처기업 등의 우리사주조합인 경우)을 한도로 소득공제받을 수 있다. 우리사주조합출연금 소득공제는 출연 시점에 소득공제해주되, 이렇게 소득공제받은 출연금으로 취득한 자사주를 처분(인출)하거나 자사주 취득 없이 인출할 경우 과세된다는 점을 유의해야 한다.

| 연말정산 |

저축도 하고
세테크도 하고

우리나라 국민의 가장 일반적인 재테크 수단은 저축이다. 저축은 수익성은 낮지만 안전성과 유동성이 높은 투자 방법이다.

금융소득이 2,000만 원 이상이면 부담세율이 달라진다

저축의 수익성은 이자율과 세금에 따라 결정되는데, 저축의 수익률은 '이자율 × (1 - 소득세율)'로 계산할 수 있다.

연간 이자소득을 제외한 종합소득 과세표준이 5,000만 원으로 동일한 경우 연간 이자소득이 500만 원인 Q씨와 연간 이자소득이 5,000만 원인 R 씨의 수익성을 따져보자. 이때 이자율은 5%로 동일하다.

Q씨는 부담세율 구간이 15%이지만, 금융소득(배당소득과 이자소득)이 적어(2,000만 원 이하) 15.4%(지방소득세 포함)의 원천징수세율로 분리과세된다. 반면, R씨는 금융소득(이자소득과 배당소득)이 2,000만 원을 초과해 초과분금융소득이 합산과세되므로 R씨의 부담세율은 2,000만 원까지는 원천징수세율(15.4%), 초과분 3,000만 원에 대해서는 26.4% 세율을 적용한다. 따라서 이자

율이 동일하더라도 부담세율의 차이에 따라 수익성이 달라진다(Q씨의 세후수익률은 4.23%, R씨는 3.9%). 그래서 자산가들은 수익률을 좀 더 높이기 위해 절세금융상품을 선호한다.

▼ 이자소득이 다를 경우의 수익률 계산

구분	Q씨	R씨
원금	1억 원	10억 원
이자율, 이자소득	5%, 500만 원	5%, 5,000만 원
세전수익률	5%	5%
부담이자소득세	500만 원 × 15.4% = 77만 원	2,000만 원 × 15.4% + 3,000만 원 × 26.4% = 1,100만 원
세후수익률	423만 원/1억 원 = 4.23%	3,900만 원/10억 원 = 3.90%

저축에서 발생하는 이자소득에는 원칙적으로 소득세 14%와 지방소득세 1.4%를 합해 15.4%의 세금이 부과된다. 그러나 세법은 이자소득에 대해 감면 또는 저율로 과세하거나 일정 금액(이자소득과 배당소득의 합계 2,000만 원)을 초과하면 다른 소득과 합산해 종합과세하는 제도를 두고 있다.

세금우대저축의 종류

세법은 저축을 장려하기 위해 특정 저축에 대해 세금을 감면하는 한편, 근로소득세 계산 시 일정액을 공제해 세부담을 완화해주고 있다.

① 비과세저축

다음 표를 통해 세금이 전액 면제되는 비과세저축의 종류와 대상, 요건을 알아보자.

▼ 비과세저축 대상과 요건

구분	가입 대상	불입 요건	기한과 대상소득
비과세 종합저축	65세 이상 거주자, 장애인, 독립유공자, 상이자, 기초생활수급자, 5·18민주화운동 부상자, 고엽제후유의증 환자	1인당 5,000만 원	2025년 말까지 가입분 이자소득(배당소득)세 비과세
조합 등 출자금	농·수협, 산림조합, 새마을금고, 신협 등	1인당 1,000만 원 이하	2025년 말까지의 배당소득 비과세, 2023년분 5%, 2024년 이후분 9%
근로자 재형저축	직전 연도 총급여 5,000만 원 이하 근로소득자 또는 종합소득금액이 3,500만 원 이하인 개인	계약기간 7년, 2015년 말까지 가입 시 이자소득(배당소득) 비과세	1인당 분기별 300만 원 저축 이내(연간 120만 원 한도)
조합 등 예탁금	20세 이상 거주자로 농·임·어민, 농·수·신협, 산림조합, 새마을금고 등의 조합원 회원	1인당 3,000만 원 이하	2023년 이후 5% 분리과세(지방소득세 비과세), 2024년 이후 9%
농어가목돈 마련저축	농어민 또는 그 상속인	가입일 후 1년 이후, 특정 사유 없으면 만기까지 보유	2025년 말까지 가입분 이자소득 및 저축장려금에 대해 소득세, 증여세, 상속세 비과세
청년희망 적금	19~34세, 직전 총급여 3,600만 원 이하 소득 청년	1인당 연간 불입액 600만 원	2024년까지 이자소득 비과세

② 소득공제 또는 세액공제저축

연금저축에 대해서는 퇴직연금계좌 근로자 본인 불입액과 합산해 연간 700만 원을 한도로 불입액의 12%(또는 15%)를 세액공제해주고 있다. 앞서 설명한 주택청약저축은 일정액을 소득에서 공제한다. 그러므로 세테크 효과를 위해 가능하면 한도금액까지 불입액을 늘리는 것이 좋다.

▼ 소득공제 및 세액공제저축

구분	부가세
연금저축 + 퇴직연금 본인 불입액 세액공제	연간 불입액[1]의 12% 또는 15%[2] 세액공제
주택청약저축 소득공제	저축액의 40%(연 300만 원 한도)를 근로소득금액에서 공제(무주택세대주 등)[3]
청년형 장기펀드	저축액의 40%(연 600만 원 불입한도) 소득공제

1) 합계 연 900만 원 한도, 연금저축은 연 600만 원 한도
2) 총급여 5,500만 원(종합소득금액 4,500만 원) 이하인 자
3) 무주택세대주, 기준시가 5,000만 원 이하 또는 국민주택규모 이하 기준시가 3억 원 이하 1주택 소유세대주

금융소득종합과세에서 절세하기

자신의 부담세율 구간이 14%를 넘는다면(금융소득 외 종합소득 과세표준 5,000만 원 초과) 금융소득이 2,000만 원을 초과할 경우 종합과세되므로 불리해진다. 이럴 때는 다음 두 가지 세테크를 고려해야 한다.

첫째, 저축을 부부 또는 자녀들에게 분산시킨다. 금융소득종합과세는 거주자 개인별 금융소득 합산금액이 2,000만 원을 넘을 때 과세하기 때문이다. 예를 들어 남편이 이자소득 4,000만 원과 사업소득 8,000만 원이 있는 경우(소득공제 1,000만 원 가정) 이자소득 2,000만 원에 대해 14%의 세율, 나머지 이자소득 2,000만 원과 사업소득 8,000만 원에서 소득공제금액 1,000만 원을 공제한 과세표준 9,000만 원에 대해 35%의 누진세율이 적용되어, 총 2,074만 원(분리과세된 세금 포함)의 세금을 내야 한다. 그러나 남편의

예금 중 일부를 아내 명의로 변경해 남편의 이자소득이 2,000만 원, 아내의 이자소득이 2,000만 원 발생했다고 가정하면, 남편과 아내의 이자소득은 각각 14%의 세율로 분리과세된다. 그리고 남편의 사업소득에 대한 과세표준 7,000만 원에 대해서만 24%의 세율이 적용된다.

따라서 남편은 1,412만 원, 아내는 308만 원으로 총 1,720만 원의 세금을 내게 되어 약 354만 원의 세금을 절약할 수 있다. 다만, 남편 명의의 예금을 아내 명의로 변경할 때 그 금액이 6억 원을 초과하는 경우에는 증여세 문제가 발생하므로 이를 고려해 결정해야 한다.

둘째, 이자를 서로 다른 해에 나누어 받는다. 예·적금 등의 이자는 실제로 이자를 받는 때에 수입으로 계산한다. 예를 들어 이자를 만기에 받는 3년 만기 정기예금은 첫째 연도와 둘째 연도에는 이자소득이 없고, 3년째 한꺼번에 이자소득이 발생한 것으로 본다. 그런데 금융소득종합과세는 매년 1월 1일부터 12월 31일까지의 개인별 금융소득(이자소득·배당소득)을 합산해 2,000만 원을 초과한 경우에 과세되므로 어느 한 해에 금융소득이 집중되지 않도록 하는 것이 좋다. 그러므로 만기에 지급받는 이자가 2,000만 원을 초과하고 다른 종합소득이 있는 경우에는 매년 이자를 나누어 받는 것이 절세의 한 방법이다.

031

| 연말정산 |

고용 증대 및 유지, 중소기업 근로자의 세테크

취직 및 고용 불안은 이 시대의 가장 큰 사회 문제 중 하나다. 세법은 고용 증대 또는 유지를 유도하기 위해 다양한 득례세도를 도입하고 있는데, 이 제도는 회사의 세금 절감뿐 아니라 근로소득자 자신에게도 절세 혜택을 부여하므로 연말정산 시 이에 해당하는지 잘 살펴볼 필요가 있다.

중소기업핵심인력 성과보상금에 대한 소득세 감면

중소기업핵심인력[1]의 장기재직 및 중소기업 인력육성을 위한 중소기업핵심인력 성과보상기금[2]을 설치한 중소기업에 근로하는 근로자가 성과보상금을 만기에 수령할 경우 근로자의 소득세에서 기업이 부담한 기여금 50%(중견기업은 30%)를 감면해준다. 이때 핵심인력은 중소기업최대출자자 등

---

1 **중소기업핵심인력** 직무 기여도가 높아 해당 중소기업의 대표자가 장기재직이 필요하다고 지정하는 근로자를 말한다.

2 **성과보상기금** 핵심인력의 장기재직 및 인력육성 등에 필요한 재원으로, 기업부담금, 핵심인력 해당 근로자 본인부담금, 기타 정부 등 출연금 등으로 조성된다.

의 배우자, 직계존·비속, 친인척 등에 해당하는 자는 제외하므로 유의해야
한다.

중소기업취업자에 대한 소득세 감면

청년(15세 이상~34세 이하), 60세 이상인 사람, 장애인 및 경력단절 여성이
중소기업체(비영리기업 포함)에 2023년 12월 31일까지 취업(경력단절 여성의 경우
동일한 중소기업체에 재취업)한 경우 그 중소기업체로부터 받는 근로소득으로서
취업일(경력단절 여성의 경우에는 재취업일)부터 3년(청년은 5년)이 되는 날(병역이행
청년이 병역이행 후 1년 이내에 다니던 중소기업체에 복직하는 경우에는 복직한 날부터 2년
이 되는 날을 말하며, 복직한 날이 최초 취업일부터 5년이 지나지 아니한 경우에는 최초 취업
일부터 5년이 되는 날을 말한다)이 속하는 달까지 발생한 소득에 대해서는 소득세
의 70%(청년은 90%)에 상당하는 세액을 감면한다(과세기간별 200만 원 한도).

고용유지 중소기업 근로자에 대한 소득공제

직전 연도와 비교해 상시근로자 수 및 1인당 시간당 임금이 감소하지
않고, 상시근로자의 1인당 연간임금총액은 감소한 고용유지 중소기업에 근
무하는 근로자에 대해서는 직전 연도 대비 감소한 임금액의 50% 해당액을
근로소득에서 공제한다(연간 1,000만 원 한도).

| 연말정산 |

임원일 때와 직원일 때 세금은 어떻게 달라질까?

임원은 사회적인 지위뿐 아니라 연봉도 일반 직원들과 차이가 나므로 많은 직장인의 부러움의 대상이다. 2018년 기준 우리나라 상위 10대 그룹 계열 94개 상장 대기업 등기임원[1]의 연봉은 평균 11억 4,400만 원이다.

월평균 급여가 9,500만 원에 달하며, 이외에도 임원만이 누릴 수 있는 각종 복지 혜택이 주어진다. 물론 임원은 권한에 대한 책임이 막중하고 임기가 정해져 있으며 주주들에 의해 진퇴가 결정된다는 점에서 일반 직원보다 직장 수명이 짧을 수 있다.

또한 이러한 고액 연봉의 원천인 재벌 대기업의 이익이 하청 중소기업 임직원들의 희생을 바탕으로 한 것이라는 점에서 정당성에 대한 의문이 제기되기도 한다.

어쨌든 세법에서는 임원과 근로자를 달리 취급한다. 임원은 근로자이기

---

1   **등기임원** 회사 임원 중에서 법인의 등기부상에 등재된 임원을 말한다. 상법상 회사는 이사 3인 이상(자본금 10억 원 미만인 회사는 1인 이상), 감사 1인 이상을 등기하도록 되어 있는데, 이러한 임원을 '등기임원'이라 한다. 등기부상에 등재되지 않은 일반 임원보다 법적 책임이 더 무겁다고 할 수 있다.

는 하지만, 이사회를 통해 회사의 정책을 좌우할 수 있는 지위에 있기 때문에 법적 규제를 두는 것이다. 임원과 직원은 세법상의 근로소득자로서 대부분 세법에서 동일한 규정을 적용받지만, 일부 규정에서는 차이가 있으므로 이에 대해 살펴보자.

세법상 임원의 정의는?

세법상 임원이란, ① 회장, 사장, 부사장, 이사장, 대표이사, 전무이사, 상무이사 등 이사회의 구성원 전원과 청산인, ② 합명회사·합자회사·유한회사의 업무집행사원 또는 이사, ③ 감사, ④ 기타 이에 준하는 직무에 종사하는 자를 말한다. 상법상 주주총회에서 선임되는 임원보다 범위가 넓다고 할 수 있다. 임원 이외의 사용인은 모두 직원이라고 보면 된다.

임원의 상여금은 규정 내 금액만 인정

세법 적용에서 임원과 직원의 가장 큰 차이는 상여금과 퇴직금에서 나타난다. 우선 상여금에 대한 세법 적용부터 살펴보자.

임원에게 지급하는 상여금은 직원에 대한 상여금과 달리, 지급 규정의 한도 내에서만 세법상 손금(損金, 손해가 난 돈, 즉 비용 처리한 것)이 인정된다. 이때 임원 상여금에 대한 지급 규정은 반드시 정관이나 주주총회 또는 이사회의 결의에 의해 정당하게 결정된 급여 지급 규정이어야 한다.

임원에게는 이 규정에 의한 지급금액 한도까지만 세법상 손금으로 인정되고, 이를 초과하는 금액은 비용으로 인정되지 않는다. 따라서 임원에게 규정에 의한 금액을 초과해 상여금을 지급하는 경우에는 법인세 부담이 추가된다. 직원에게 지급하는 상여금에 대해서는 이러한 제한이 없다.

이익처분에 의해 지급하는 상여금은 원칙적으로 손금으로 인정하지 않는다. 하지만 임원이 아닌 근로자의 경우에는 회사와 근로자 간에 성과산정 지표와 목표, 성과 측정, 배분 방법 등에 대해 사전에 서면으로 약정하고 지급하는 성과배분 상여금에 대해서는 세무 조정에 의해 손금으로 인정받을 수 있다.

임원 퇴직금은 세법상 한도가 있다

이번에는 퇴직금의 차이를 살펴보자. 임원에게 지급하는 퇴직금은 세법상 한도가 있는데, 반드시 정관에 퇴직급여 지급 기준을 기재하거나 정관에서 위임된 퇴직급여 지급 기준이 별도로 있어야 한다. 만약 이러한 퇴직급여 지급 기준이 없는 경우에는 「근로기준법」에 의한 퇴직급여 계산 방법을 준용해 계산한다. 즉, 세법상 임원 퇴직금 한도는 임원이 퇴직하는 날부터 소급해 1년 동안 지급받은 총급여액의 10%에 상당하는 금액에 근속연수[2]를 곱해 계산한 금액이 된다. 단, 2012년 이후분에 해당하는 임원 퇴직금은 다음 산식을 한도로 한다. 배수를 적용할 때는 2019년까지는 3배수, 2020년 이후분은 2배수를 적용해 합산한다.

---

2 **근속연수** 근로를 제공한 기간. 연금 불입 연수 또는 재직기간이 1년 미만인 경우에는 근속연수를 1년으로 본다.

2012년 이후분의 임원 퇴직금 = 퇴직한 날부터 소급해 3년 동안 지급받은 급여의 연평균 환산액[1] × 0.1 × 2012년 1월 1일 이후의 근무기간[2] ÷ 12 × 3(또는 2)[3]

1) 근무기간이 3년 미만인 경우 해당 근무기간으로 계산
2) 근무기간은 개월 수로 계산하며, 1개월 미만의 기간은 1개월로 계산
3) 2019년분까지는 3배수, 2020년 이후분은 2배수를 적용해 합산

임원 퇴직금이 위 금액을 초과하면 세법상 근로소득으로 인정되어 퇴직소득세는 줄어들지만, 근로소득세가 증가해 세금 면에서 불리하다.

또 한 가지 퇴직금과 관련된 중요한 사항은 바로 퇴직금 중간정산의 허용 여부다. 임직원 모두 퇴직금 중간정산을 원칙적으로 허용하지 않는다. 다만, 무주택자의 주택 구입, 전세금보증금부담 또는 본인 및 부양가족의 6개월 이상 질병치료 장기요양, 파산선고·개인회생 절차개시결정, 임금피크제 실시에 따른 근로자의 요구, 퇴직연금제도 폐지 등에는 예외적으로 퇴직금 중간정산을 허용한다. 근로자의 퇴직금은 퇴직 전 3개월 평균 급여에 근속연수를 곱하는 방식으로 계산하지만, 임원은 임원 근속연수에 100%를 초과하는 가산율[3]을 곱해 계산하는 경우가 많다.

예를 들어 200%라고 가정하면 1억 2,000만 원 연봉의 임원이 5년 동안 재임해 퇴직하는 경우 퇴직금은 1억 원(= 1,000만 원 × 5년(근속연수) × 200%(가산율))이 된다. 즉, 일반 직원의 2배에 달하는 퇴직금을 받게 된다. 하지만 임원 퇴직금은 세법상 제시한 산식으로 계산한 금액 한도까지만 퇴직금으로 보

---

3 가산율 「근로자퇴직급여보장법」상 근로자에 대한 퇴직금은 계속근로기간 1년에 대해 30일분 이상의 평균 임금(퇴직 전 3개월 평균 급여)을 퇴직하는 근로자에게 지급하는 제도를 설정하도록 하고 있다. 가산율은 통상적인 30일분 평균 임금의 배수를 말한다. 세법은 임원 퇴직금으로 평균 임금의 2배(2019년분까지는 3배)까지만 퇴직금으로 보고, 초과하면 상여로 본다.

고, 이를 초과하면 근로소득으로 보아 상여처분한다.

이외에도 임원 중에서 출자자(소액주주 제외)인 임원의 경우 회사에서 제공하는 사택 등의 유지비, 관리비, 사용료, 이와 관련된 지출금, 해당 자산을 취득하기 위해 지출한 자금의 차입은 업무와 무관한 지출로 보아 손금으로 인정하지 않는다. 세법은 이렇게 임원에 대한 제약을 두고 있으므로 임원에게 세무상 불이익이 되지 않도록 하려면 상여금 또는 퇴직금 지급 규정을 세법이 정한 절차에 따르되, 그 한도를 합리적인 범위 내에서 충분히 설정해 세법상 비용 처리가 가능하도록 대비할 필요가 있다. 그리고 사전에 세법에서 허용하는 범위까지 한도를 늘려 미래에 상여금 또는 퇴직금이 지급 규정을 초과하지 않도록 해야 한다. 지금까지 설명한 내용을 정리하면 다음 표와 같다.

▼ 임원과 직원의 상여금, 퇴직급여 비교

구분	상여금		퇴직급여	
	요건	한도	요건	한도
임원	정관, 주총, 이사회 결의에 따른 지급 규정이 있어야 함	지급 규정을 초과하는 상여금은 손금 부인	정관에 규정하거나 정관에서 위임한 퇴직금 지급 규정이 있어야 함	지급 규정 또는 세법상 한도 3배(또는 2배)를 초과하는 퇴직급여는 손금 부인하고, 상여금 처리함
근로자	없음	없음	「근로자퇴직급여보장법」	없음
비고	• 이익처분에 의한 상여금은 사전약정된 성과배분 상여금을 근로자에게 지급할 때만 손금 인정 • 출자임원에게 제공한 사택 등의 유지·관리·사용료 등은 손금으로 인정하지 않음			

| 연말정산 |

'연말정산 간소화 서비스'로 간편하게!

세테크를 하려면 많은 노력이 필요하다. 세테크에 필요한 증빙자료를 갖추어야 하므로 때에 따라서는 일부러 시간을 쪼개 해당 기관에 방문해 증빙을 발급받아 제출하는 수고도 해야 한다. 연말정산 시 소득공제에 필요한 자료의 종류는 꽤 많으며, 수십 종의 자료를 제출해야 하는 경우도 종종 발생한다. 하지만 '연말정산 간소화 서비스'를 이용하면 이러한 불편을 모두 해소할 수 있다. 그동안 연말정산 대상자인 근로자가 직접 해당 기관에서 발급받아 제출해야 했던 서류 중 공적기관이 발행하는 자료는 국세청 홈페이지에서 바로 발급받을 수 있게 되었다.

연말정산 간소화 서비스란?

연말정산 간소화 서비스란, 근로소득세 연말정산에 필요한 각종 소득공제 증빙자료를 국세청이 근로자를 대신하여 은행, 학교, 병·의원 등 영수증 발급기관으로부터 수집해 이를 국세청 홈택스에서 제공하는 서비스를 말한다. 근로소득자는 연말정산 신고 시 홈택스 홈페이지에서 출력한 소득공제 증빙서류를 소득공제신고서에 첨부해 소속회사(원천징수의무자)에 제출하기만 하면 된다.

특히 부양가족이 있는 근로자가 연말정산 신고에 필요한 부양가족의 소득공제 자료를 인터넷 사이트에서 조회해 발급받을 수 있다. 다만, 이를 위해서는 개인정보보호 원칙상 해당 가족의 동의(소득공제자료제공동의서)가 있어야 한다.

물론 모든 서류를 인터넷으로 발급받을 수 있는 것은 아니다. 연말정산 간소화 서비스가 제공되는 항목은 다음 표와 같다.

▼ 국세청 홈택스에서 자료를 제공하는 연말정산 소득공제 항목

소득공제 항목	내용	서비스 제공
보험료	「고용보험법」에 따라 근로자가 부담하는 보험료	○
	일반 보장성보험료 납입금액	○
	장애인 전용 보장성보험료 납입금액	○
의료비	의료기관에 지출한 의료비 금액	○
	약국에 지출한 의약품(한약 포함) 구입비용	○
	「노인장기요양보험법」에 따라 지출한 본인 일부부담금	○
	시력보정용 안경 구입비용	○
	보청기·장애인보장구·의료용구 구입(임차)비용	○
교육비	초·중·고교, 대학(원) 교육비 납입금액, 교복구입비용	○
	직업능력개발훈련비용	○
	국외교육비용	×
	학점인정(독학학위) 교육비 납입금액	×
	유치원교육비, 취학 전 아동의 학원·체육시설교육비 납입 증명서	○
	장애인특수교육비 납입금액	○

주택자금	주택임차차입금 원리금상환금액	○
	장기주택저당차입금 이자상환금액	○
주택마련저축	주택청약저축	○
	근로자주택마련저축	○
	주택청약종합저축	○
목돈 안 드는 전세 이자상환액	목돈 안 드는 전세 이자상환액	○
퇴직연금	퇴직연금 납입금액	○
개인연금저축	개인연금저축 납입금액	○
연금저축	연금저축 납입금액	○
신용카드 등 사용금액	신용카드, 직불카드, 기명식선불카드 사용금액	○
	현금영수증 사용금액	○
	학원수강료 지로납부 확인서	×
소기업소상공인 공제부금	공제부금 불입금액	○
기부금	기부금액	○

다만, 간소화 서비스 대상이라 하더라도 영수증 발급기관에서 증명서류를 제출하지 않은 경우에는 직접 발급받아 회사에 제출해야 한다. 그리고 주택마련저축 및 주택자금 소득공제를 받으려면 무주택세대주 등 공제 요건이 충족되어야 하는데, 연말정산 간소화 서비스에서는 저축납입금액 및 원리금상환금액만 제공하기 때문에 이에 해당한다면 간소화 서비스 제공 자료와 다른 공제 입증서류를 제출해야 한다.

| 연말정산 |

연말정산 실수, 환급을 받지 못했을 때는?

연말정산은 일반적으로 근로자가 회사에 제출한 소득공제신청서, 증빙서류에 근거해 회사 재무팀에서 대행한다. 하지만 연말정산 소득공제를 위해 근로자가 작성하거나 제출해야 하는 서류는 꽤 많다.

연말정산 간소화 서비스 등을 통해 중요한 증빙서류를 국세청 사이트에서 일괄적으로 발급받을 수 있지만, 게으름, 시간 부족, 재무 담당자의 실수 등으로 소득공제를 누락하거나 초과해 공제받는 일이 발생하는 경우도 있고, 연말정산 환급세액이 발생했는데 환급받지 못하는 경우도 있다. 이런 경우에는 어떻게 해야 할까?

(사례) S씨는 지난해 근로소득에 대한 연말정산을 끝낸 뒤 책갈피에 끼워둔 기부금 영수증을 발견했다. 매달 5만 원씩 후원하는 장애인재활원에서 보내준 영수증인데, 깜빡 잊어 연말정산 때 제출하지 못한 것이다. S씨는 어떻게 해야 할까?

소득공제를 누락했거나 초과해 공제한 경우 대처법

연말정산을 할 때 소득공제가 누락되었다면 추가로 공제받을 수 있고, 소득공제를 이중으로 했거나 더 많이 했다면 수정신고를 해야 추가로 공제받을 수 있다. 그 방법은 다음과 같다.

첫째, 연말정산을 대신 해준 회사(원천징수의무자)에 이 사실을 알려 경정하거나 수정한다. 아무래도 재무팀 담당자에게 성가신 일을 안겨주는 것이니만큼 커피 한 잔 사면서 재정산을 부탁하는 것이 좋겠다.

둘째, 근로자 본인이 다음 해 5월 말까지 자신의 주소지 관할세무서에 종합소득세 확정신고를 해 추가로 공제받거나 공제를 취소한다. 이를 위해서는 회사에서 행한 연말정산 후의 근로소득원천징수영수증을 받은 다음 종합소득세 과세표준신고 서식을 이용해 공제 내역을 추가로 작성하거나 소득공제를 취소한 후 제출해야 하므로 조금 번거롭기는 하다. 하지만 추가 공제를 통해 세금을 환급받거나 잘못된 소득공제를 취소해 가산세 부담을 줄일 수 있게 되면 뿌듯함을 느낄 수 있을 것이다.

S씨도 위 두 가지 방법 중 하나를 선택해 추가로 소득공제를 할 수 있고, 그 결과 기납부한 세액이 있으면 해당 세액을 환급받을 수 있다.

전 근무지에서 발생한 환급세액은?

(사례) T씨는 전 근무지에서 근로소득에 대한 원천징수영수증을 받아 현 근무지에서 연말정산을 한 결과, 전 근무지에서 환급세액이 발생했다. T씨는 어떻게 해야 할까?

연말정산의무자(회사)는 근로소득세 원천징수를 행한 회사다. 연말정산 결과, 결정세액보다 기납부세액이 많은 경우 환급세액이 발생하는데, 이때 근로자는 원천징수를 행한 회사에서 환급세액을 돌려받는 것이 원칙이다. 중도퇴사자라면 퇴사자의 연말정산은 퇴직한 달의 급여를 지급하는 때 행하는 것이며, 이때 급여와 함께 환급세액도 지급해야 한다. 퇴직자에 대한 근로소득세 환급세액을 원천징수의무자인 회사에서 지급하지 않으면 세법에서는 이를 강제할 수단이 없다.

T씨도 마찬가지다. 전 근무지에서 연말정산에 따른 환급세액을 받지 못했다고 해서 현 근무지에서 환급받을 수는 없으며, 세무서에서도 당연히 환급해주지 않는다. 근로자 본인이 전 근무지로부터 환급을 받아내야 한다. 연말정산 후 누락한 소득공제를 추가해 다음 해 5월 말까지 근로자 자신이 직접 종합소득세신고를 한 경우에는 납부한 세액의 범위 내에서 세무서로부터 환급세액을 지급받을 수 있다.

| 퇴직소득세 |

재미있는
퇴직소득세 계산구조

근로소득과 퇴직소득은 소득원천이 '근로의 제공'이라는 점에서는 동일하지만, 지급 요건이 다르기 때문에 성격상 차이가 있다. 근로소득이 근로를 제공한 시점에 지급하는 급여라면, 퇴직소득은 더 이상 근로를 제공하지 않기로 한 시점, 즉 퇴직으로 발생하는 소득이나 「국민연금법」·「공무원연금법」 등에 따라 지급하는 일시금을 말한다.

그렇다 보니 퇴직급여는 총 근로기간 동안 일정 금액을 누적해온 급여를 퇴직 시점에 일시에 받아 세금 부담이 커질 수밖에 없다. 이에 세법은 퇴직소득에 대한 세금 계산에 두 가지 조정 절차를 두고 있다. 하나는 퇴직소득공제상 근속연수공제, 또 하나는 '연분연승법'[1]에 의한 세액계산이다.

---

1 **1배, 5배, 12배 연분연승법** 2년 이상 장기근속자의 퇴직소득세 부담을 완화하기 위해 퇴직소득 과세표준을 먼저 근무 연수로 나눈 후(연분), 그 금액에 해당하는 구간의 세율을 적용해 산출된 세액에 다시 근무 연수를 곱해(연승) 최종 산출세액을 계산하는 방법을 말한다. 2012년 이전에는 근무 연수로 나누면 되지만, 2013년 이후에는 나눈 금액에 5, 2016년 이후에는 12를 곱한 금액에 해당 세율을 적용한 후 5나 12로 나누고 근무 연수를 곱한다.

퇴직소득공제상 근속연수공제

근속연수에 따라 퇴직소득을 공제해주는 근속연수공제액은 다음 표와 같이 계산한다.

▼ 근속연수공제액

근속연수	공제액
5년 이하	100만 원 × 근속연수
5년 초과 ~ 10년 이하	500만 원 + 200만 원 × (근속연수 - 5년)
10년 초과 ~ 20년 이하	1,500만 원 + 250만 원 × (근속연수 - 10년)
20년 초과	4,000만 원 + 300만 원 × (근속연수 - 20년)

퇴직소득세율은 어떻게 적용하나?

퇴직소득의 세금 계산 방식은 일반적인 방식과 다르다. 먼저 2016년 이전에 퇴직한 경우 종전 규정에 따라 소득비례공제(퇴직소득의 40% 공제)와 근속수공제가 적용된 과세표준을 근속연수로 나눈 후, 여기에 5를 곱한 값에 해당하는 과세표준 구간의 기본세율을 적용한다. 계산된 세액을 다시 5로 나눈 후 근속연수를 곱해 최종 산출세액을 결정한다. 이를 '연분연승법'이라고 한다. 2016년 이후부터는 환산급여에 따라 공제액을 달리하는 개정 규정이 적용된다. 퇴직 연도에 따라 개정 규정과 종전 규정이 적용되는 비율이 다르다. 연분연승법의 목적은 퇴직급여의 누적효과로 인한 고세율 적용을 방지해 세금 부담을 합리적으로 완화하려는 데 있다(기본세율은 14장의 '과세표준 구간별 기본세율과 속산표' 참고).

▼ 퇴직소득세 계산구조

계산구조	내용
환산급여 (−) 환산공제액	• 환산급여 = (퇴직소득금액 − 근속연수공제) × 12 ÷ 근속연수 • 아래 '환산공제액' 표 참고
(=) 퇴직소득 과세표준 (×) 기본세율 × 근속연수 ÷ 12	
(=) 퇴직소득산출세액	• 산출세액×100%

▼ 환산공제액(환산급여에 따른 차등공제액)

환산급여[1]	차등공제액
800만 원 이하	환산급여의 100%
800만 원 초과~7,000만 원 이하	800만 원 + (800만 원 초과분의 60%)
7,000만 원 초과~1억 원 이하	4,520만 원 + (7,000만 원 초과분의 55%)
1억 원 초과~3억 원 이하	6,170만 원 + (1억 원 초과분의 45%)
3억 원 초과	1억 5,170만 원 + (3억 원 초과분의 35%)

1) 환산급여 = (퇴직소득금액 − 근속연수공제) × 12 ÷ 근속연수

(사례) U씨는 나라주식회사에서 20년을 근무하고 올해 말에 퇴사하면서 퇴직금으로 1억 5,000만 원을 받았다. U씨가 퇴직소득세로 내야 할 세금은 얼마일까?

U씨의 퇴직소득금액은 1억 5,000만 원이다. 2023년 이후 퇴직 시에는 개정 규정에 따라 퇴직소득세를 계산한다. 먼저 환산급여는 6,600만 원[= {1억 5,000만 원 − 4,000만 원(근속연수공제)} × 12 ÷ 20(근속연수)], 환산공제액은 3,990만 원{= 800만 원 + (6,600만 원 − 800만 원) × 55%}이다. 따라서 퇴직소득 과세표준은 2,610만 원(= 6,600만 원 − 3,990만 원)이다. 2,610만 원인 경우 과세표준

구간에 따른 기본세율이 15%이므로(75쪽 참고) 이를 적용해 산출세액을 계산하면 4,425,000원{= (2,610만 원 × 15% - 126만 원) × 20 ÷ 12}이다.

퇴직소득이 둘 이상 발생한 경우

근로자가 해당 과세기간 중에 두 번 이상 퇴직함으로써 퇴직소득을 두 번 이상 받는 경우 해당 과세기간의 퇴직소득합산금액에서 퇴직소득공제는 한 번만 적용한다. 이때 근속연수는 퇴직한 근무지들의 근속연수를 합계한 월수에서 중복되는 기간의 월수를 공제하고 계산한다.

A회사에서 2019년 1월부터 2021년 12월까지 36개월을 근무하고 퇴직금 4,000만 원을, B회사에서 2021년 1월부터 2022년 12월까지 24개월 근무하고 퇴직금 2,000만 원을 수령했다고 가정해보자. 두 회사의 총 근무기간 60개월에서 중복 근무기간 12개월을 뺀 48개월이 퇴직소득세 계산 시의 근속 월수이며, 따라서 근속연수는 4년이 된다.

퇴직소득금액은 두 회사의 퇴직소득 합계인 6,000만 원, 환산급여는 1억 6,800만 원{= (6,000만 원 - 400만 원) × 12 ÷ 4}, 환산공제액은 9,230만 원[= 6,170만 원 + {(1억 6,800만 원 - 1억 원) × 45%}], 과세표준은 7,570만 원, 적용세율은 24%, 산출세액은 4,316,000원{= (7,570만 원 × 24% - 522만 원) × 4 ÷ 12}이다. 또한 국외원천퇴직소득이 퇴직소득에 합산되어 있는 경우에는 퇴직소득 산출세액 중 국외원천소득에 해당하는 세액은 공제된다.

| 퇴직소득세 |
퇴직소득에 포함되는 것과
포함되지 않는 것

퇴직소득은 퇴직으로 인해 발생하는 소득을 말한다. 그런데 퇴직으로 지급받는 금전 중에는 세법상 퇴직소득에 속하지 않고 근로소득에 속하는 경우가 있다. 받는 사람 입장에서는 '그런 차이가 무슨 의미가 있지?'라고 생각할 수 있다. 하지만 퇴직소득으로 보는지 아닌지에 따라 근로소득에 대한 연말정산을 다시 해야 하거나 퇴직소득세에 대한 원천징수이행신고를 다시 해야 할 수도 있고, 이에 따라 세금을 더 낼 수도 있기 때문에 유의해야 한다.

세법상의 퇴직소득이란?

세법에서 퇴직소득이란, 사용자부담금을 기초로 해 현실적인 퇴직을 원인으로 지급받는 소득과 「국민연금법」·「공무원연금법」 등에 따라 지급받는 일시금(부가금, 수당 등 연금이 아닌 형태로 일시에 지급받는 것) 및 기타 유사한 소득을 말한다.

좀 더 구체적으로는 불특정다수의 퇴직자에게 적용되는 퇴직급여 지급 규정, 취업규칙 또는 노사합의에 따라 지급되는 퇴직수당, 퇴직위로금, 이와 유사한 성질의 급여나 해고예고수당을 말한다. 따라서 위 규정을 따르지 않은 금액은 퇴직소득이 아니라 근로소득에 해당한다.

사례 V씨는 연말에 퇴사하면서 퇴직금으로 1,500만 원을 받았고, 연말정산을 해서 총급여 4,000만 원에 대해 360만 원의 세금을 납부했다. 그런데 퇴직금 속에 퇴직금 지급 규정에 없는 장기근속상여금 500만 원이 포함되어 있었다. 이 경우에는 어떻게 계산해야 할까?

회사가 정한 퇴직금 지급 규정에 따라 본래 지급해야 하는 금액보다 더 많이 지급되었다면, 그 초과금액은 근로자에게 상여를 지급한 것이 된다. 퇴직소득세신고는 지급 규정에 의한 금액만을 대상으로 하므로 초과한 부분에 대해서는 연말정산 시 포함해 계산해야 한다. 즉, 초과금액은 근로소득이 되는 것이다. 또 만약 V씨가 임원이고 회사가 법인회사라면, 회사는 이에 대해 「법인세법」상 손금불산입 상여처분을 하게 된다.

결과적으로 사례에서 회사가 V씨에게 지급한 장기근속상여금 500만 원은 세법상 퇴직금이 아니라 근로소득이므로 V씨는 근로소득 연말정산을 수정신고해야 하고, 추가소득에 해당하는 75만 원의 세금을 더 납부해야 한다. 반면, 퇴직금은 1,500만 원에서 1,000만 원으로 감소했기 때문에 퇴직소득세는 환급받아야 한다. 퇴직소득세보다 근로소득세가 더 많기 때문에 환급과 추가납부를 상계[1]하더라도 세금을 추가납부해야 한다.

---

1 **상계(相計)** 채무자와 채권자가 같은 종류의 채무와 채권을 갖는 경우 서로의 채무와 채권을 같은 액수만큼 소멸시키는 것을 말한다.

| 퇴직소득세 |

퇴직소득은
어떻게 받아야 유리할까?

퇴직금은 언제, 어떻게 받는 것이 유리할까? 퇴직금은 퇴사할 때 일시금 또는 연금 형태로 지급받는다. 전통적인 퇴직금제도하에서 퇴직급여는 퇴직 전 최근 3개월 평균 급여(평균 임금)에 근무 연수를 곱해 지급하거나 중간정산하는 것이 일반적이었다. 그러나 퇴직금 중간정산이 금지되면서 예외적인 사유가 아니면 퇴직연금으로 불입했다가 실제 퇴직 시 퇴직소득으로 받거나 연금 형태로 지급받게 되었다.

퇴직금은 연금으로 불입하고, 연금으로 지급받는다

세법에서는 퇴직급여에 대해 실제 지급하거나 금융기관에 적립한 경우에 한해 전액 세무상 비용으로 처리할 수 있고, 퇴직급여충당부채[1]의 형태

---

1 **충당부채/퇴직급여충당부채** 충당부채는 미래에 지출할 것으로 예상되는 비용을 수익이 발생하는 기간에 대응시켜 미래 현금지출을 대비하는 계정을 말한다. 퇴직급여충당부채, 대손충당금, 하자보수충당부채 등이 있다. 이 중 퇴직급여충당부채는 퇴직 시점에 지불해야 할 의무가 있는 퇴직금을 근무기간에 적립한 충당부채로, 퇴직금을 실제 지급할 때 상계처리한다.

로 장부상으로만 계상한 경우 세무상 비용으로 인정하지 않고 있다.

퇴직급여충당부채는 장부상의 금액일 뿐, 현금자산으로 실제 예치해둔 것이 아니기 때문에 근로자들이 퇴사할 때 회사의 자금 사정에 따라 퇴직금을 받지 못할 수도 있다. 그래서 근로자들이 퇴직금을 받지 못하는 경우에 대비해 세법에서 외부금융기관에 해당 금액을 적립하도록 유도하는 것이다. 회사도 퇴직금을 별도로 적립하지 않으면 근로자 퇴직 시 현금흐름[2]에 상당한 부담을 느낄 수 있다.

그렇다면 근로자 입장에서는 퇴직금을 어떤 방법으로 받는 것이 가장 유리할까?

퇴직금을 가장 유리하게 받는 법

(사례) W씨는 가나다회사에 입사하면서 회사와 연봉 계약을 맺었다. 첫해 연봉을 2,400만 원으로 책정하되 매년 5%씩 인상하고, 최소한 향후 10년간 재직하기로 했다. 시장이자율이 2.5%인 경우 W씨는 퇴직금을 퇴직할 때 일시불로 받는 것이 유리할까, 연금으로 받는 것이 유리할까?

여기서 고려해야 하는 것은 현금흐름과 세금효과다. 퇴직소득 수령액을 기준으로 보면 중간정산하지 않고 퇴직할 때 일시불로 받는 것이 현금흐름

---

2   **현금흐름** 기업활동 과정에 발생하는 현금성자산(현금, 예금 등)의 유·출입 상태를 말한다. 기업의 재무적 안정성을 위해서는 현금흐름에서 유입이 유출보다 많아야 하는데, 이럴 때 "현금흐름이 좋다"라고 말한다.

이 가장 좋다. 이유는 매년 5%씩 임금이 인상될 것이고, 퇴직할 때의 급여로 근속연수를 곱하기 때문이다. 확정급여형 퇴직연금도 동일하다.

▼ 10년간 월급 계산 (단위: 만 원)

현재	1년 말	2년 말	3년 말	4년 말	5년 말	6년 말	7년 말	8년 말	9년 말	10년 말
월급	200	210	221	232	243	255	268	281	295	310

퇴직연금(확정기여형)은 매년 임금분에 해당하는 퇴직금을 연금으로 불입하게 된다. 하지만 세금 측면에서 비교하면 퇴직일시금일 때 세금이 더 많고 퇴직연금(확정기여형)일 때가 더 적다. 연금소득은 소득공제를 하면 사실상 낼 세금이 거의 없다. 이를 대략 계산해보자.

① 퇴직 시 일시불로 받는 경우

퇴직금은 퇴직월 최근 3개월 평균 월급에 근속연수를 곱한 금액이므로 3,100만 원(= 310만 원 × 10년)이다. 35장에서 설명한 산식에 따라 퇴직소득 결정세액을 계산하면 약 224,000원이다.

② 퇴직 시 연금으로 받는 경우

10년째까지의 총불입원금과 이자를 합하면 2,850만 원이다(연금수익률은 연 3%로 매년 연봉을 기준으로 연금을 불입한다고 가정). 세금은 없다.

퇴직금을 일시불로 받을 때보다 수령액이 적다. 하지만 연금수익률에 따라 더 커질 수도 있으며, 연금소득은 연금계좌 세액공제를 하면 절세할 수 있다는 사실을 기억하자.

연금수익률 또는 개인 자산운용 수익률 등에 따라 현금흐름에 차이가 날 수 있지만, 세금 면에서 볼 때는 연금으로 수령하는 것이 더 유리하고, 일시금으로 수령할 때가 세금이 많다.

| 퇴직소득세 |

'급여 : 퇴직금' 비율에 따라 세금이 달라진다

　퇴직소득과 근로소득은 근로를 제공한 대가로 받은 돈이고 연봉을 구성한다는 점은 같지만, 지급 시기와 요건, 세금 계산구조는 서로 다르다. 그런데 이외에도 중요한 차이가 있다. 바로 4대보험[1]료 부담이다.

　4대보험료는 근로소득 총지급액의 약 8%에 해당하는 금액을 근로자 자신이 부담하고, 약 10%(업종마다 다른 산재보험료율 추가)에 해당하는 금액을 사용자인 회사가 부담한다. 하지만 퇴직소득에 대해서는 근로자 입장에서 볼 때 4대보험료 추가 부담이 없다. 결국 총연봉에서 근로소득이 퇴직소득보다 상대적으로 커지면, 그에 따라 세금 등의 부담도 커진다는 뜻이다.

1　**4대보험** 국민연금, 건강보험(그리고 장기요양보험), 고용보험, 산재보험을 포괄한 용어다. 국민연금은 은퇴 또는 주 소득자의 사망, 질병 또는 사고로 인한 근로 능력 상실에 따른 소득 보전을 위한 것으로 노령연금, 유족연금, 장애연금 등을 지급한다. 건강보험과 장기요양보험은 국민의 질병, 부상에 대한 예방, 진단, 치료, 재활, 출산, 사망, 건강 증진에 대한 보험급여를 목적으로 한 사회보험이다. 고용보험은 실업보험, 고용안정사업, 직업능력개발사업을 위한 보험을 말하며, 산재보험은 근로자의 업무상 재해에 대한 사용자의 무과실책임주의를 원칙으로 한 보험을 말한다.

사례 X씨의 연봉은 퇴직금을 포함해 4,204만 원이다. 현재 총급여는 3,880만 원, 퇴직금은 324만 원이다. X씨는 퇴직금을 늘리면 세테크가 될 수 있다는 말을 듣고, 회사에 퇴직금 지급 규정을 바꿔달라고 할지 고민 중이다. 즉, 현재 월급여의 1배로 되어 있는 퇴직금을 월급의 1.5배(또는 2배)로 해서 급여와 퇴직금 비율을 조정하는 것이다(그러면 월급은 조금 줄어든다). 이렇게 하면 어느 정도 세금 차이가 발생할까?

현재 X씨의 총급여와 퇴직금은 각각 3,880만 원, 324만 원이다. 종합소득공제를 1,000만 원이라고 가정하고 퇴직금을 월급여의 1.5배 또는 2배로 늘릴 경우 X씨의 절세효과 등을 비교해보면 다음 표와 같다.

▼ 퇴직금 비율에 따른 절세효과 계산

구분	현행(1배)	변경(1.5배)	변경(2배)
총급여	3,880만 원	3,718만 원	3,556만 원
퇴직금	324만 원	486만 원	648만 원
연봉 합계	4,204만 원	4,204만 원	4,204만 원
㉠ 근로소득세 산출세액	1,174,500원	967,950원	761,400원
㉡ 퇴직소득세 산출세액(1년 근속 시)	37,760원	52,640원	183,800원
㉢ 4대보험부담액	2,929,040원	2,802,842원	2,676,644원
세금과공과 소계(㉠ + ㉡ + ㉢)	4,141,300원	3,823,432원	3,621,844원
실수령액	37,898,700원	38,216,568원	38,418,156원

결국 퇴직금을 월급의 1.5배 또는 2배로 하여 총연봉에서 퇴직금 비중을 늘릴수록 절세효과가 더욱 커지는 것을 알 수 있다. 위 사례에서 그 차액

은 각각 317,868원, 519,456원이다. 결국 연봉을 동일하게 가져가더라도 근로소득보다는 퇴직소득을 크게 하는 것이 근로자의 실질소득을 증가시키는 효과가 있다.

퇴직급여제도 설계 시 유의할 점

일반적으로 연봉제에서는 퇴직금을 포함한 총연봉이 책정되면, 이를 13등분해 그중 하나를 퇴직금으로 하고, 나머지 12에 해당하는 금액을 급여와 상여로 설계한다. 이러한 설계는 '퇴직금은 최소한 1년에 30일분 이상의 평균 임금(퇴사일이 속하는 달의 직전 3개월의 총임금을 총일수로 나눈 금액)을 지급해야 한다'라는 「근로자퇴직급여보장법」에 따른 것이다.

퇴직급여제도를 변경할 때는 다음 사항에 유의해야 한다.

첫째, 하나의 사업장 내에서 퇴직금제도에 차등을 두어서는 안 된다.

둘째, 사용자가 퇴직급여제도의 종류를 선택하거나 선택한 퇴직급여제도를 다른 종류의 퇴직급여제도로 변경하고자 할 때 당해 사업에 근로자의 과반수로 조직된 노동조합이 있는 경우에는 그 노동조합의 동의를, 근로자의 과반수로 조직된 노동조합이 없는 경우에는 근로자 과반수의 동의를 얻어야 한다.

셋째, 사용자가 제2항의 규정에 따라 선택되거나 변경된 퇴직급여제도의 내용을 변경하고자 하는 경우에는 근로자 대표의 의견을 들어야 한다. 그리고 근로자에게 불이익하게 변경하고자 하는 경우에는 근로자 대표의 동의를 얻어야 한다.

**Common Sense Dictionary
of Reducing Tax**

2

둘째
마당

자영업자·프리랜서,
부업러를 위한
세테크 노하우

039

| 사업소득세 |

직장인이 아닌 당신도
세금 공부가 필요하다!

투잡, 사이드잡 시대! 당신도 세금 공부가 필요하다

인터넷과 IT 기술의 발전, 플랫폼 경제의 등장으로 개인들의 노동 제공과 소득 발생 형태가 매우 다양해지고 있다. 이에 따라 자신의 소득이 세법상 어디에 속하는지, 어떻게 세테크를 해야 하는지 고민하는 사람이 늘어나고 있다.

세법은 근로 형태가 다양하더라도 개인들이 제공하는 용역에 대해서는 크게 직장인으로서 받는 근로소득, 자유직업(프리랜서) 형태로 일하고 받는 사업소득, 기타소득으로 구분하고 있다. 따라서 일하는 개인들은 자신이 버는 소득이 세법상 어디에 속하는지 알아둘 필요가 있다. 근로소득, 사업소득, 기타소득은 세금 계산 방식이 서로 다르고 절세하는 방법도 다르기 때문이다.

근로소득과 사업소득(기타소득)의 차이는 노동을 제공하는 자가 정해진 시간과 장소에서 일하느냐, 그런 제한을 받지 않고 일하느냐. 근로소득은 직장인들처럼 일정한 시간에, 일정한 장소에서 일하고 버는 소득을 말한다. 회사에 소속되어 일하는 사람들이 받는 소득이 이에 속한다.

사업소득은 직업소설가 또는 1인 미디어&쇼핑(유튜브, 인스타그램, 블로그 쇼핑몰 등) 운영자처럼 어디 회사에 소속되어 있지 않고, 지속적·반복적(사업적)으로 일하고 받는 소득을 말한다. 기타소득은 교수가 부업으로  번역을 하고 받는 일시적이고 우연적인 소득과 같이 근로소득이나 사업소득이 아닌 소득을 말한다.

사업소득자도 두 가지로 분류가 가능하다

사업소득자도 프리랜서사업자와 개인자영업자로 분류할 수 있다. 프리랜서사업자는 사업자등록을 내지 않고 활동하는 사람, 개인자영업자는 사무소 또는 사업장을 갖고 개인사업자등록을 내고 지속적·반복적으로, 즉 사업적으로 재화와 서비스를 제공하는 사람을 말한다.

여기서 간단하게 세 가지 형태의 소득(근로소득, 사업소득, 기타소득)에 대한 세법 적용이 어떻게 다른지 살펴보자.

근로소득은 연말정산을 할 때 자기에게 맞는 소득공제와 세액공제를 받는 데 필요한 서류를 사전에 준비해야 세테크를 할 수 있다.

반면, 사업소득은 벌어들인 수입에서 세법상의 비용을 뺀 순소득에 대해 세금을 부과하는데, 문제는 비용 처리를 위해서는 적법한 증빙을 갖추어야 하고, 특정한 비용은 한도가 있다는 것이다. 세법을 어느 정도 알고 있다면 사전에 소득 발생 방식이나 증빙을 갖추는 방법, 비용 처리 방법을 조절할 수 있어 세테크에 유리하다.

기타소득은 장부를 갖추지 않아도 수입금액 중에서 일정한 비율만큼 비용 또는 소득으로 보고 원천징수하는 방식으로 세금 문제를 정리하거나 해당 금액을 다른 소득과 합산해 신고하므로 다른 소득에 비해 세무 처리가 비교적 단순한 반면, 소득이나 세금 조절의 융통성은 부족하다.

이처럼 소득의 특성에 따라 세금 처리 방식이 다르므로 미리 알아둘 필요가 있다.

040

| 사업소득세 |

사업 규모에 따라 세테크가 달라진다

세법은 사업자의 매출 규모에 따라 다른 의무를 정해두고 있다. 규모가 커질수록 장부작성과 증빙, 신고 절차가 더 엄격하다. 개인사업자의 사업 규모에 따라 세법상 의무에서 어떤 차이가 있는지 대략 살펴보자.

업종과 규모에 따라 달라지는 세법상 의무

개인사업자의 경우 수입금액의 규모에 따라 업종별로 세법상 의무와 적용되는 내용이 다른데, 이를 표로 나타내면 다음과 같다. 신고 시 혹시나 있을 세무 검증에 대한 대비를 철저히 해야 하고, 이때 재무제표를 첨부하지 않으면 무신고가산세가 부과될 수 있다.

다음 표를 통해 알 수 있듯 세법상의 의무는 크게 장부작성(복식부기에 따른 기장)의무와 성실신고의무로 나눌 수 있다.

복식부기에 따른 장부작성이란, 재무제표를 작성해 세금을 신고해야 하는 것으로, 소득자 자신이 직접 하기에는 매우 어려워 공인회계사나 세무사

▼ 업종 및 규모별 세법 적용 내용

업종 구분	성실신고 대상금액 (해당 연도 매출액) 2021년~	복식부기의무 기준금액 (직전 연도 매출액)	기준경비율 적용금액 (직전 연도 매출액)
㉠ 농업·임업, 어업, 광업, 도매업·소매업, 부동산매매업, 아래 ㉡과 ㉢에 해당하지 않는 업종	15억 원 이상	3억 원 이상	6,000만 원 이상
㉡ 제조업, 출판업, 숙박·음식점업, 욕탕업, 전기·가스·수도사업, 건설업, 운수업, 통신업, 금융·보험업, 인적용역[1]	7억 5,000만 원 이상	1억 5,000만 원 이상	3,600만 원 이상
㉢ 부동산임대업, 사업서비스업, 교육보건·사회복지사업, 오락·문화·운동 관련 서비스업, 기타 공공·수리·개인서비스업, 가사서비스업, 가구 내 고용활동	5억 원 이상	7,500만 원 이상	2,400만 원 이상

1) 퀵서비스배달원, 대리운전기사 등

에게 장부작성과 세무신고를 맡길 수밖에 없다. 해당 규모가 되면 기장[1]된 재무제표를 첨부해 세무신고를 해야 세무서가 신뢰한다는 의미다. 소규모 사업을 하다 매출 규모가 해당 금액 이상이 되면 기장신고 준비를 해야 하고, 그렇지 않을 경우 가산세 부담을 생각해야 한다.

성실신고의무는 기장된 재무제표와 신고 내용이 회계와 세법에 맞는지 신고 전에 공인회계사와 세무사의 검증을 받도록 하는 것으로, 검증이 잘못될 경우 해당 전문가는 징계를 받을 수 있고, 사업자는 가산세와 세무조사의 부담을 질 수 있다. 성실신고 대상자에 대한 검증은 상당히 엄격하기 때

---

1 **기장(記帳, Bookkeeping)** 장부에 적는 것 또는 그 장부를 말한다. 세금계산서나 영수증 등 증빙서류를 근거로 해 거래 내용을 하나하나 회계장부에 기록하는 것을 말한다.

문에 증빙처리와 장부작성, 세법 적용에 신중해야 한다. 사업자가 세법을 잘 이해해야 한다는 뜻이다.

소규모 사업자에게 해당되는 추계신고제도

하지만 위의 두 의무가 없는 소규모 사업자에 해당하는 경우에는 장부작성 없이도 신고할 수 있는 추계신고제도가 있다. 이는 매출액을 기준으로 매출액의 일정 비율 금액을 비용으로 인정해 세금을 간략하게 계산하여 신고할 수 있도록 하는 제도다. 이때는 어떤 쪽이 유리한지 사전에 검토해 신고 방법을 선택해야 한다.

이때 경비로 인정해주는 비율을 단순경비율[2]이라고 한다. 단순경비율은 연간수입 4,000만 원 이하일 때와 초과일 때 달라지며, 직전 연도 수입을 기준으로 2,400만 원이 초과되면 기준경비율[3] 대상자가 된다. 기준경비율 대상자는 장부기장을 하지 않았을 때 추계에 의한 경비 인정을 제한받고, 미기장에 대한 제재도 강하게 받는다.

법인은 개인사업자에 비해 세무관리가 더 엄격하다. 하지만 법인의 세 부담이 소득세 부담보다 유리한 점이 있으므로 개인사업자의 규모가 커지면 법인전환을 하는 것이 유리할 수 있다. 대체로 성실신고 대상이 되는 시점에 전환하는 것이 바람직하다.

2　**단순경비율** 매출이 일정 규모 미만인 사업자에게 적용한다. 매출 대비 경비를 단순하게 계산하기 위해 매출에 곱하는 적용률로 매년 과거 신고자료를 바탕으로 국세청에서 업종별로 발표한다.

3　**기준경비율** 매출이 일정 규모 이상인 사업자에게 적용한다. 매출에서 인건비·임차료 등 주요 경비를 제외하고 나머지 경비를 추산하기 위해 매출에 곱하는 적용률로 매년 국세청에서 발표한다.

| 사업소득세 |

어떤 소득이
세금을 가장 적게 낼까?

우리나라에도 소개되어 베스트셀러가 된 《부자 아빠 가난한 아빠》의 저자 로버트 기요사키는 경제적 자유(부자 아빠 되기)라는 목표를 이루기 위한 길을 제시하면서 현금흐름에 따른 소득 분위를 '현금흐름 사분면'이라고 정의했다. 이는 현재 경제활동에 참여하는 사람들을 봉급생활자(Employee), 자영업자 또는 전문직종사자(Self-employed), 사업가(Business Owner), 투자자(Investor)로 분류한다. 그리고 각 그룹에 속하는 사람들의 돈에 대한 생각과 관리 방법, 투자 방법, 라이프스타일, 자녀교육관 등을 비교하고, 현재 자신이 어느 그룹에 속해 있고, 궁극적으로 어느 그룹에 속해야 진정한 경제적 자유의 길로 갈 수 있는지 설명한다.

필자가 이 책을 읽으면서 놀란 점은 미국의 현실과 우리의 현실이 너무나 유사하다는 점이었다. 특히 '유리지갑'이라 불리는 봉급생활자가 소득 대비 세금을 가장 많이 내고, 이미 부를 향유하고 있는 투자자 그룹이 세금을 가장 적게 내도록 제도화되어 있다는 점이 흥미로웠다. 로버트 기요사키가 분류한 네 가지 경제활동 부류를 활용해 세금 관계를 짚어보자.

봉급생활자의 세금

봉급생활자는 매달 한 번씩 정기적으로 자신의 소득을 신고하고 세금을 원천징수당하며, 그것도 모자라 1년에 한 번씩 연말정산을 하면서 소득 전체를 신고하고, 세금 납부의 과부족을 정산해 세무서에 신고한다. 봉급생활자의 소득은 100% 투명하게 세무관리를 받고 있다. 다른 소득자와 달리 자신의 수입을 위해 비용 처리할 수 있는 여지가 매우 적으며, 소득이 빈틈없이 국세청에 파악되어 세금 조절의 여지가 거의 없다.

자영업자의 세금

자영업자의 소득은 보통 사업소득으로 신고되는데, 비용 처리를 상대적으로 자유롭게 할 수 있어 소득과 세금을 조절할 여지가 있다. 극단적으로 말해 소득이 남으면 고급 인테리어를 한다든지, 차를 바꿔 감가상각을 한다든지, 용역을 써서 인건비를 지출하는 방식으로 비용을 늘려 세금을 한 푼도 내지 않을 수도 있다. 하지만 자영업자는 자기 스스로 일하지 않으면 소득이 발생하지 않는다.

사업가의 세금

사업가의 소득은 법인소득으로 신고되므로 근로소득, 배당소득, 자본이득 등 다양한 소득이 발생한다. 소득이 다양하다는 점은 경제적으로 좀 더 자유롭다는 의미이며, 소득 간 이전도 가능하므로 세금 조절이 가능하다. 더욱이 사업가의 소득은 타인의 노동으로 발생한다는 특징이 있다.

투자자의 세금

투자자의 소득은 주로 부동산임대업소득과 자본이득(주식이나 부동산 양도소득 등), 금융소득과 같은 불로소득으로 나타난다. 불로소득의 형태는 더욱 다양하며, 소득 간 이전 폭도 훨씬 넓고, 세금 조절 가능성도 더욱 크다. 가령 비상장법인의 주식이 아닌 코스피 등 상장주식의 매매차익에 대해서는 대주주가 아니면 수억 원의 차익이 발생해도 소득세를 전혀 내지 않는다. 더욱이 자신의 직접적인 노동이 없어도 자본 자체가 소득을 창출하므로 인간관계의 제약을 거의 받지 않는다.

▼ 대주주 기준(직전 연도말 기준)

구분	지분율[1]	시가총액
유가증권시장 상장법인	1% 이상	10억 원 이상
코스닥 상장법인	2% 이상	10억 원 이상
코넥스[2] 상장법인	4% 이상	10억 원 이상
일반 비상장법인	4% 이상	15억 원 이상
프리보드[3] 벤처기업	4% 이상	40억 원 이상

1) 본인과 배우자, 4촌 이내 혈족, 3촌 이내 인척, 친생입양자 및 그 배우자와 직계비속, 혼외출생자의 생부모 등을 합한 비율 합계가 최대인 경우
2) 코넥스(KONEX, Korea New Exchange). 창업 초기 자금을 원활하게 조달하기 위해 중소기업에서 발행하는 주식을 매매하기 위해 개설한 증권시장
3) 프리보드(Free Board). 성장 단계의 벤처기업 등이 자금을 조달할 수 있도록 장외에 개설된 호가 중개시장

투자 > 임대 > 법인 > 사업 > 근로소득

지금까지 경제활동의 방식에 따른 세금 관계를 살펴보았다. 이를 소득의 종류별 세금효과 측면에서 살펴보자. 소득의 크기에 따라 조금씩 다르기는 하지만 일반적으로 일정 금액 이상의 소득이라면 근로소득보다는 사업소득, 사업소득보다는 법인소득이나 임대소득, 법인소득이나 임대소득보다는 투자소득(이자소득, 배당소득, 주식 양도소득 등)이 세금 면에서 매우 유리하다. 이는 물론 세법의 틀에서 봤을 때 그렇다는 말이다.

원칙적으로 세법의 정신은 조세평등주의와 응능부담의 원칙이다. 즉, 세금 부담에 있어 국민 모두 공평해야 하며, 세금을 부담할 수 있는 능력에 따라 과세한다는 취지다. 이런 점에서 보면 소득 형태에 따라 세금 부담 차이가 발생하는 것은 조세법의 원칙에 어긋난다. 특히 근로(노동)소득보다 불로소득(부동산 임대소득이나 금융소득)이 세금 면에서 불리한 것은 조세형평성을 심각하게 침해한다고 할 수 있다. 그런데도 현실이 이런 것은 근로자나 자영업자보다는 사업가나 투자자가 입법 과정에 보다 많은 영향력을 행사하는 측면이 있기 때문이다.

결국 세법의 현실을 전제로 한다면 세테크 면에서 근로소득보다는 투자소득 쪽이 훨씬 유리하다고 할 수 있다. 소득 형태를 바꾸는 것은 결국 직업을 바꾸는 문제이고, 이는 부의 불평등과 장기간에 걸친 노력의 산물이므로, 사회제도와 인생의 문제가 서로 얽혀 있다고 볼 수 있다.

| 사업소득세 |

사업소득 세테크의
핵심은 부가가치세!

사업소득은 자연인인 개인이 지속적·반복적으로 서비스 또는 재화를 공급하면서 발생하는 소득을 말한다. 총수입금액에서 필요경비를 뺀 소득금액에서 소득공제와 이월결손금공제[1]를 해 과세표준을 계산하고, 여기에 세율을 적용해 세금을 계산한다. 그런데 실제로 사업소득을 신고할 때는 크게 3단계를 거친다. 1단계는 연간 한 차례(간이과세자) 또는 두 차례에 걸친 부가가치세신고, 2단계는 매월 또는 6개월에 한 번씩 이루어지는 원천징수와 연말정산, 3단계는 결산·종합소득세신고다. 한편, 면세사업자[2]는 매년 다음 해 2월 10일까지 한 차례 사업장현황신고를 한다. 이는 부가가치세를 면제받는 대신 해야 하는 의무다. 과세사업자와 마찬가지로 거래상대방과의 상호대사(Cross Check)를 위한 협력의무라고 생각하면 된다.

---

1 **이월결손금공제** 직전 연도 이전 15년 동안 결손금이 발생한 경우 이후 발생한 소득에서 공제해 과세표준과 세금을 절감할 수 있도록 한 제도를 말한다. 개인사업자 또는 중소기업법인이 아닌 일반법인은 각 사업 연도 소득의 60% 한도 내에서 이월결손금을 공제한다.

2 **면세사업자** 도서 등 부가가치세가 면제되는 재화나 용역을 공급하는 사업자. 병·의원이나 출판사, 서점, 꽃집 등이 이에 해당한다.

사업소득신고의 60%를 차지하는 부가가치세

사업소득신고에서 각 단계의 비중을 따져보면 부가가치세신고는 60%, 원천징수신고는 10%, 결산·종합소득세신고는 30% 정도다. 그만큼 부가가치세신고가 중요하다. 부가가치세신고는 사업소득과 관련된 매출액과 매입액을 세금계산서 또는 신용카드매출전표(현금영수증 포함) 등 법정 증빙자료를 바탕으로 정산해 부가가치세액 납부 또는 환급을 받는 절차다.

부가가치세신고는 동일한 하나의 거래에 대해 공급하는 사업자 본인과 거래상대방이 동시에 세무신고를 하기 때문에 차이가 발생하면 누군가의 신고 오류로 잡혀 추가 세금 및 가산세 부담으로 이어질 개연성이 높다. 거래에 참여한 두 사업자가 각각 부가가치세신고를 하지만 국세청 전산망은 이를 하나의 거래로 상호비교하게 되는데, 이때 그 거래의 발생 시기, 거래의 실재성, 거래금액의 완전성 등을 검토해 누락 또는 이상 징후가 발견되면 관할세무서가 '불부합자료'로 간주하고 해당 거래처에 그에 대한 소명을 요구하게 된다.

세무서로부터 소명을 요구받는 경우

(사례) 제조업체를 운영하는 Y씨는 어느 날 관할세무서로부터 4년 전 제2기 부가가치세신고 시 제출한 매입세금계산서 거래에 대한 소명을 요구받았다. 세무서에서는 해당 세금계산서와 관련해 거래명세, 거래대금 지불 내역, 실물거래 증거 등 자료제출을 요구했다. Y씨의 거래상대방이 그 거래에 대해 신고하지 않아 세무서에서 부당매입 세액공제 혐의를 두고 소명을 요청한 것이다. 4년 전 거래인데다 그 사이에 경리 담당자도 바뀌어 Y씨는

일단 겁부터 덜컥 났다. 어떻게 해야 할까?

일반적으로 세무서로부터 세금계산서 관련 소명을 요구받는 경우에는 단순한 누락 등에 의한 것도 있지만, 앞의 사례처럼 거래상대방이 신고하지 않은 경우 또는 자료상혐의자[3], 폐업자와의 거래, 면세사업자나 간이과세사업자와의 거래인 경우가 많다. 이외에도 다음과 같은 경우에는 소명요구 대상이 될 가능성이 높다.

- 고정거래처가 아닌 거래처와 갑자기 고액 거래를 한 경우
- 사업자 간에 취급 품목이 아닌 내용의 세금계산서를 주고받은 경우
- 원거리사업자와 거래한 경우
- 세금계산서 자료만 사고파는 자료상과 거래한 경우
- 분기말 또는 연말에 하나의 거래처로부터 대량 매입한 경우

대처 방법은 계좌이체와 거래증빙

실제 거래를 입증하는 가장 효과적인 방법은 해당 거래에 대해 서로의 계좌로 거래대금을 주고받았고, 거래대금이 정상적으로 사업과 관련해 지출되었음을 입증하는 것이다.

---

3 **자료상혐의자** 세금계산서를 발행한 후 세무신고를 누락하거나, 상습적으로 세금을 체납하거나, 소재지가 불명한 경우 해당 회사를 지칭해 '자료상혐의자'라고 한다. 이런 경우 세무서는 상대방 거래처에 대해 소명을 요구해 실거래임을 입증하도록 한다.

문제는 현금거래를 한 경우다. 현금거래는 움직일 수 없는 증빙이 추가로 제시되지 않는 한, 세무서에서 인정하지 않기 때문이다. 이때는 방증자료를 제시해야 한다. 즉, 상대방 거래처로부터 받은 확인서, 물품과 용역을 실제로 제공받았음을 증명할 수 있는 거래명세서, 물품의 사용 내역, 제품 생산 내역 또는 제3자가 개입되어 있다면 그 자료 등을 제출해야 한다.

가공거래로 몰리면 큰 세금을 추징당한다

하지만 이를 입증하지 못하는 경우에는 가공거래[4]로 보아 공제받은 부가가치세를 추징당할 뿐 아니라 소득세와 법인세도 동시에 추징당한다. 특히 법인은 가공경비 계상에 따른 상여처분으로 소득세를 추징당하는데, 4~5년 정도 지난 거래는 거래금액보다 더 큰 금액의 세금을 추징당한다. 예를 들어 거래대금이 1억 원이었다면 부가가치세, 법인세, 상여처분에 따른 소득세와 가산세를 전부 합해 1억 원을 넘는 세금이 추징될 수 있으며, 나아가 조세범으로 고발될 수도 있다. 이처럼 부가가치세 거래를 잘못 신고하면 사업상 큰 후유증을 남길 수 있다. 따라서 사업자는 소득세 세테크를 위해서라도 부가가치세신고를 할 때 특히 유의해야 한다.

---

4 **가공거래** 재화나 용역의 실질적인 거래 없이 허위로 거래가 일어난 것처럼 증빙을 발생시키고 장부에 계상하는 거래를 말한다.

043

| 사업소득세 |

개인과 법인,
어느 쪽이 유리할까?

세법 적용의 원칙 중 하나인 '공평과세 원칙'에 따르면, 세금은 누구에게나 공평하게 부과되어야 한다. 개인사업자든 법인사업자든, 사업의 형태와 상관없이 세금에 차별이 있어서는 안 된다는 뜻이다. 하지만 현실은 그렇지 못한 경우가 많다. 입법이나 정책 수립을 할 때 이해당사자들의 복잡한 이해관계를 모두 반영하는 데 한계가 있고, 로비력에 차이가 있기 때문이다.

(사례) 개인사업자등록을 해 사업하고 있는 Z씨는 매출액이 20억 원을 넘어가면서 사업 규모 확장, 대외신인도, 세금 측면에서 유리하다는 법인전환을 검토하고 있다. 과연 법인전환을 하는 것이 유리할까?

법인전환은 언제 하는 것이 유리할까?

개인사업을 하다 사업 규모와 함께 세금 부담이 커지기 시작하면 법인전환을 고민하게 된다. 문제는 '언제, 어떻게 할 것인가?'다. 법인전환의 목적에 따라 적절한 시기와 방법이 달라질 수 있으므로 정답은 없다. 하지만 일반적으로 법인전환을 해야 하는 때는 ① 절세 측면에서, ② 세무서의 개별관리 대상 여부를 고려해서, ③ 외부로부터의 자금조달 측면에서 문제가 될 때라고 보면 된다.

법인전환 이유 1 ‖ 순이익이 일정 금액 이상일 때

정상적인 순이익(또는 과세표준)이 일정 금액 이상일 때는 세금 면에서 법인전환을 하는 것이 유리할 수 있다. 매출액이 아무리 크더라도 이익이 적다면 절세 면에서 법인전환의 이점을 찾기 어렵다. 세금은 매출액에 과세되는 것이 아니라 매출액에서 세무상 비용(필요경비) 등을 뺀 과세표준에 세율을 곱해 계산하기 때문이다.

개인사업자와 법인사업자의 세부담은 구조적으로 차이가 있다. 개인사업자가 부담하는 소득 관련 세금은 사업소득세와 그에 부가되는 지방소득세[1]다. 반면, 법인사업자가 부담하는 세금은 법인세와 그에 부가되는 지방소득세, 대표이사·주주임직원의 근로소득세, 주주의 배당소득세와 그에 부가되는 지방소득세다. 따라서 개인사업자와 법인사업자의 세금 부담을 비교하려면 이들 양자를 비교해야 한다.

Z씨의 사례로 알아보자. Z씨는 개인사업을 하고 있는데, 매출액이 20억 원이 넘어가면서 법인전환을 고민하고 있다. 이 회사의 사업소득금액은 2억 원이며, 소득공제액은 약 1,000만 원이다(특별공제 해당액 1,000만 원은 별도

---

1 **지방소득세** 종전의 주민세로, 소득분과 종업원분으로 나뉜다. 소득분은 소득세와 법인세에 부가되고 종업원분은 종업원의 총급여를 과세 대상으로 하는 지방세다.

이고, 특별공제는 근로소득자만 대상이며, 근로소득이 없는 경우에는 해당 없음). 법인전환을 했을 경우 1인 주주이자 대표이사로서 근로소득은 1억 6,000만 원, 법인세 과세표준은 4,000만 원, 매년 이익잉여금 전액(여기서는 3,600만 원)을 배당으로 가져간다고 할 때 부담하는 세금을 비교해보자.

▼ 개인사업자와 법인사업자의 세금 차이

구분	개인사업자	법인사업자	차이
부담하는 세금	사업소득세, 지방소득세	법인세, 근로소득세, 배당소득세, 지방소득세	대표이사의 근로소득세, 배당소득세 고려
소득금액	2억 원	법인 4,000만 원, 대표이사 근로소득 1억 6,000만 원	대표이사 근로소득 비용화
종합소득 공제	1,000만 원	2,000만 원(특별공제 1,000만 원 포함)	근로소득에만 특별공제 가능
과세표준	사업소득 1억 9,000 만 원	법인 4,000만 원, 근로소득 1억 2,445만 원, 배당소득 3,600만 원	법인소득과 근로소득, 배당소득 과세표준
세금	소득세 5,226만 원, 지방소득세 5,226,000원	법인세 400만 원, 근로소득세 2,838만 원, 배당소득세 840만 원, 지방소득세 408만 원	세 가지 소득에 대한 세금 부담
합계	57,486,000원	4,486만 원	법인이 1,263만 원 유리

법인의 주주임원은 근로소득과 배당소득이 발생할 수 있는데, 이때 근로소득과 배당소득을 어떻게 조합하는지에 따라 세테크상 유리하거나 불리할 수 있다.

우선 배당소득 2,000만 원(이자소득 포함)까지는 14% 원천징수세율이 적용되고, 이를 초과하면 다른 종합소득금액과 합산과세되므로 최저 15%에서 최대 45%까지 세율이 적용될 수 있다. 이렇게 되면 배당소득에 대해서는 1차적으로 법인 단계에서 세전순이익에 대해 법인세가 과세되고, 세후 이익에 대해 배당소득세가 과세되는 것이지만, 결과적으로 배당소득 세액 공제 효과로 인해 최저 14%에서 최고 45%까지 부담할 수 있다.

이렇게 되는 이유는 법인세율이 법인세 과세표준 금액인 2억 원, 200억 원, 3,000억 원을 기준으로 9%, 19%, 21%, 24%를 부과하는 초과누진세율을 선택하고 있고, 배당할 때 그 배당소득에 적용되는 세율은 2,000만 원까지는 14%, 이를 초과한 금액에 대해서는 종합소득에 합산되어 15~45% 누진세율이 적용되기 때문이다.

따라서 Z씨의 경우 1인 주주·대표이사는 근로소득에서 각종 소득공제를 제외한 금액인 과세표준을 기준으로 8,800만 원까지는 근로소득으로 가져가는 것이 유리하고, 이를 초과하는 소득은 배당소득으로 가져가는 것이 유리하다. 단, 1년분 배당소득금액은 이자소득금액과 합산해 14% 원천징수세율로 분리과세되는 2,000만 원까지만 절세효과가 발생하고, 이를 초과하면 배당소득도 다른 종합소득과 합산해 누진세율이 적용되므로 불리해진다.

결국 이론적으로는 개인사업자의 과세표준이 8,800만 원(소득금액 기준으로는 약 1억 원)을 넘어가면 법인사업자의 절세 방법이 좀 더 유리하고, 선택에 따라 총부담 세금 면에서 유리해질 수 있다. 만약 순이익률이 10%라면, 매출액 기준으로 약 10억 원(순이익률이 5%라면 약 20억 원)이 넘어가면 세금 면에서 법인이 유리하다고 보면 된다.

법인전환 이유 2 ‖ 동일 규모면 개인사업자가 관리 대상이 되기 쉽다

동일한 매출 규모에서 보면 개인사업자가 법인사업자보다 관할세무서의 개별관리 대상으로 분류되어 집중 관리될 가능성이 크다. 일반적으로 개인사업자는 소득세과, 법인사업자는 법인세과에서 담당하므로 담당부서별로 외형의 크기나 신고성실도 등에 따라 관리 대상을 선정하기 때문이다. 일반적으로 법인은 매출 규모가 비교적 큰 집단인 데 반해, 개인사업자는 상대적으로 매출 규모가 작은 집단이므로 법인과의 비교에서 하위에 속하는 외형이라도 개인사업자들끼리 비교했을 때는 상위 그룹에 속할 수 있다. 즉, 개인사업자이기 때문에 개별관리 대상이 될 수 있다는 뜻이다.

개별관리 대상이 되면 부가가치세와 소득세신고 때 세무서가 더 엄격하게 관리하므로 여러모로 부담이 될 수 있다. 따라서 외형이 일정 규모(대략 20억 원) 이상으로 커지면 법인전환을 고려하는 것이 좋다.

법인전환 이유 3 ‖ 외부자금을 수혈할 때는 법인이 유리

사업자에게 자금조달은 매우 중요하다. 특히 사업 규모를 확장하거나 신규 사업에 진출하기 위해 또는 채권회수 곤란으로 인한 일시적인 운영자금 부족 등으로 거액의 자금이 필요할 때가 있다.

개인 회사의 모든 자산과 부채는 대표자 개인과 분리되지 않고 개인에게 귀속되거나 개인이 무한책임을 져야 한다면, 법인(주식회사)은 상법의 규제를 받게 되어 법인의 자산이 개인 재산이 아니라 회사라는 독립적인 실체의 자산 또는 부채가 된다. 즉, 법인은 개인사업자보다 외견상 객관적이고 대외공신력이 상대적으로 높게 평가된다. 따라서 자금조달을 할 때도 법인은 개인신용이 아니라 회사 자체의 신뢰도, 성장 가능성 등을 바탕으로 주식을 발행하거나 회사채 발행을 통해 대규모로 자금을 조달하는 것이 쉽다.

법인전환 시기는 매출액이 성실신고확인 기준금액을 넘을 때

개인사업자로서 매출액이 다음 표의 기준금액 이상이면 공인회계사나 세무사의 세무 검증을 받도록 하고 있다. 또한 대상 개인사업자가 법인전환을 한 후에도 3년간은 성실신고확인의무가 있다.

▼ 성실신고확인 대상 사업자 범위

기준금액	업종
5억 원	부동산 임대업, 전문 · 과학 및 기술 서비스업, 사업시설관리 및 사업지원 서비스업, 교육 서비스업, 보건업 및 사회복지 서비스업, 예술 · 스포츠 및 여가 관련 서비스업, 협회 및 단체, 수리 및 기타 개인 서비스업, 가구 내 고용활동
7억 5,000만 원	제조업, 숙박 및 음식점업, 전기 · 가스 · 증기 및 수도사업, 하수 · 폐기물처리 · 원료재생 및 환경복원업, 건설업(비주거용 건물 건설업은 제외하고, 주거용 건물 개발 및 공급업을 포함), 운수업, 출판 · 영상 · 방송통신 및 정보서비스업, 금융 및 보험업, 상품중개업
15억 원	농업 · 임업 및 어업, 광업, 도매 및 소매업, 부동산매매업, 그 밖에 위에 해당하지 않는 사업

즉, 회계장부와 증명서류에 의해 계산한 사업소득금액의 적정성을 확인하고, 작성한 성실신고확인서를 6월 말일(법인전환기업은 4월 말일)까지 세무서에 제출해야 한다. 이 경우 개인사업자라도 법인보다 더 엄격한 세무관리를 받으므로 매출액이 기준금액을 넘을 때는 법인전환을 하는 것이 더 나을 수도 있다.

▼ 개인기업과 법인기업의 장단점

구분	개인기업	법인기업
설립절차	사업자등록만으로 설립되므로 간편하다.	발기인 구성, 정관 작성, 설립등기 등 법적인 절차가 복잡하며, 설립비용도 많이 든다.
회사의 영속성	대표자가 바뀌는 경우 폐업하고 신규로 사업자등록을 해야 하므로 기업의 영속성이 없다.	주식양도에 의해 사업양도가 가능하므로 기업주가 바뀌더라도 기업의 계속성이 유지된다.
자본조달	대표자 개인의 자본에만 의존하므로 자본모집에 한계가 있다.	소액으로 분리된 주식을 통해 자본을 조달할 수 있으므로 개인기업에 비해 조달이 쉽다.
대외신용도	대표자 개인에 의해 평가되므로 법인에 비해 신용도가 낮다.	대표자, 구성주주, 임원 등 회사와 관계된 구성원들에 의해 대외신용도를 높일 수 있다.
대표자 (주주)의 책임	대표자는 채무에 대해 무한책임을 진다.	대표자는 회사 운영과 관련해 일정한 책임을 지며, 주주는 주금납입을 한도로 채무자에 대해 유한책임을 진다.
대표자와 회사의 자금거래	대표자가 기업자금을 자유롭게 사용할 수 있고, 불이익이 거의 없다.	대표자가 기업자금을 개인 용도로 사용하면 회사는 대표자로부터 이자를 받아야 하는 등 세제상의 불이익이 있다.
소득세, 법인세	매출이 일정 규모(업종에 따라 다르지만 제조업은 20억 원, 도매업은 10억 원, 용역업은 2억 원 정도로 추산) 이하이면 소득세가 법인세보다 적다.	매출이 일정 규모 이상이면 법인세가 유리하다. 법인세율은 9~24%이며, 소득세율은 6~45% 누진세이므로 소득이 많을수록 법인이 유리하다. 또 대표자 급여가 비용으로 인정되므로 대부분 법인이 절세에 유리하다.
장부의 기장	의무적으로 기장을 해야 하는 것은 아니다.	복식부기에 의한 장부를 작성해야 하며, 기장의무를 이행하지 않을 경우 불이익이 있다.
관리·운영 비용	휴업, 폐업, 이전 등이 자유롭고 최소한으로 필요한 관리 기능만 유지하면 되므로 비용이 적게 든다.	법인으로서 기본적으로 유지해야 할 비용(법무비용, 회계비용 등)이 소요되며, 모든 변경은 법적인 절차를 수반한다.

사업양도 시 세금	사업양도 시 양도된 영업권, 부동산에 대해 높은 양도소득세를 부담한다.	주식 양도로 낮은 양도세율을 부담하며, 주식 상장 후 양도하면 양도소득세가 비과세된다.
결론	일정 규모 이상으로 성장하지 않고 개인의 자금으로 중소 규모의 사업을 유지하기에 안정적이고 적합하다.	일정 규모 이상으로 성장 가능한 유망 사업에 적합하다.

044

| 사업소득세 |

법인전환은
어떻게 할까?

개인사업자에서 법인사업자로 전환하는 것은 개인사업자의 사업 관련 권리와 의무를 포괄적으로 법인사업자로 전환하는 것이다. 법인전환에서 조세특례를 받을 수 있는지, 어떤 특례를 받는지에 따라 다음 표와 같이 네 가지로 구분할 수 있다.

▼ 법인전환 방법과 조세특례

구분	법인전환 방법	조세지원 내용
조세지원 법인전환	① 개인기업의 사업용자산 포괄적 현물출자에 의한 법인설립(대표가 발기인) ② 대표가 발기인이 되어 사전 법인설립 후 개인기업 사업용자산의 포괄양수도에 의한 법인전환 ③ 중소기업 통합에 의한 신규 법인설립	• 양도소득세 이월과세 • 취득세, 등록면허세 면제 • 국민주택채권매입 면제 • 조세감면의 승계 • 부가가치세 면제 • 등록면허세 중과 배제
조세지원 없는 법인전환	④ 일반사업양수도에 의한 법인전환	–

조세지원 법인전환의 네 가지 요건

조세지원 법인전환을 하려면 다음 네 가지 요건을 충족해야 한다.

첫째, 소비성 서비스업을 제외한 개인기업의 사업용자산, 즉 사업에 직접 사용하는 유형자산, 무형자산을 모두 현물출자하거나 사업과 관련된 모든 권리와 의무를 포괄적으로 승계해 사업의 동일성을 유지할 것

둘째, 현물출자에 의한 법인설립 시에는 개인기업의 대표가 발기인이 되어 법인설립을 해야 하고, 사업양수도[1]인 경우에도 개인기업의 대표가 발기인으로 법인설립한 후 3개월 이내에 당해 법인에 사업에 관한 모든 권리와 의무를 포괄적으로 양도할 것

셋째, 새로 설립되는 자본금은 현물출자를 하든 사업양수도에 의한 경우든, 전환되는 사업장의 순자산가액(시가평가해 자산에서 부채를 뺀 금액) 이상일 것. 참고로 조세특례를 받지 않는 일반양수도인 경우 법인설립을 위해 자본금이 100원 이상으로 완화되어 설립비용이 적게 든다.

넷째, 양도소득세 이월과세[2]는 법인전환 연도 과세표준신고 시 이월과세적용신청서를 납세지 관할세무서장에게, 취득세와 등록면허세 등 감면은 해당 사유 발생 시 감면신청서를 관할 지방자치단체장에게 제출할 것. 부가가치세가 면제되려면 폐업신고서와 사업양수도신고서를 함께 제출해야 한다.

1　**사업양수도** 개인기업의 자산과 부채를 법인기업에 양도하는 방식을 말한다.

2　**양도소득세 이월과세** 개인사업자의 자산을 법인에게 양도할 때 양도소득세가 발생할 수 있는데, 법인전환 과정에서 양도소득세를 부담하는 것은 조직 변경에 장애를 가져오므로 세법에서는 조세특례 요건을 갖춘 경우 이 양도소득세 부담을 해당 자산을 양수한 법인이 처분할 때까지 이월해주는 특례를 두고 있다.

조세특례의 내용은?

첫째, 가장 큰 세제지원은 양도소득세 이월과세다. 원래 개인이 보유하던 부동산을 법인에 양도할 경우 양도차익이 발생하면 그에 대해서는 양도소득세가 과세되는데, 이렇게 되면 법인전환에 장애가 되므로 이를 완화해주는 것이다. 이때 자산의 취득가액은 해당 자산의 취득 시 실거래가액으로 하고, 양수한 법인에서 처분할 때 비로소 양도소득에 대한 법인세를 과세한다.

둘째, 현물출자 또는 중소기업 간 통합에 의해 신설법인이 취득하는 사업용재산에 대해서는 취득세와 등록면허세를 면제해준다. 이에 따라 국민주택채권[3] 매입의무도 면제된다. 단, 정당한 사유 없이 2년 이내에 사업을 폐지하거나 해당 재산을 처분할 때는 감면세액을 추징한다.

셋째, 부가가치세를 면제한다. 부가가치세법상 포괄양수도[4]에 해당되어 재화의 공급으로 보지 않으므로 세금계산서 발행 의무가 면제되어 부가가치세 납부의무가 없다. 다만, 포괄양수도에 의한 법인전환 시 소멸되는 개인사업자 또는 통합되는 중소기업들의 폐업신고는 폐업일이 속한 달의 말일로부터 25일 이내에 행해야 한다.

---

3 **국민주택채권** 「주택도시기금법」에 따라 정부와 지방자치단체로부터 면허·인허가를 받거나 등기·등록을 신청 또는 건설공사의 도급계약을 체결하는 자가 매입하는 채권을 말한다.

4 **포괄양수도** 사업자가 다른 사업자에게 자산과 부채를 포괄적으로, 다시 말해 특정 자산과 부채뿐 아니라 영업에 필요한 자산과 부채를 통째로 양도할 경우 「부가가치세법」상 세금계산서 발행의무가 면제되어 그에 관한 부가가치세신고·납부의무가 없어진다. 이는 부가가치세 부담을 완화해 사업양수도를 쉽게 해주기 위한 특례다.

일반사업양수도에 의한 법인전환

이 방법은 조세지원을 받지 못하지만 매우 단순한 전환 방식으로, 부동산 등 유형고정자산이 별로 없을 때 많이 활용된다. 개인기업의 대표가 자본금 제한 없이 먼저 법인설립을 한 후, 개인기업과 법인기업 사이에 사업양수도를 하는 방법이다. 포괄양수도에 해당하려면 사업용고정자산이 모두 양도되어야 하며, 세금계산서(또는 계산서)를 발행할 필요가 없으므로 부가가치세신고·납부의 부담에서 자유롭다.

법인전환 시 고려해야 할 사항

개인기업에서 법인으로 전환할 때 중요하게 고려해야 할 사항은 무엇일까?

첫째, 법인전환의 목적을 분명히 해야 한다. 즉, 세테크를 포함한 세무상의 목적인지, 자금조달을 위한 재무상의 목적인지, 마케팅 등을 위한 영업상의 목적인지 등에 따라 전환 시기와 방법이 달라질 수 있다. 조세지원을 받는 법인전환은 일반적으로 설립자본금 규모(순자산 이상)가 커지고 자산부채에 대한 법정평가가 요구되므로 설립비용이 상대적으로 많이 발생한다는 점도 고려해야 한다.

둘째, 회사의 사업용고정자산과 부채 등의 재무 상태와 경영성과, 이월결손금의 존재 등을 고려해야 한다. 사업용고정자산 중 양도소득세 과세 대상 자산이 있는 경우 전환 과정에서 양도소득세 부담을 이연시키기 위해서는 조세지원이 되는 법인전환 방법을 선택하는 것이 유리하다. 양도소득세 문제가 발생하지 않는다면 전환비용을 줄이기 위해 일반양수도 방식을 선택해도 무방하다.

현물출자 등에 의한 법인전환을 할 때는 부동산, 유가증권, 채권 등 출자 자산에 대해 법원이 선임한 검사인 또는 평가기관의 평가를 받아야 하므로 그에 따른 비용도 고려해야 한다.

「조세특례제한법」상의 여러 준비금이 설정되어 있는 경우 법인전환하는 사업 연도에 전액 환입하므로 일시에 소득세 부담이 커질 수 있다는 점도 유의해야 한다. 개인기업의 이월결손금이 존재하면 법인전환 시에 승계되지 않아 이월결손금의 세금효과를 누릴 수 없다는 점도 고려해야 한다.

셋째, 실무상 편의를 위해 가능하면 부가가치세신고 기준일과 법인전환일을 일치시키면 폐업신고와 부가가치세신고 등을 동시에 할 수 있어 효율적이다. 그리고 연말보다는 연도 중에 전환하는 것이 업무 부담을 줄이는 데 유리하다.

넷째, 법인전환 과정에서 개인사업자의 영업권[5]이 생길 수 있고, 영업권에 대해 세법상 적정히 평가하여 거래대금을 신고하고 관련 세금을 신고·납부해야 한다.

---

5 **영업권** 회사를 경영하면서 생긴 영업상의 노하우 등을 평가한 재산권으로 「상속세및증여세법」에 평가방법(순자산 및 순이익 등에 기초한)을 정하고 있다.

창업할 때 간이과세, 일반과세 세테크

창업은 사업자등록부터!

사업을 시작할 때 가장 먼저 해야 할 일은 사업의 근거지를 마련하고 사업자등록을 하는 것이다. 세법은 사업개시비용 지출일이 속하는 부가가치세 과세기간 말일로부터 20일 이내에 사업자등록 신청을 해야 세무상 비용으로 인정하고, 그 이전의 지출은 인정하지 않는다. 사업자등록 시기를 놓쳐 비용으로 인정받지 못하는 것은 물론, 부가가치세매입 세액공제도 받지 못하는 사태가 종종 벌어지므로 특히 주의해야 한다.

사업자등록을 하기 위해서는 사업의 업태와 종목, 초기자본금을 정해야 하고, 임대차계약서, 필요한 경우 관련 부처의 인·허가서류 등을 미리 준비해야 한다. 이러한 서류가 준비되면 사업장 주소지 관할세무서의 민원봉사실에 사업자등록신청서와 함께 제출하거나 국세청 홈택스에서 신청할 수 있다. 이때 세무서는 부가가치세 면세업종(꽃집, 출판업, 한의원, 서점 등)에 대해서는 면세사업자등록증을 교부해주고, 과세사업(면세업종 이외의 모든 업종)인 경우에는 간이과세사업자인지, 일반과세사업자인지를 확인한 후 그에 따른 사업자등록증을 교부해준다.

과세사업자란?

면세재화(곡물, 꽃, 책 등) 또는 용역(의료 등)으로 열거되지 않은 모든 재화와 용역을 영리 목적으로 공급하는 사업자를 '부가가치세 과세사업자'라고 한다. 사업자는 대부분 이에 속한다. 과세사업자는 크게 일반과세와 간이과세로 구분해 사업자등록을 한다. 이는 부가가치세신고와 관리 방식에서 차이가 나므로 사업자등록 시 유의해야 한다.

일반과세사업자와 간이과세사업자의 차이

일반과세사업자는 공급하는 재화 또는 용역의 10%에 해당하는 부가가치세율을 적용하는 대신, 물건 등을 구입하면서 받은 매입세금계산서상의 부가가치세액을 전액 공제받을 수 있고, 세금계산서를 발행할 수 있다. 또 연간매출액이 8,000만 원(다른 사업장 매출액 포함) 이상일 것으로 예상되거나 변호사, 회계사 등 전문직사업자나 부동산임대업, 유흥과세업 등 국세청의 '간이과세배제 기준'에서 정하고 있는 종목에 해당하는 사업자는 간이과세사업자로 등록할 수 없으므로 일반과세사업자로 등록해야 한다.

간이과세사업자는 공급하는 재화 또는 용역의 공급대가에 대해 업종별로 0.5~3%의 낮은 세율을 적용해 납부세액을 계산한다. 하지만 이에 비례해 매입세액의 5~30%만 납부세액의 한도에서 공제받을 수 있으며, 연매출 4,800만 원 이하인 경우 세금계산서를 발행할 수도 없다. 하지만 부가가치세신고·납부 부담이 적으므로 주로 소규모 업종을 영위하는 경우, 간이과세사업자로 등록하는 것이 유리할 수 있다.

▼ 일반과세사업자와 간이과세사업자 구분

구분	일반과세사업자	간이과세사업자
내용	연매출액이 8,000만 원(모든 사업장 매출액 포함) 이상이거나 간이과세 업종·지역에서 배제되는 경우	연매출액이 8,000만 원(모든 사업장 매출액 포함) 미만이고, 간이과세 업종·지역에 해당하는 경우
매출세액	공급가액 × 10%	공급대가 × 업종별 부가가치율 × 10%
세금계산서 발행	의무적으로 발행	발행할 수 없음 (4,800만 원 이하만 해당)
매입세액공제	전액 공제	매입세액 × 업종별 부가가치율
의제매입 세액공제	모든 업종에 적용	음식업 사업자만 공제

※ 광업·제조업·도매업·전문직사업자, 다른 일반과세사업장을 이미 보유한 사업자 그리고 간이과세 배제 기준에 해당하는 사업자는 간이과세 적용이 배제됨

▼ 간이과세업자의 업종별 부가가치율(2021.7~)

업종	부가가치율	부가가치세율
소매업, 재생용 재료수집 및 판매업, 음식점업	15%	10%
제조업, 농업·임업 및 어업, 소화물 전문 운송업	20%	10%
숙박업	25%	10%
건설업, 운수 및 창고업(소화물 전문 운송업은 제외), 정보통신업	30%	10%
금융 및 보험 관련 서비스업, 전문·과학 및 기술서비스업(인물사진 및 행사용 영상 촬영업 제외), 사업시설관리·사업지원 및 임대서비스업, 부동산 관련 서비스업, 부동산임대업	40%	10%
그 밖의 서비스업	30%	10%

※ 실질부담 부가가치세율 = 업종별 부가가치율 × 부가가치세율. 예를 들어 제조업의 실질부담 부가가치세율은 20% × 10% = 2%

물론 일반과세사업자 또는 간이과세사업자로 등록했다고 해서 그 유형이 변하지 않는 것은 아니다. 한 해의 부가가치세신고 실적을 1년으로 환산한 금액을 기준으로 사업자 유형을 재판정한다. 즉, 간이과세사업자로 등록했더라도 연매출액(다른 사업장 매출액 포함)이 8,000만 원 이상이면 해당하는 해의 다음 해 7월 1일부터 일반과세사업자로 전환된다. 그 반대의 경우도 동일하다. 물론 8,000만 원 미만이면 계속 간이과세사업자로 남게 된다.

처음에 일반과세사업자로 등록했다 해도 1년으로 환산한 수입금액이 8,000만 원에 미달하면 간이과세사업자로 변경된다. 그런데 이때 '간이과세 포기신고'를 하면 계속 일반과세사업자로 남아 있을 수 있다. 특히 초기 개업비용이 많이 들어 일반과세사업자로 등록하고 부가가치세를 환급받은 경우 간이과세사업자로 변경되면 환급받은 세액 중 일부를 추가로 납부해야 한다. 그러므로 이를 감안해 간이과세포기신고를 하고 일반과세사업자로 남아 있을 것인지, 아니면 세금을 추가로 납부하더라도 간이과세 적용을 받을 것인지 판단해야 한다.

영세율제도와 면세사업자

부가가치세의 이중과세를 막는 영세율제도

영세율제도란, 외국에 수출하는 재화나 용역 등에 대해 일반과세사업자 부가가치세율인 10%가 아닌 0% 세율을 적용하는 제도를 말한다. 이 제도는 국가 간 거래에서 부가가치세에 대한 이중과세를 배제하기 위한 것이다. 예를 들어 수출재화에 부가가치세를 과세하고, 수입국에서 다시 부가가치세를 부과하면 하나의 재화나 용역에 두 나라에서 동일한 세금을 부과하는 것이 되어 조세 부담이 커진다. 이를 막고자 보통 소비지국(즉, 수입국)에서만 부가가치세를 과세하도록 설계한 것이 영세율제도다. 재화 등을 수출할 때는 부가가치세 부담을 없애기 위해 0% 세율을 적용하고, 재화 등을 수입할 때는 수입부가가치세(10%)를 과세한다.

이처럼 수출재화나 용역을 공급하는 사업자는 영세율을 적용하므로 매출세액이 없다. 그리고 매입세액을 공제하므로 결국 언제나 부가가치세 환급세액이 발생한다. 이와 같은 영세율을 적용받으려면 세법에서 정하는 영세율신고 서류를 첨부해야 한다.

면세사업자란?

면세란, 부가가치세를 면제한다는 의미다. 즉, 세법에서 열거하는 면세 재화나 용역을 공급할 때 거래상대방으로부터 징수납부해야 하는 부가가치세 매출세액을 면제한다. 따라서 공급받는 사람, 즉 중간거래상이나 최종소비자가 부가가치세를 부담하지 않으므로 그만큼 물건을 값싸게 살 수 있다.

면세는 앞서 설명한 영세율제도와 유사한데, 다른 점은 면세사업자는 영세율사업자와 달리 부가가치세 매입세액을 공제받을 수 없다는 것이다. 또 면세사업자는 부가가치세를 면제받으므로 재화나 용역을 공급할 때 세금계산서가 아니라 계산서[1]를 발행해야 한다. 미가공식품이나 전기·수도, 주택 같은 생활필수품, 도서·신문 같은 문화재화 또는 의료·연구용역 등이 주로 면세재화(또는 면세용역)에 속한다.

면세사업자는 부가가치세신고·납부의무가 없으므로 비교적 세무 절차가 단순하지만, 거래상대방과 거래사실을 보고해 국세청으로 하여금 상호대사를 할 수 있도록 1년에 한 차례, 다음 해 2월 10일까지 '사업장현황신고'를 해야 한다. 이때 직전 연도의 매출거래명세서나 매입거래명세서를 제출해야 하며, 이를 통해 과세사업자와 면세사업자 사이의 거래에 대해 신고의 정확성 여부를 상호대사할 수 있다.

이와 같이 사업을 할 때는 해당 사업이 「부가가치세법」상 어떤 사업자

---

1 **세금계산서와 계산서의 차이** 이 두 증빙은 성격이 서로 다르다. 세금계산서는 일반과세사업자만 발행할 자격이 있는 부가가치세가 따로 표기된 세법상의 거래증빙이고, 계산서는 사업자 유형에 상관없이 면세재화(쌀이나 신문, 도서 등) 또는 면세용역(학원, 의료 등)을 공급하는 사업자라면 모두 발행할 수 있다.

유형에 속하는지 그리고 어떤 사업자 등록을 해야 하는지를 잘 선택해 결정해야 한다. 특히 초기 개업비용이 많이 들어가는 경우에는 재화 등의

매입과 관련된 부가가치세 매입세액 부담이 적지

않으므로 가능하면 그 해 매출이 적게 발생한다 하더라도 간이과세보다는

일반과세로 사업자등록을 내는 것이 현금흐름에 유리할 수 있다.

| 사업소득세 |

사업자등록 변경,
휴·폐업 시 유의사항

사업자등록 시 명의대여는 금물

사업과 관련된 각종 세금은 사업자등록증상의 명의자에게 부과된다. 따라서 사업자등록 시 명의를 빌려주었는데, 명의를 빌린 사람(실질사업자)이 세금을 납부하지 않으면 명의를 빌려준 사람에게 세금이 나온다. 그래서 명의자가 자신이 아닌 실질소득자가 누구인지 입증하지 못하면 명의자의 다른 소득과 합산해 과세당하므로 세금 부담이 커지고, 소득금액 증가로 인해 국민연금과 건강보험료 부담도 늘어나게 된다.

또 세금을 내지 못할 경우 명의자의 재산이 압류·공매되고 신용불량자가 되는 등 큰 피해를 볼 수 있다. 이렇게 되면 체납 사실이 금융기관에 통보되어 대출금 조기 상환 요구, 신용카드 사용 정지 등 금융거래상 불이익을 받게 되고, 여권 발급 제한, 출국 규제 등으로 여행조차 하기 어려울 수 있다.

더욱이 실질사업자가 밝혀지더라도 이를 인정받기 어렵고, 명의를 빌려준 책임을 져야 한다. 즉, 실질사업자와 함께 증여세를 부담하거나 조세포탈범, 체납범 또는 질서범으로 처벌받아 50만 원 이하의 벌금 또는 과료에 처분된다. 그리고 명의대여[1] 사실이 국세청 전산망에 기록·관리되어 본인이 실제 사업을 하려고 할 때 불이익을 받을 수 있으니 유의해야 한다.

사업자등록 신청은 국세청 홈택스에서도 할 수 있다.

▼ 사업자등록 신청 시 서류

구분	신청서류
개인	1. 사업자등록신청서 1부 2. 임대차계약서 사본(사업장을 임차한 경우에 한함) 3. 허가(등록, 신고)증 사본(해당 사업자) 　• 허가(등록, 신고) 전에 등록하는 경우 허가(등록)신청서 등 사본 또는 사업계획서 4. 동업계약서(공동사업자인 경우) 5. 재외국민·외국인 입증서류 　• 여권 사본 또는 외국인등록증 사본 　• 국내에 통상적으로 주재하지 않는 경우: 납세관리인설정신고서
영리법인 (본점)	1. 법인설립신고·사업자등록신청서 1부 2. 법인등기부등본 1부[1) 3. (법인명의)임대차계약서 사본(사업장을 임차한 경우에 한함) 1부 4. 주주 또는 출자자명세서 1부 5. 사업허가·등록·신고필증 사본(해당 법인에 한함) 1부 　• 허가(등록, 신고) 전에 등록하는 경우 허가(등록)신청서 등 사본 또는 사업계획서 6. 현물출자명세서(현물출자법인의 경우에 한함) 1부
비영리 내국법인 (본점)	1. 법인설립신고·사업자등록신청서 1부 2. 법인등기부등본 1부 3. (법인명의)임대차계약서 사본(사업장을 임차한 경우에 한함) 1부 4. 사업허가·등록·신고필증 사본(해당 법인에 한함) 　• 허가(등록, 신고) 전에 등록하는 경우 허가(등록)신청서 등 사본 또는 사업계획서 5. 주무관청의 설립허가증 사본 1부

---

[1]　**명의대여** 명의(名義)는 문서상의 권한과 책임이 있는 이름을, 명의대여는 타인에게 자신의 성명이나 상호 등 명의의 사용을 허락하는 것을 말한다. 면허를 가진 자가 그 면허가 없는 자에게 면허 사용을 허락하는 경우도 포함되는데, 이 역시 불법이다.

내국법인
국내지점
	1. 법인설립신고·사업자등록신청서 1부
	2. 법인등기부등본 1부
	  • 등기부에 등재되지 않은 지점범위은 지점설치 사실을 확인할 수 있는 이사회
	    의사록 사본(직매장설치 등 경미한 사안으로 이사회소집이 어려운 경우 대표
	    이사 승인을 얻은 서류 사본)
	3. 임대차계약서 사본(사업장을 임차한 경우에 한함) 1부
	4. 사업허가·등록·신고필증 사본(해당 법인에 한함)
	  • 허가(등록, 신고) 전에 등록하는 경우 허가(등록)신청서 등 사본 또는 사업계
	    획서

외국법인
국내
사업장
	1. 법인설립신고·사업자등록신청서 1부
	2. 외국기업 국내지사 설치신고서 사본 1부
	3. 국내사업장을 갖게 된 날의 대차대조표 1부
	4. 본점 등기에 관한 서류
	5. 정관 사본 1부
	6. 허가(등록, 신고)증 사본
	  • 허가(등록, 신고) 전에 등록하는 경우 허가(등록)신청서 등 사본 또는 사업계
	    획서

교회 등 고유번호 신청	1. 법인이 아닌 단체의 고유번호신청서 2. 교단 등의 소속확인서 3. 단체의 정관 또는 협약 4. 임대차계약서 사본(사업장을 임차한 경우에 한함) 1부 5. 교단 등의 법인등기부등본(세무서에서 확인이 가능한 경우는 제외)
각종 권리	1. 동업기업 과세특례 적용신청서 2. 동업기업 과세특례 포기신청서

1) 담당 공무원이 확인에 동의하지 않는 경우 신청인이 직접 제출해야 하는 서류

사업자등록의 변경

사업을 하다 보면 사업장을 옮기거나, 동업을 하거나, 상호를 바꾸는 등의 사유가 발생할 수 있다. 다음 표와 같은 사유가 발생한 경우 사업자는 지체 없이 사업자등록정정신청서를 작성해 기존 사업자등록증과 정정사유 관련 서류를 함께 제출해야 한다. 그러면 세무서는 이를 반영해 사업자등록

증을 다시 교부한다.

▼ 사업자등록증 정정 사유와 재교부기간

사업자등록 정정 사유	재교부기간
1. 상호 변경 2. 통신판매업자가 사이버몰의 명칭 또는 인터넷 도메인 이름을 변경하는 때	신청일 당일
1. 법인의 대표자 변경 2. 고유번호를 받은 단체의 대표자 변경 3. 상속에 의한 사업자 명의 변경 4. 임대차계약 내용에 변경이 있거나 새로이 상가건물을 임차한 때(「상가건물 　임대차보호법」에 의한 임차인이 사업자등록 정정·확정일자를 신청하고자 　하는 경우 확정일자를 받은 임차인에게 위 변경이 있는 경우에 한함) 5. 업종 변경(면세사업자의 과세사업 추가 포함) 6. 사업장 이전 7. 공동사업자의 구성원 또는 출자지분 변동 8. 사업자단위 신고·납부 승인자의 총괄사업장 이전 또는 변경	신청일로부터 3일 이내

사업을 휴업하거나 폐업할 경우

사업자등록을 한 사업자가 여러 가지 사유로 휴업 또는 폐업하거나 신규로 사업개시일 전에 등록한 자가 사실상 사업을 개시하지 않게 되는 때에는 지체 없이 '휴업신고서'나 '폐업신고서'에 사업자등록증을 첨부해 사업장 관할세무서장에게 제출해야 한다. 다만, 사업자가 부가가치세 확정신고를 하면서 그 부가가치세신고서에 폐업일자와 폐업 사유를 기재하고 사업자등록증을 첨부해 제출한 경우에는 폐업신고서를 제출한 것으로 본다.

법령에 의해 허가·등록 또는 신고를 해야 하는 사업자가 폐업신고를 할 경우에는 시·군·구 등의 관할관청에 폐업신고를 한 사실을 확인할 수 있는 서류를 첨부해야 한다는 점도 잊지 말자. 휴업일 또는 폐업일의 기준은 다음 표와 같다.

▼ 휴·폐업일의 기준일

구분	경우	기준일
휴업	일반적인 경우	사업장별로 그 사업을 실질적으로 휴업하는 날
	계절사업의 경우	그 계절이 아닌 기간은 휴업기간으로 봄
	휴업일이 명백하지 않은 경우	휴업신고서 접수일
폐업	일반적인 경우	사업장별로 그 사업을 실질적으로 폐업하는 날
	• 해산으로 청산 중인 내국법인 • 「회사정리법」에 의한 회사정리 절차를 진행 중인 내국법인	사업을 실질적으로 폐업한 날로부터 25일 이내에 신고해 승인을 얻은 경우에 한해 잔여재산 가액 확정일(해산일로부터 365일 이내)
	폐업일이 명백하지 않은 경우	폐업신고서 접수일
	사업 개시 전 등록한 자가 6월이 되는 날까지 거래 실적이 없는 경우	그 6월이 되는 날(부득이한 경우 제외)

폐업신고(폐업일이 속하는 달 말일부터 25일 이내)를 제때 하지 않으면 세무상 불이익이 매우 크다. 부가가치세 부담이 커지고 소득세 부담도 늘어난다. 그리고 관련 기관에도 신고해야 불이익이 없다.

면허 또는 허가증이 있는 사업인 경우 당초 면허를 받은 기관에 폐업신고를 해야 면허세가 부과되지 않는다. 폐업 시 폐업증명을 받아 국민연금관리공단, 국민건강보험공단에 제출해야 불이익을 받지 않는다.

폐업하면서 체납을 하면 이후에 본인 명의의 사업자등록 신청이나 재산 취득이 사실상 불가능해진다. 체납자가 사업자등록을 신청하면 사업자등록증을 교부해주기 전에 임차보증금 등을 압류하며, 재산을 취득하더라도 체납자의 소유 재산이라는 것이 확인되면 즉시 압류해 공매처분하기 때문이다. 그뿐 아니라 체납세액이 5,000만 원 이상이면 출국 규제 또는 여권 발급을 제한할 수 있으며, 체납세액 또는 결손금액이 500만 원 이상인 자는 신용정보기관에 명단이 통보되어 금융거래에 제한을 받을 수 있다.

| 사업소득세 |

장부작성하고
세테크하자

장부작성 없이 추계신고하면 불리

개인 자격으로 영리 목적의 사업을 하는 사람이라면 사업자등록 여부와 관계없이 매년 5월 또는 6월 말(성실신고대상사업자)까지 종합소득세를 신고해야 한다. 종합소득세를 신고하는 방법은 크게 장부에 의한 신고 방식(기장 방식)과 장부작성 없이 추계로 신고하는 방식(추계 방식)을 들 수 있다.

세금신고는 원칙적으로 실질거래에 따라 사업자가 작성한 회계장부에 의해 이루어져야 한다. 하지만 소규모사업자는 장부작성을 할 시간적 여유와 경제적 능력이 없다는 점을 고려해 추계신고를 허용하고 있다. 다만, 추계신고는 장부작성에 의한 것보다 세테크상 불리할 수 있다. 이 두 가지를 비교해보고, 장부작성에 의한 세금신고가 왜 유리한지 알아보자.

장부작성에 의한 세금 계산

장부작성이란, 세금계산서나 영수증 등 증빙서류를 근거로 해 거래 내용을 회계장부에 하나하나 기록하는 것을 말한다. 회사가 연간 거래를 바탕으로 장부를 작성하여 총수입금액에서 필요경비(세무상 필요경비는 수입금액을 얻기 위해 지급의무가 확정된 비용)를 뺀 소득금액을 계산하고, 이처럼 실질거래에 근거한 세무상의 소득에 대해서만 세금을 내면 되므로 실질에 맞는 세무신고 방법이라 할 수 있다.

하지만 기장은 아무나 쉽게 할 수 없다. 우선 기장의 근거가 되는 세금계산서나 영수증 등 관련 증빙자료를 빠짐없이 챙겨야 하고, 회계처리를 할 수 있는 능력이 필요하며, 사업자가 회계처리 능력이 되지 않을 때는 세무대리인에게 기장대행을 의뢰해야 하므로 시간과 비용이 추가로 든다.

그럼에도 장부작성을 해 세금을 신고하는 이유는 장부작성에 들어가는 비용보다 그로 인한 절세효과가 크기 때문이다. 다시 말해, 기장에 의한 세금신고를 하면 그렇지 않은 경우보다 일반적으로 절세효과가 크다.

기장을 하지 않을 때의 불이익은?

기장의무자가 기장을 하지 않거나 증빙서류를 수취하지 않으면 그렇지 않은 경우보다 더 많은 세금을 부담하게 되는 불리함도 있다. 우선 기장을 하지 않으면 결손이 났더라도 이를 인정받지 못하며, 이외에도 다음과 같은 불이익을 받게 된다.

① 무기장가산세 부과: 직전 연도 수입금액이 4,800만 원 이상인 사업자가 기장을 하지 않으면 산출세액의 20%에 상당하는 무기장가산세를 물어야 한다.

② 신고불성실가산세 부과: 복식부기의무자[1]가 기장을 하지 않고 추계로 신고하면 신고를 하지 않은 것으로 보고 산출세액의 20%(또는 40%, 60%)와 수입금액의 0.07%(또는 0.14%) 중 큰 금액의 신고불성실가산세를 물어야 한다. 단, 이 경우에는 ①번의 무기장가산세는 부과하지 않는다.

③ 이월결손금공제 배제: 소득금액을 추계신고 또는 결정하는 경우에는 공제 가능한 이월결손금이 있다 해도 공제받을 수 없다.

---

1 **복식부기의무자** 회계 원칙에 따라 하나의 거래를 차변(왼쪽)과 대변(오른쪽)으로 분개하는 방식으로 장부를 작성하고, 재무상태표, 손익계산서 등 재무제표를 제출해야 하는 사업자를 말한다. 세법에서는 업종별로 일정 금액 이상의 매출이 있는 사업자를 복식부기의무자로 정해 이들이 장부작성을 하지 않으면 가산세를 부과하고 있다.
간편장부 대상자는 매출이 일정 규모 이하인 사업자로, 현금출납장 방식의 장부작성으로 기장의무를 대신할 수 있다(172쪽 표 참고).

| 사업소득세 |

장부작성을 하지 못했으면 추계신고

추계에 의한 소득금액 계산

장부를 작성하지 않으면 실제 지출한 필요경비를 세무상 인정받지 못한다. 필요경비는 장부(증빙)에 의해 확인된 금액만 공제하는 것이 세법상 원칙이기 때문이다. 다만, 예외가 있다. 세법에서 정한 방법에 의해 일정 금액을 한도로 필요경비를 인정해주는 '추계신고제도'가 있기 때문이다.

▼ 추계신고 단순경비율 기준

구분	기존사업자 단순경비율 판정 기준금액[1]	간편장부 대상자 기준[2]
㉠ 농업·임업, 어업, 광업, 도매업·소매업, 부동산매매업, 아래 ㉡과 ㉢에 해당하지 않는 업종	6,000만 원 미만	3억 원 미만
㉡ 제조업, 출판업, 숙박·음식점업, 욕탕업, 전기·가스·수도사업, 건설업, 운수업, 통신업, 금융·보험업, 일부 인적용역	3,600만 원 미만	1억 5,000만 원 미만
㉢ 부동산임대업, 사업서비스업, 교육보건·사회복지사업, 오락·문화·운동 관련 서비스업, 기타 공공·수리·개인서비스업, 가사서비스업, 가구 내 고용활동	2,400만 원 미만	7,500만 원 미만

1) 직전 연도 매출액이 기준금액 이상이면 기준경비율 대상이 되며, 당해 연도에 신규로 사업을 시작한 경우 단순경비율 적용. 신규 사업이라도 판정 기준금액을 넘으면 기준경비율 대상자로 적용

2) 직전 연도 매출액이 기준금액 이상이면 기장(복식부기)의무가 있으며, 불이행 시 가산세 부과

추계신고란, 증빙이 없거나 장부작성 능력이 되지 않아 장부작성을 하지 못한 상태로 신고할 때 이미 파악된 수입금액을 기준으로 일정 한도의 필요경비를 세무상 인정해주는 제도다. 수입금액에 따라 단순경비율(매출 대비 경비를 단순추정하기 위해 매출에 곱하는 적용률)이나 기준경비율(매출에서 인건비, 임차료, 원재료 등 주요 경비를 제외한 나머지 경비를 추정하기 위해 매출에 곱하는 적용률)을 적용해 계산한다. 단순경비율과 기준경비율은 업종과 연도에 따라 달라지며, 국세청 홈페이지에서 확인 가능하다.

직전 과세기간 수입금액이 앞의 표에서 왼쪽 금액(당해 연도 신규사업자는 당해 연도 수입금액이 표의 오른쪽 금액) 이상이거나 단순경비율 적용이 배제되는 전문직사업자는 기준경비율 대상자가 된다. 전문직사업자의 범위는 다음과 같은데, 전문직사업자는 항상 복식부기의무자다.

- 부가가치세 간이과세 배제대상 사업 서비스: 변호사, 심판변론인, 변리사, 법무사, 공인회계사, 세무사, 경영지도사, 기술지도사, 감정평가[1]사, 손해사정인, 관세사, 기술사, 건축사, 도선사, 측량사
- 의료·보건용역을 제공하는 자: 의사, 치과의사, 한의사, 수의사, (한)약사

---

1 **감정평가(鑑定評價)** 「지가공시및토지등의평가에관한법률」에 의해 토지 등의 경제적 가치를 판정해 그 결과를 가액으로 표시하는 것을 말한다. 즉, 동산이나 부동산 소유권의 경제적 가치 또는 소유권 이외의 권리, 임료 등의 경제적 가치 등을 통화 단위로 표시하는 것을 말한다.

1인 회사 사장의 추계신고

사례 A씨는 1인 출판사를 운영하고 있다. 2020년 매출은 3,500만 원, 2021년 매출은 7,000만 원, 2022년 매출은 1억 5,000만 원(주요 경비 3,000만 원)이다. A씨가 2021년분과 2022년분에 대해 신고해야 하는 소득금액은 각각 얼마일까? 단, A씨는 장부작성을 못해 추계 방식으로 신고할 예정이며, 출판사의 단순경비율은 95%, 기준경비율은 20%로 가정한다.

먼저 A씨의 2021년과 2022년 신고 유형을 앞의 표에 따라 구분해보자. 2021년은 직전 연도인 2020년 매출이 3,600만 원 미만에 해당하므로 단순경비율 대상자이면서 간편장부[2] 대상자가 된다. 2022년은 직전 연도인 2021년 매출이 3,600만 원 이상에 해당해 기준경비율 대상자이지만 1억 5,000만 원 미만이므로 간편장부 대상자가 된다.

① 단순경비율 추계신고

이제 각 연도의 소득금액을 계산해보자. 2021년은 단순경비율 대상자이므로 추계에 의한 소득금액은 다음 식에 따라 계산한다.

> 단순경비율에 의한 소득금액 = 수입금액 − (수입금액 × 업종별 단순경비율)

---

2 **간편장부** 간편장부는 거래일, 거래 내용, 거래처, 수입, 지출 등을 기록하는 간단한 장부를 말한다. 매출액이 일정 규모 이하여서 간편장부 작성을 인정받는 사업자를 간편장부 대상자라고 한다. 즉, 이 대상자가 간편장부를 작성하면 기장의무를 이행한 것으로 보며, 복식부기장부를 갖추면 세액의 20%(100만 원 한도)에 해당하는 기장세액공제를 해준다.

2021년의 소득금액은 350만 원[= 7,000만 원(수입금액) - {7,000만 원 × 95%(단순경비율)}]이다. 즉, 6,650만 원을 필요경비로 인정해주는 것이다.

② 기준경비율 추계신고

2022년은 기준경비율 대상자인데, 이 경우에는 다음 식에 따라 소득금액을 계산한다. 기준경비율에 따라 소득금액을 계산할 때는 수입금액에서 주요 경비(매입경비·인건비·임차료 등)에 대해 증빙서류에 따라 먼저 필요경비로 차감하고, 나머지 경비는 수입금액에 정부에서 정한 기준경비율을 곱해 필요경비로 인정받는다. 기준경비율은 단순경비율에 비해 비율 자체가 매우 낮기 때문에 세금 면에서 많이 불리하며, 특히 복식부기의무자는 기준경비율의 1/2만 적용하므로 더욱 불리하다.

기준경비율에 의한 소득금액 = 수입금액 - 주요 경비[1] - 수입금액 × 업종별 기준경비율[2]

1) 주요 경비: 증빙에 의한 매입경비·인건비·임차료 등
2) 복식부기의무자는 업종별 기준경비율 × 1/2 적용

위 식에 따라 A씨의 2022년 소득금액을 계산하면 9,000만 원[= 1억 5,000만 원 - 3,000만 원(주요 경비) - {1억 5,000만 원 × 20%(기준경비율)}]이다.

소득상한배율을 곱해 비교소득금액으로 신고 가능

기준경비율 대상자라도 단순경비율 방식으로 계산한 소득금액과 비교한 후 유리한 것을 선택해 신고할 수 있다. 단, 이렇게 계산한 소득금액에 소

득상한배율[3]을 곱한 금액과 비교한다.

비교소득금액 = (1억 5,000만 원 − 1억 5,000만 원 × 95%) × 2.8배(복식부기의무자는 3.4배) = 2,100만 원이다.

2022년의 경우 비교소득금액이 더 유리하므로 이를 신고한다.

만약 A씨가 기장을 했다면 어땠을까?

A씨는 기장을 하지 않아 위와 같이 추계 방식으로 신고했다. A씨가 필요경비를 실질거래에 따라 기장해보니 2021년에는 8,000만 원, 2022년에는 1억 4,000만 원이었다고 가정해보자. 2021년에는 수입이 7,000만 원이므로 7,000만 원에서 8,000만 원을 제한 결손금 1,000만 원이, 2022년에는 1억 5,000만 원에서 1억 4,000만 원을 제한 1,000만 원이 나온다.

기장에 따라 신고하면 2021년과 2022년 모두 세금이 없다. 2021년은 손해가 나서 결손이고, 2022년은 2021년의 이월결손금을 공제하면 과세표준이 '0'이기 때문이다. 이렇게 일반적으로 기장을 하면 추계신고를 할 때보다 절세효과가 더 크다.

3　**소득상한배율** 2022년 기준 간편장부 대상자는 2.8배, 복식부기의무자는 3.4배다. 매년 국세청이 정해 발표하는데, 일반적으로 해마다 배수가 커진다.

기장을 하지 못했으면 증빙서류라도 철저히 챙겨야!

사업자가 장부를 기장하면 수입금액에서 장부상의 필요경비를 공제해 소득금액을 산출하지만, 장부가 없으면 세법이 정한 방법으로 소득금액을 추계(推計, Estimate, 일부를 가지고 전체를 미루어 계산함)해 과세한다.

소득금액을 추계할 때는 기준경비율에 의해 소득금액을 계산하기 때문에 일부 경비는 증빙서류가 없으면 실제로 비용을 지출했다 해도 비용으로 인정받지 못할 수 있다. 여기에 해당하는 주요 증빙 대상은 다음과 같다.

- 매입비용: 상품·제품·재료·소모품·전기료 등의 매입비용과 외주 가공비, 운송업의 운반비. 따라서 음식대금, 보험료, 수리비 등은 제외된다.
- 임차료: 사업에 직접 사용하는 건축물, 기계장치 등 사업용고정자산의 임차료
- 인건비: 종업원의 급여·임금, 일용근로자의 임금, 실제로 지급한 퇴직금

매입비용과 임차료는 세금계산서, 계산서, 신용카드매출전표 등 정규증빙을 받아야 하며, 간이영수증이나 금전등록기영수증을 받은 경우에는 주요 경비지출명세서를 제출해야 한다. 인건비는 원천징수영수증이나 지급조서 또는 지급 관련 증빙서류를 비치·보관해야 한다.

추계신고 후 기장에 의한 경정청구 유의

자, 그렇다면 장부를 기장해 세금을 신고할 것인가, 추계로 신고할 것인가? 사업자 본인이 기장 능력이 안 될 경우 세무대리인에게 기장대행을 의뢰해야 하는데, 그 비용을 감안하고서라도 기장에 의한 신고가 추계에 의한 것보다 유리하다면 당연히 기장을 해 신고하는 것이 좋다.

국세청의 홈택스 서비스를 이용하면 혼자서도 세무신고를 할 수 있다. 즉, 소규모 사업자는 국세청 홈택스에 접속해 간편장부로 신고하면 비용까지 절감할 수 있으니 도전해보기 바란다.

단, 추계에 의해 신고한 후에는 기장 방식에 의한 경정청구는 국세청이 인정하지 않고 있으므로 신고하기 전에 추계 방식과 기장 방식 중 유리한 쪽을 검토해 신중하게 선택해야 한다.

| 사업소득세 |

소득조절을 통해
절세할 수 있다

050

세금을 줄이려면 먼저 세금 계산구조를 알아야 한다. 사업소득세의 계산구조를 대략 살펴보면 다음과 같다.

▼ 사업소득세 계산구조

계산구조	내용
사업수입금액 (−) 필요경비	• 매출액 등 모든 수익 • 매출원가, 판매관리비 등 모든 경비
(=) 사업소득금액 (−) 이월결손금 (−) 소득공제 (−) 비과세소득	• 15년 이내에 발생한 세무상 이월결손금(2021년 이전분은 10년)
(=) 사업소득 과세표준 (×) 세율	• 과세 대상금액 • 6~45% 초과누진세율
(=) 산출세액 (−) 기납부세액	• 원천징수세액, 중간예납세액
(=) 납부세액	

계산식을 보면 결국 수입에서 경비를 뺀 순소득에 대해 세금이 부과된다는 것을 알 수 있다. 따라서 소득금액을 줄일 수 있다면 그것이 바로 절세의 지름길이 될 것이다. 과연 어떻게 소득금액을 줄일 수 있을까?

방법은 두 가지다. 수입금액을 줄이거나 필요경비를 늘리면 소득금액이 줄어든다. 합법적으로 소득을 조절할 수 있는 방법을 알아보자.

소득조절 방법 1 ‖ 매출 또는 매입 시기 조정

세법에서는 제품의 매출 시기를 해당 제품을 거래상대방에게 인도하는 때로 정하고 있다. 12월 31일에 인도하는지, 다음 해 1월 1일에 인도하는지에 따라 세금이 달라진다. 물론 매출을 장부에 계상하는 시점에 해당 매출에 수반되는 매출원가와 제반 비용도 인식해야 한다.

(사례) 12월 30일까지 10억 원의 매출을 올린 B씨가 12월 31일 인도분 제품 1억 원을 1월 1일에 인도할 경우 세금효과는 얼마일까?

12월 30일 현재 과세표준이 8,800만 원이고, 매출원가율은 70%라면 세금효과는 다음 표와 같다.

▼ 제품 인도일에 따른 세금효과 계산

구분	12월 31일 제품 인도 시	1월 1일 제품 인도 시	차액	비고
과세표준	1억 1,800만 원	8,800만 원	3,000만 원	내년으로 이월
세금	2,586만 원	1,536만 원	1,050만 원	35% 세율 적용

추가 매출 1억 원에 대해 매출원가가 7,000만 원이므로 순소득금액에 가산되는 금액은 3,000만 원이다. 이로 인한 세금효과는 무려 1,050만 원이

다. 물론 1월 1일자 매출 1억 원은 그다음 해 매출로 계상되므로 다음 해 세금을 증가시키게 된다. 이 방법은 결국 세금을 다음 해로 연기하는 것일 뿐이므로 다음 해 소득이 올해보다 줄어들 것으로 예상되고, 적용하는 세율이 더 높은 세율이 아닐 것으로 예상될 때 사용하는 것이 좋다. 만약 다음 해 과세표준이 5,000만 원이라면, 절세효과는 3,000만 원에 대한 35% 세율과 25% 세율 적용의 차이인 300만 원이 된다.

매출을 늦추는 것과 동일한 방법으로 비용지출을 앞당기는 방법이 있다. 예를 들어 유형자산의 구입 시기를 다음 해 1월에서 올해 12월로 당기면 그에 대한 1개월분의 감가상각비를 앞당겨 계상할 수 있게 된다. 다시 말해, 내년에 발생할 비용을 올해 발생시키는 방법으로 지출을 일으키는 것이다. 물론 미리 자금을 집행하는 데 따른 금융비용이 발생할 수 있지만, 세금효과가 더 크다면 부담할 수 있다.

소득조절 방법 2 ‖ 동업을 해 소득을 나눈다

동업을 통해 각 개인의 소득 크기를 줄임으로써 과세표준 구간을 낮춰 세금을 줄이는 방법이 있다.

(사례) C씨는 연간 2억 원의 과세표준이 예상되는 사업을 시작하려고 한다. C씨의 부인은 전업주부인데, C씨가 사업을 시작하면 보조할 생각이다.

이 경우 생각해볼 수 있는 것이 바로 동업사업자등록이다. 혼자 사업할 때와 둘이서 50%씩 동일한 지분으로 동업할 때 세금 차이를 비교해보자.

▼ 동업 시 세금 차이

구분	단독사업자	동업사업자			비고
		본인	부인	합계	
과세표준	2억 원	1억 원	1억 원	2억 원	합계는 동일
세금	5,606만 원	1,956만 원	1,956만 원	3,912만 원	세금 차이 1,694만 원

    단독사업자일 때와 동업사업자일 때 과세표준의 합계는 동일한 2억 원이지만, 동업사업자일 때는 과세표준이 두 사람으로 나뉘어 줄어들게 되므로 적용되는 세율이 낮아진다. 따라서 세금 차이는 무려 1,694만 원으로 벌어진다. 이 금액이 C씨가 동업으로 절세할 수 있는 세금인 셈이다. 물론 부부가 같이 일할 경우 공동사업자일 필요는 없다. 한 사람은 대표, 한 사람은 직원으로 해 소득을 분산해도 절세효과가 충분하다.

    이외에 소득을 줄이기 위해 해야 하는 일상적인 노력으로는 지출에 대한 세무상 증빙(세금계산서, 계산서, 카드매출전표, 현금영수증 등)을 철저히 갖추는 방법, 세법상 허용하는 준비금제도[1]를 활용하는 방법 등이 있다.

---

1 **준비금제도** 세법에서는 고유목적사업준비금, 연구인력개발준비금, 손실보전준비금 등과 같은 여러 가지 준비금제도를 두고 있다. 준비금이란, 투자 또는 손실 등 장래 발생할 수도 있는 지출에 대비하기 위해 배당의 재원이 되는 이익잉여금을 감소시켜 이를 별도로 적립한 금액을 말한다. 세법은 일정한 준비금에 대해 손금산입(세무상 비용 처리)을 허용한 후, 미래 이 준비금을 사용할 때 환입 익금산입(세무상 수익처리)을 하도록 하여 결국 세금을 미래로 이연시키는 세제 혜택을 부여하고 있다.

| 사업소득세 |

원천징수이행상황신고만 잘해도 세금을 줄인다

　세법은 지출에 대해 상당히 엄격한 기준을 정해 비용으로 인정할 것인지, 아닌지를 결정한다. 사업자가 사업과 관련해 정당한 지출을 하고서도 세법에서 요구하는 증빙을 갖추지 못하면 이를 세무상 경비로 인정받을 수 없거나 가산세를 물어야 한다. 적격증빙과 비용인정 여부는 접대비와 일반경비, 원천징수이행상황에 따라 다르므로 구분해 알아둘 필요가 있다. 우선 접대비와 일반경비의 비용인정 구분은 다음 표와 같다.

▼ 접대비와 일반경비 비용인정

구분	접대비	일반경비
적격증빙 구비 기준금액	3만 원(경조사비 20만 원) 초과	3만 원 초과
적격증빙의 종류	법인카드전표, 세금계산서, 계산서, 현금영수증, 직원카드(개인사업자만 해당)	일반신용카드전표, 세금계산서, 계산서, 현금영수증, 직원신용카드
비적격증빙의 종류	간이영수증, 금전등록기영수증, 임직원신용카드(법인만 해당)	간이영수증, 금전등록기영수증
기준금액 초과 시 증빙을 구비하지 않을 때의 제재	비용으로 인정하지 않음	비용으로 인정은 하되, 가산세 2%

원천징수이행상황신고

이외에 적격증빙으로 인정되는 것으로, 지출에 대해 '원천징수이행상황신고'를 하는 방법이 있다. 원천징수이행상황신고는 비사업자에게 용역을 제공받고 그 대가를 지급하거나, 차입금에 대한 이자비용, 투자금에 대한 배당금을 지급할 때 행해야 하는 세무상 절차다.

원천징수이행상황신고제도란, 비사업자 또는 외국사업자 등과 거래한 것을 세무상 확인하기 위한 제도다. 즉, 대가를 지불받는 거래상대방이 사업자가 아닌 경우 세금계산서, 카드매출전표와 같은 적격증빙을 발행할 수 없으므로 그 대안으로 대가를 지불하는 사업자로 하여금 상대방을 대신해 세무상 신고를 하는 것이다. 이에 따라 지출사업자는 세무상 경비 처리를 할 수 있고, 상대방은 자신의 소득자료를 따로 신고하지 않아도 국세청에 소득 상황이 파악된다.

원천징수제도란, 세무당국에서 세금을 거두는 방식 중 하나로, 본래의 납세의무자에게서 직접 세금을 징수하는 것이 아니라 소득을 지급하는 자가 정해진 방법으로 계산한 세금을 납세의무자에게 먼저 징수해 세무당국에 납부하는 제도다.

원천징수 대상이 되는 소득은?

이자소득과 배당소득, 일정한 사업소득, 근로소득, 퇴직소득, 연금소득, 기타소득, 봉사료수입, 비거주자 또는 외국법인에게 지급하는 용역대가 등이 있다. 종합소득 중 대부분의 사업소득, 양도소득을 제외한 모든 소득이 원천징수 대상이다.

소득을 지급하는 사업자가 원천징수를 할 때는 소득별로 원천징수 방법과 세율이 다르므로 주의해야 한다. 특히 원천징수 후에는 그다음 달(반기별 신고인 경우에는 반기 다음 달) 10일까지 관할세무서에 원천징수이행상황신고를 하고, 납세의무자(소득을 지급받는 자)에게 원천징수영수증을 보내주어야 한다.

▼ 원천징수 방법과 세율

소득 구분	이자 소득	배당 소득	사업 소득	근로 소득	사적연금 소득[1]	기타 소득	봉사료 수입	퇴직 소득
필요 경비	–	–	–	소득 공제	소득 공제	60%[5]	–	소득 공제
세율[2]	27.5%, 15.4%	27.5%, 15.4%	3.3%	기본 세율[3]	5.5%[4]	22%	5.5%	기본 세율

1) 공적연금소득은 다음 해 1월 연말정산 방식으로 세액 원천징수함
2) 지방소득세 포함. 개인 또는 사업자가 빌려주거나 받는 이자소득과 배당소득에 대한 원천징수세율은 27.5%(지방소득세 포함)
3) 기본세율(지방소득세 포함)이란, 과세표준 1,400만 원, 5,000만 원, 8,800만 원, 1억 5,000만 원, 3억 원, 5억 원, 10억 원 구간별로 6.6%, 16.5%, 26.4%, 38.5%, 41.8%, 44%, 46.2%, 49.5% 초과누진세율을 말함
4) 70세 미만 5.5%, 70~80세 또는 종신연금 4.4%, 80세 이상 3.3%
5) 기타소득의 필요경비로 총수입금액에 대응하는 통상적인 비용을 공제하는 것이 원칙이지만, 예외적으로 수령금액의 60%를 필요경비로 인정하는 경우가 많음

원천징수이행상황신고는 홈택스 전자신고를 통해 가능하다. 홈택스 홈페이지 상단의 '신고/납부'를 클릭한 후 '원천세 → 정기신고 작성'으로 들어가 해당 내용을 작성하면 된다.

원천징수 대상소득을 지급받는 개인은?

원천징수 대상소득을 지급받는 개인은 이후 어떻게 될까? 이자소득과

배당소득을 합산해 2,000만 원이 넘지 않으면 원천징수(분리과세)로 세금 문제가 끝나지만, 이 금액을 초과하면 금융소득종합과세가 되므로 다른 종합소득과 합산해 다음 해 5월 말(성실신고확인대상사업자는 6월 말)까지 신고해야 한다.

기타소득은 지급받은 금액 기준 750만 원, 연금소득은 1,200만 원 이하면 원천징수 분리과세로 끝나지만, 이를 초과하면 다른 종합소득과 합산해 5월 말(성실사업자는 6월 말)까지 신고해야 한다. 단, 연금소득은 1,200만 원 초과 시에는 분리과세 15%와 종합소득세 합산신고 중 선택 가능하다. 원천징수된 근로소득에 대해서는 다음 해 3월 10일까지 연말정산을 해야 하며, 사업소득 등은 다른 소득과 합산해 5월 말(성실사업자는 6월 말)까지 종합소득세를 신고해야 한다.

| 사업소득세 |

업무용 승용차 관련 비용 절세 요령은?

업무용 승용차 관련 절세를 위한 조건은?

한동안 사업자 소유 승용차에 대해 세무 실무상 업무 관련성 여부와 무관하게 비용 처리를 거의 제한 없이 허용해왔지만, 이제 그 요건이 까다로워졌다. 이 규정은 업무용 차량을 소유한 모든 법인 및 복식부기의무자인 개인사업자에게 해당한다. 업종별로 직전 연도 수입금액이 기준금액(제조업의 경우 1억 5,000만 원) 이하인 개인사업자의 경우에는 해당하지 않는다.

업무용 승용차란, 운수업이나 자동차판매업, 자동차임대업(렌트회사), 시설대여업(리스회사), 운전학원업, 장례업운구용 승용차 등 사업에 직접 사용하지 않는 배기량 1,000cc를 초과하는 승용차(10인 이하 운송용)를 말한다. 따라서 배기량 1,000cc 이하 경차는 대상이 아니다.

출퇴근 시 운행도 업무 사용 범위?

해당 승용차 관련 비용 중 업무에 사용한 것으로 인정받는 범위에는 거래처 방문, 판촉활동, 회의 참석을 위해 운행할 때 발생하는 비용은 물론, 출퇴근을 하면서 발생하는 비용도 포함된다. 다만, 법인은 임직원 전용 자동차보험에 가입해야 관련 비용을 인정받을 수 있고, 개인사업자 중 성실신고확인대상사업자[1]와 전문직의 경우 업무용 승용차가 2대 이상이면서[2] 업무전용보험에 가입하지 않으면 업무사용금액의 절반만 인정받는다.

1대당 감가상각비는 최대 800만 원까지

업무용 승용차의 감가상각비에 대해서는 5년 정액법으로 계산해야 하며, 차량 1대당 800만 원(해당 사업 연도가 1년 미만인 경우 = 800만 원 × 해당 사업 연도 월수 : 12)을 초과하는 금액은 해당 사업 연도에 세무상 비용 처리를 할 수 없고, 그 이후 사업 연도로 이월된다. 임차차량의 경우 감가상각비 상당액이란, 리스차량의 총리스료 중 보험료와 자동차세, 수선유지비(없을 경우 보험료와 자동차세 제외 금액의 7%)를 제외한 금액을 말하고, 렌트차량은 렌트료의 70% 금액을 말한다. 감가상각비 상당액이 800만 원을 초과하면 해당 금액은 그해 세무상 비용으로 인정되지 않고 다음 해로 이월되며, 비용 처리 한도 내에서 추인되다가 내용 연수가 종료되거나 처분할 때 비용이 순차적으로 인정된다. 또한 업무용 승용차를 처분해 발생하는 손실에서 업무용 승용차별로 800만 원을 초과하는 금액은 손금부인[3] 유보처분한 후 매년 800만 원을 한도로 손금추인하고, 5년째 되는 해에 잔액을 손금처리한다.

---

1   2024년 이후에는 모든 복식부기의무자로 확대
2   성실신고대상자 및 전문직종은 2024년 1월 1일부터 100% 불인정하고, 2026년부터는 모두 100% 불인정
3   **손금부인/손금추인** 손금이란 세법에서 인정되는 비용을 말한다. 따라서 손금부인은 비용으로 인정되지 않는 것, 손금추인은 다시 비용으로 인정하는 것을 말한다.

부동산임대업 등 특정법인은 한도의 절반만 인정

지배주주 등이 과반수 지분을 가지는 상시근로자 5명 미만의 부동산임대업법인(매출 70% 이상)은 일반법인(개인사업자)의 50%(감가상각비 한도금액 400만 원)만 업무 관련 손금으로 인정되고, 운행기록부 미작성 시에는 500만 원만 인정된다.

업무용 승용차 운행기록 작성은 필수

유류비 등 기타 업무용 승용차 관련 비용은 운행기록을 작성할 경우 국세청장이 정하는 일정 금액 비율을 세무상 비용으로 인정해준다. 하지만 운행기록을 작성하지 않은 경우에는 1,500만 원 한도 내에서만 인정된다. 특히 개인사업자 중 성실신고확인대상자 및 전문직업종사업자 그리고 법인의 경우 업무용 자동차전용보험에 가입하지 않으면 승용차 관련 비용의 전액(개인은 업무 비율의 50%)을 세무상 비용으로 인정하지 않는다.

세무신고 시 제출해야 하는 서류

세법상 업무용 승용차 관련 비용을 세무상 손금처리한 경우에는 감가상각비, 처분 손실, 기타 업무용 승용차 관련 비용 등에 관한 명세서를 납세지 관할세무서장에게 제출해야 한다. 그렇지 않을 경우 손금에 산입한 금액의 1%, 손금 산입액 중 사실과 다른 금액의 1%를 가산세로 부과한다.

| 사업소득세 |

동업할 경우
득실을 따져보자

흔히 친구끼리는 동업하지 말라고 한다. 돈 앞에서는 부모형제도 없게 만드는 비정한 자본의 논리를 의미하는 말이라 할 수 있다. 하지만 세금 면에서 보면 개인사업자보다는 동업 형식을 취하는 것이 유리할 수 있다.

공동사업자의 소득금액 계산 시 사업소득이든, 금융소득이든 소득세는 개인별로 과세하는 것이 원칙이다. 하지만 사업을 위해 자금조달을 하다 보면 부족한 자금을 여러 사람이 공동출자하는 경우가 종종 있다. 법인이 아닌 개인사업자 형태로 공동출자를 해 공동사업을 하는 경우 세법은 공동사업자로 사업자등록을 해 사업하되, 그 사업장에서 발생한 소득금액을 각자의 출자지분 비율대로 나누고 각자의 출자금액에 대해 소득세를 내도록 하고 있다. 사례를 살펴보자.

공동사업이 단독사업보다 세테크에 유리하다

(사례) D씨, E씨, F씨는 공동으로 사업을 하기로 하고, 각자 출자(출자지분은 D씨 50%, E씨 30%, F씨 20%)를 해 공동사업자등록을 했다. 연말

에 결산해보니 사업장의 소득금액이 1억 원이었다면 세금 계산은 어떻게 될까? 단, 이월결손금은 없는 것으로 가정한다.

이와 같이 공동으로 출자해 공동사업자로 영업활동을 하는 경우 우선 사업장의 소득금액을 출자지분별로 안분해 세금을 계산한다. 따라서 D씨의 사업소득금액은 5,000만 원, E씨의 사업소득금액은 3,000만 원, F씨의 사업소득금액은 2,000만 원이 된다. 만약 세 사람 모두 다른 소득이 없고 소득공제금액이 각각 500만 원, 500만 원, 400만 원이라면 과세표준은 각각 4,500만 원, 2,500만 원, 1,600만 원이 되며, 소득세는 각각 549만 원, 249만 원, 114만 원이 된다. 세 사람이 부담하는 소득세는 총 912만 원이 된다.

만약 이 사업을 D씨 혼자 했다면 세금은 어떻게 될까? 이때는 D씨의 소득금액이 1억 원이고, 소득공제가 500만 원이므로 과세표준이 9,500만 원이 되어 세금은 1,781만 원이나 된다. 공동사업을 할 때보다 세금이 869만 원가량 더 많다.

소득세가 이와 같이 차이가 나는 이유는 소득세의 세율이 누진세율 구조로 되어 있어 소득금액이 많을수록 더 높은 세율이 적용되기 때문이다. 따라서 소득금액이 분산될수록 세금은 더 적어지는 것이다. 결국 동일한 사업장에서 영업을 한다고 가정하면, 동업사업 형태가 단독사업 형태에 비해 절세효과가 더 크다고 할 수 있다.

동업사업 시 유의할 점

동업을 할 경우 세무적으로 유의할 점은 다음과 같다. 우선 소득세는 개인별로 과세하므로 공동사업자 중에 특수관계자(배우자와 직계존·비속, 직계존·비속의 배우자, 형제자매와 그 배우자)가 포함되어 있다 하더라도 원칙적으로 손익 분배 비율 등에 따라 개별과세한다. 다만 다음과 같은 경우에는 합산과세할 수 있다. 실질적으로는 단독사업자이면서 다음과 같이 조세회피 목적으로 공동으로 사업을 운영할 때는 주된 공동사업자의 소득으로 보아 합산과세한다.

- 공동사업과세표준확징신고서에 기재된 소득금액, 업종, 지분율 등이 사실과 현저히 다른 경우
- 공동사업자 간의 경영 참가, 거래관계, 자산, 부채 등의 재무 상태를 보아 조세회피를 위한 것으로 확인된 경우

또 하나 유의할 점은 공동사업자 간에는 연대납세의무가 있다는 것이다. 즉, 공동사업에서 발생한 세금(부가가치세, 근로소득세 등)은 사업자 모두가 공동으로 연대해 납부해야 한다. 다시 말해, 한 사람이 납부하지 않으면 나머지 사람이 전액을 납부해야 하는 것이다. 따라서 공동사업을 하고자 할 때는 소득세 절감효과와 연대납세의무에 대한 부담을 잘 따져보고 결정하는 것이 좋다.

| 사업소득세 |

절세 경영을 위한
체크포인트

사업 운영에서 세금은 필수적으로 수반되는 현금흐름이다. 경영자는 세금 문제를 중요한 경영 과제 중 하나로 인식하고 대책을 세워야 한다. 기획이나 영업활동에 온 신경을 집중해 매출이 많이 늘어난다 해도, 세금 문제를 소홀히 하면 심각한 현금흐름 장애가 발생할 수 있으며, 나아가서는 예기치 못한 세무조사로 회사의 존립 자체가 흔들릴 수도 있다. 경영자가 갖추어야 할 세금 마인드는 무엇일까? 그리고 경영 과정에서 체크해야 할 세금 문제에는 어떤 것들이 있을까?

회사가 납부할 세금, 회사와 연관된 세금을 알고 있는가?

경영자는 회사와 관련된 세금을 알고 있어야 한다. 신고·납부의무가 있는 세금은 경영상의 현금흐름에 직접적으로 영향을 미치므로 반드시 숙지하고, 매년 초 예산 수립 시 이를 고려해야 한다. 이외에도 거래관계와 관련된 세금에는 어떤 것이 있는지 파악하고 있는 것이 좋다. 이는 거래처의 세금 문제로 인해 자기 회사에도 영향이 미칠 수 있기 때문이다.

납부할 세금의 과세 요건이 무엇인지 파악하고 있는가?

과세 요건이란, 납세의무자와 과세 대상, 과세표준, 세율을 말한다. 회사의 거래가 어떻게 세금으로 이어지고 세금효과가 어느 정도 될지를 파악할 수 있는 기초가 된다. 과세 요건을 알고 있으면 거래발생 시 세금효과를 감안하고, 세후수익 관점에서 거래를 평가할 수 있다.

세금을 절감하는 절세 방안을 알고 있는가?

세금 절감은 매출 시기의 조정, 지출에 대한 철저한 증빙서류 구비, 지출 시기의 조정, 기타 세법상 허용되는 다양한 방법이 있다. 일반적으로 절세를 하려면 과세표준을 감소시켜야 하는데, 이는 납세의무 성립일 이전에 대책을 수립해야 한다. 예를 들어 특별상여금, 신규설비투자, 연구개발비지출, 세법상준비금 등은 지출 시기 또는 적립 시기 조절을 통해 절세할 수 있는 대표적인 항목들이다.

절세에 필요한 증빙, 자료를 알고 있는가?

세법에서는 모든 지출에 대해 적격증빙(또는 자료)을 요구하며, 이를 갖추지 못한 경우 손금(비용 처리)을 부인하거나 가산세를 부과한다. 따라서 경영자는 절세에 필요한 회사의 장부, 전표, 증빙에 대한 관리 상태가 어떠한지, 지출의 원인 행위가 회사 내부의 적정한 승인 과정을 밟았는지, 증빙이 적기에 적절하게 발생했는지, 전표와 장부에 적시에 기록되고 있는지 파악하고 있어야 한다.

회사에서 적용받을 수 있는 조세특례제도를 알고 있는가?

「법인세법」,「소득세법」,「조세특례제한법」,「지방세법」 등 각 세법에서는 폭넓은 조세지원제도를 정해놓고 있다. 회사가 채택할 수 있는 조세지원제도를 철저히 숙지해 최대한 활용함으로써 절세에 만전을 기해야 한다.

세금신고 · 납부를 잘못하면 어떤 제재가 있는지 알고 있는가?

절세에는 적극적 의미의 절세뿐 아니라 소극적 의미의 절세도 있다. 그것은 바로 세법상의 의무불이행에 대한 가산세 등을 회피하는 것이다. 경영자는 세법상의 의무를 이행하지 못했을 때 어떤 제재(가산세 등)가 있는지, 어떤 절차에 의해 해결할 수 있는지 등을 숙지하고 있어야 한다.

세무신고 전에 재무제표가 정확한지 검토하는가?

세무신고 전에 회사의 재무제표가 회사의 실질을 정확히 반영하고 있는지 검토해야 한다. 결산재무제표를 세무서에 신고하면 전산입력되어 재무제표를 취소하거나 변경할 수 없는 상태가 된다. 그 재무제표를 기초로 동종 업종이나 동종 규모의 기업들이 제출한 재무제표와 비교·검토해 세무상 문제점이 발견되면 세무조사 등이 행해질 가능성이 있다. 따라서 재무제표를 세무당국에 제출하기 전에 원가율, 인건비율, 순이익율 등이 회사의 실질에 맞게 표기되어 있는지 미리 검토해야 한다.

재고자산과 세금의 관계를 알고 있는가?

기말재고자산[1]과 매출원가[2]는 역의 상관관계를 갖는다. 재고자산의 평가 과정에서 기말재고자산이 증가하면 매출원가가 감소하고 이익이 늘어나는 관계이기 때문이다.

재고자산이 과대계상(장부에 실제 금액보다 많게 표시되는 것)되면 이익이 늘어나는 분식회계[3]가 되고, 재고자산이 과소계상(장부에 실제 금액보다 적게 표시되는 것)되면 매출 누락 또는 원가 과다에 의한 세무조사로 이어질 수 있다. 또한 재고자산의 흐름은 자금흐름과 역의 관계여서, 매출로 재고자산이 감소하면 매출채권 또는 대금의 유입으로 자금이 증가하고, 원료 등의 매입으로 재고자산이 증가하면 자금유출이 일어난다. 따라서 경영자는 재고사산에 대해서는 어떤 자산보다 수불관리에 유의해야 하며, 이로 인한 분식회계의 가능성 또는 세무조사의 위험성을 인지하고 있어야 한다.

회사 주식의 변동에도 세금 문제가 따르는 것을 알고 있는가?

법인의 주식(지분) 변동은 단지 주주의 변동만으로 그치는 것이 아니라 그 자체로 세금 문제(양도소득세, 증권거래세, 증여세 등)를 일으킨다. 따라서 주식

---

1 **기말재고자산** 제조업은 재고자산 관리가 중요한데, 기말재고자산은 회계기간 말 현재 팔리지 않고 창고 등에 남아 있는 재고자산을 말한다. 매출에 대응하는 매출원가를 계산할 때 전년도에 이월된 기초재고자산에 당기에 제조(또는 매입)한 재고자산을 더한 금액에서 기말재고자산을 뺀 금액으로 계산한다. 따라서 기말재고자산이 커지면 매출원가가 작아지고, 그 반대도 성립한다.

2 **매출원가** 매출에 대응하는 지출로, 주로 판매된 제품이나 상품의 제조원가 또는 매입원가를 말한다.

3 **분식회계** 회사의 실질보다 재무제표상의 수치를 좋게 보이게 해 잘못된 투자를 유도하는 불법 행위를 말한다.

의 취득, 이동, 증자, 감자 시에 회사 또는 주주에게 어떠한 세금효과가 발생하는지 사전에 예측하고 대비하는 것이 좋다.

예를 들어 법인을 설립할 때는 과점주주(寡占株主, 특수관계자가 보유한 지분의 합계가 50% 이상인 경우 해당 주주)의 제2차납세의무[4]도 검토해야 하고, 증자·감자 시에는 증여 또는 의제배당[5], 양도 시에는 증여세, 증권거래세, 양도세 부담 등 모든 단계별로 세무상 이슈에 유의해야 한다.

부동산 취득, 신규설비투자를 할 때 사전에 세무관리를 하는가?

대규모 자본조달이 필요한 부동산 취득 또는 설비투자가 일어나는 경우에는 두 가지 측면에서 세무관리를 해야 한다.

첫째, 신규 프로젝트의 세금효과를 사전에 추산해 세후수익률 관점에서 프로젝트를 평가해야 한다. 그렇지 않을 경우 수익률이 마이너스가 되는 투자가 될 수도 있다.

둘째, 자금조달 출처에 대해 세무적으로 합리적인 소명 근거를 확보해야 한다. 그렇지 않으면 증여세가 추징되거나 특수관계자 간 거래에 대한 세무상 불이익이 수반될 수도 있다.

---

4 **제2차납세의무** 법인이 납세의무를 이행하지 못할 때 법인의 과점주주에게 연대납세의무를 지우는 제도로, 주주유한책임을 배제한다.

5 **의제배당** 현금이나 주식을 실제 배당하지 않았다 하더라도 사실상 배당한 것과 같은 효과가 있는 거래를 말한다. 예를 들어 주식을 감자할 때 감자로 받는 대가가 해당 주식의 취득가액보다 큰 경우 등을 말한다.

회사 계좌와 실물거래 내역이 상호연결되어 있는가?

사업용계좌의 거래 내역과 실물거래의 관계, 회계처리는 상호연결되어 있고 일치해야 한다. 그렇지 않을 경우 법인은 부당행위계산부인[6]으로 추가적인 법인세 부담과 대표자 등에 대한 상여처분으로 소득세를 추징당한다. 개인사업자도 매입 과다 또는 매출 누락에 따른 추가적인 소득세 추징, 가산세를 부과받을 수 있다.

억울한 조세부과에 적절히 대응하고 있는가?

사업을 하다 보면 담당자의 실수 또는 거래처의 잘못, 심지어 세무서의 잘못으로 부당하게 세금을 내는 경우가 있는데, 이에 적절히 대응해야 한다. 부당한 조세부과에 대해서는 조세전문가를 최대한 활용하는 것이 효율적이다.

---

6   **부당행위계산부인** 회사와 특수관계자 간 거래를 이용해 조세 부담을 회피하는 거래에 대해 세무상 정해진 방법으로 거래를 평가해 과세하는 세무상 절차를 말한다.

055

| 부가가치세 |

사업은
정상거래처와 하자

사업을 하다 보면 특정 거래처와 일시적으로 거래하는 경우가 생긴다. 매출처라면 그나마 다행이지만, 매입처가 비정상거래처일 때는 매입세액공제를 받지 못할 수도 있으므로 유의해야 한다.

(사례) G씨는 1년 전 평소 거래가 없었던 사람으로부터 시가 1억 원 상당의 원단을 5,000만 원에 팔겠다는 제의를 받아 현금을 주고 구입했다. 구입 당시 사업자등록증 사본도 확인했고 세금계산서도 받아 별 문제가 없을 것이라고 생각했다. 그런데 얼마 전 관할세무서에서 거래상대방이 자료상혐의자인데, 실지거래가 있었으면 그 사실을 입증하라는 통지서가 날아왔다.

이러한 경우 G씨가 실지거래를 입증하지 못하면 매입세액도 공제받지 못할 뿐 아니라 매입비용도 인정받을 수 없어 부가가치세와 소득세를 추징당할 수 있다.

위장거래, 가공거래 조심!

이와 같이 일시적인 거래에서 나름대로 주의를 다했지만 나중에 위장거래[1] 또는 가공거래[2]로 밝혀지는 경우가 있다.

당초 거래가 실지거래가 아닌 가공거래로 밝혀지면, 이와 관련된 매입세액을 불공제해 부가가치세를 추징하고, 매입비용을 부인해 소득세 또는 법인세를 추징한다. 만약 사업자가 장부를 기장하고 기장에 의거해 소득세를 신고했다면 매입비용 전액을 소득금액에 가산하므로 소득세 부담이 크게 늘어난다. 그러나 위장거래로 인정되면 매입세액만 불공제해 부가가치세를 추징하고 소득세는 추징하지 않는다.

거래를 입증하는 방법

그러므로 실제로 거래가 있었다면 거래사실을 반드시 입증해야 한다. 거래사실을 입증할 때 가장 객관적이고 확실한 방법은 무엇일까? 우선 현금거래는 객관적인 증빙이 없으므로 인정받지 못한다. 따라서 거래대금을 은행을 통해 송금한 뒤 입금증이나 계좌이체 기록 등 증빙서류를 갖춰놓아

---

1   **위장거래** 거래가 실제로 이루어졌지만, 거래상대방으로부터 자료를 받지 않고 다른 사람으로부터 자료를 받는 것을 말한다.

2   **가공거래** 실제로 거래가 없었는데도 거래가 있었던 것처럼 자료를 주고받는 것을 말한다.

야 한다.

G씨는 거래상대방에게 물품대금을 현금으로 지급했으므로 거래사실을 입증하기가 매우 어렵다. G씨 계좌에서 현금이 인출된 사실이 인정된다 하더라도 그것이 거래상대방에게 갔다는 사실을 입증하기 힘들기 때문이다. 그러므로 거래상대방이 의심스러운 경우에는 금융기관을 통해 대금을 지급하는 것이 좋다.

만약 그렇게 할 상황이 되지 않는다면 거래상대방의 사업자등록증 사본을 받아놓아야 한다. 수표로 지급할 때는 지급한 수표의 사본을 구비해놓는다거나 물품거래의 경우 거래명세서에 운송자의 인적사항(성명, 주민등록번호 등), 운반차량의 차량번호 등을 기록해놓는 등의 조치를 취해 어떻게든 거래사실의 실재성을 증거할 자료를 확보해야 한다.

| 부가가치세 |

사업자는
부가가치세 부담이 없다

부가가치세를 부담하지 않고 살아가는 것이 가능할까? 부가가치세는 우리의 삶에 깊숙이 스며들이 있지만 살아가면서 부가가치세를 부담하고 있다고 의식하는 경우는 그리 많지 않다. 집을 사거나 음식을 먹거나 술을 마시거나 할 때도 부가가치세를 의식하지 않는다.

하지만 호텔이나 레스토랑에서 커피를 마시거나 차량 등을 구입할 때는 부가가치세가 느껴진다. 물론 지금은 적은 금액을 결제할 때도 신용카드를 사용하므로 매출전표에 부가가치세액이 따로 표시되어 있어 과거에 비해 부가가치세를 훨씬 많이 의식하게 되었다.

생산, 유통 단계에서 창출되는 부가가치세

사업자는 부가가치세를 생각하지 않고서는 거래의 손익을 따질 수 없다. 부가가치세란, 생산·유통의 각 단계에서 창출되는 부가가치에 과세되는 것이다. 부가가치란, 각 거래 단계에서 고유하게 새로 만들어진 가치를 말하는데, 일반적으로 임금이나 지대, 이자, 이윤·감가상각비의 원천이다.

생산·유통의 각 거래 단계에서 부가가치를 창출해내지 못한다면 임금 또는 이자 등을 지급할 여력이 없어 각 거래 단계가 유효하게 존립할 수 없다.

하지만 세법에서 부가가치세를 과세할 때는 모든 부가가치가 아닌 거래 과정에서 소비되는 재화나 용역에 대해서만 과세하는 체계를 취한다. 다시 말해, 재화 또는 용역의 매출세액에서 재화 또는 용역의 매입세액을 공제해 부가가치세를 납부하는 형식을 취하고 있는 것이다.

부가가치세를 실제로 부담하는 것은 최종소비자다

현행 부가가치세의 성격을 정리해보면, 부가가치세에 대한 세테크 마인드를 키울 수 있다. 우선 부가가치세는 모든 재화 또는 용역을 소비하는 행위에 대해 과세한다. 그리고 부가가치세의 법률상 납세의무자는 재화 또는 용역을 공급하는 사업자이지만, 그 세액은 공급하는 재화 또는 용역을 소비하는 자가 부담하므로 궁극적으로는 최종소비자에게 귀착된다. 다시 말해, 부가가치세는 최종소비자에게 전가될 뿐, 중간 단계 사업자는 부가가치세를 부담하지 않는다.

그런데도 사업자들이 부가가치세에 저항감을 느끼는 이유는 외상매출금 속에 부가가치세가 포함되어 있어 마치 자신의 돈인 것처럼 생각되기 때문이다. 하지만 사업자 자신이 부담한 부가가치세는 전액 공제되거나 환급받기 때문에 외상매출금에 포함된 부가가치세 중 자기부담분 외 잔액은 과세관청에 납부해야 할 부채일 뿐이다. 이런 부채의식이 없기 때문에 부가가치세를 내는 것을 억울해하는 것이다.

컴퓨터 거래를 예로 들어 생각해보자. 컴퓨터의 판매가(소비자가)는 부가가치세를 포함해 110만 원이라고 가정하자. 컴퓨터 판매상은 제조사로부터 77만 원에 구입하고, 제조사는 컴퓨터 제조 과정에서 원재료 등을 33만 원에 구입했다. 부가가치세의 흐름을 살펴보면 다음과 같다.

▼ 부가가치세 흐름

구분	상대방에게 받은 부가가치세(㉠)	상대방에게 지급한 부가가치세(㉡)	납부세액(㉢) = ㉠ - ㉡	실제 부담액 = ㉠ - ㉡ - ㉢
소비자	0원	100,000원	-	100,000원
판매자	100,000원	70,000원	30,000원	0원
제조사	70,000원	30,000원	40,000원	0원
원재료공급자	30,000원	0원	30,000원	0원
사업자(합계)	200,000원	100,000원	100,000원	0원

다시 말해, 사업자들이 각 거래 단계에서 부담한 부가가치세액 총 10만 원은 모두 최종소비자로부터 전액 회수하므로 자기부담액은 전혀 없다. 그래서 부가가치세는 최종소비자에게 부담을 전가하는 세금일 뿐, 원칙적으로 사업자는 부담하지 않는다고 말하는 것이다. 이는 부가가치세의 계산구조가 매출세액에서 매입세액을 공제하는 구조이기 때문이며, 최종매출세액을 부담하는 자는 소비자이기 때문이다.

다만, 면세사업자는 부가가치세를 공제받지 못하므로 자기가 부담한 부가가치세를 고스란히 부담하게 된다. 하지만 이러한 부담이 결국 가격에 전가되므로 어쨌든 은폐된 형태로 소비자가 부가가치세를 부담하고 있는 셈이다.

057

사업자가
부가가치세를 내는 경우

사업자는 자신의 사업과 관련해 부담하는 매입부가가치세액을 전액 공제받는 것이 원칙이다. 하지만 여기에는 약간의 제한이 있다. 사업자가 전액 공제 또는 환급받을 수 있는 매입세액이 되려면, 다음 세 가지 요건을 모두 갖추어야 한다.

첫째, 자기 사업을 위해 사용되었거나 사용될 재화·용역의 공급 또는 재화의 수입과 관련된 세액이어야 한다. 둘째, 세법에서 정한 매입세액 불공제 대상이 아니어야 한다. 셋째, 기한 내(확정신고기한 이후 1년 이내)에 세금계산서 등 세법에서 정한 증빙을 갖추어야 한다.

여덟 가지 매입세액 불공제 대상

세법은 매입세액 불공제 대상이 되는 경우를 다음과 같이 크게 여덟 가지로 구분해 열거하고 있다. 이렇게 되면 사업자는 해당 부가가치세를 고스란히 부담하게 되어 사업상 현금흐름에 좋지 않은 영향을 받게 된다. 또 이러한 불공제매입세액과 관련해서는 세무당국의 관리 대상이 되므로 잘못

공제받는 일이 없도록 해야 한다.

① 세금계산서 미수취, 불명분 매입세액: 거래상대방으로부터 세금계산서를 교부받지 않은 경우 또는 교부받은 세금계산서에 주요 기재사항이 누락되어 있거나 사실과 다르게 기재된 경우 해당 매입세액은 공제되지 않는다.

② 매입처별 세금계산서 합계표 미제출, 불명분 매입세액: 세법은 부가세신고 시 매입처별 세금계산서 합계표 제출을 의무화하고 있는데, 이를 이행하지 않거나 합계표의 기재사항 중 사업자등록번호 또는 공급가액 등이 누락 또는 잘못 기재된 경우 매입세액이 공제되지 않는다.

③ 사업과 직접 관련이 없는 지출에 대한 매입세액: 투자자산 등의 취득·유지 등과 관련된 업무무관비용이나 공동경비 중 분담 기준금액 초과금액에 대한 매입세액은 공제되지 않는다.

④ 비영업용 승용차 구입, 임차, 유지와 관련된 매입세액: 운수업을 영위하지 않는 회사에서 사용하는 배기량 1,000cc를 초과하는 8인승 이하 승용차(125cc 초과 오토바이, 캠핑용차량 포함) 구입, 임차, 유지와 관련된 매입세액은 공제되지 않는다.

⑤ 접대비, 이와 유사한 비용의 지출에 관련된 매입세액

⑥ 면세사업과 관련된 매입세액: 도서의 제조·판매나 금융업 등 면세사업과 관련된 매입세액은 공제되지 않는다.

⑦ 토지 관련 매입세액: 토지의 취득, 형질 변경 등 관련 매입세액, 기존 건축물을 철거하고 토지만을 사용하는 경우 철거 관련 매입세액, 진

입로 등 토지의 가치를 증가시키는 토지의 자본적 지출[1]에 관련된 매입세액은 공제되지 않는다.

⑧ 사업자등록을 신청하기 전 매입세액: 공급 시기가 속하는 과세기간 말일부터 20일 이내에 사업자등록 신청을 한 경우 해당 공급 시기가 속하는 과세기간 기산일(1월 1일, 7월 1일) 이전 시기의 매입세액은 공제되지 않는다.

10만 원 이상 결제 시 현금영수증 발행은 필수

변호사, 회계사, 세무사, 법무사, 노무사 등의 전문직 업종, 보건업, 숙박 및 요식업, 학원 등의 서비스업 등 세법이 정한 현금영수증 의무 발행 업종에 해당할 경우에는 현금영수증 발행에 특히 주의해야 한다. 예를 들어 사업자는 공급대가(부가가치세 포함 금액)가 10만 원 이상인 경우 소비자의 요청이 없어도 현금영수증을 의무적으로 발행해야 하기 때문이다.

만약 10만 원 이상에 해당하는 거래에 대해 현금영수증을 발행하지 않을 경우에는 「소득세법」에 따라 공급대가의 20%에 해당하는 가산세(착오·누락으로 인한 경우 10일 이내에 자진신고하면 10%)를 부과당하게 되며, 나아가 매출 누락에 따른 세무상 불이익(부가가치세, 소득세 또는 법인세 추징 등)도 따르게 되므로 특히 유의해야 한다.

---

1 **토지의 자본적 지출** 토지, 건물, 차량 등 자산에 대한 지출에는 자본적 지출과 수익적 지출이 있다. 자본적 지출은 조경이나 진입로 구축 등 토지의 가치를 증대시키는 지출을 말하고, 수익적 지출은 건물에서 깨진 유리창을 교체하는 등 자산을 현상태로 유지하는 지출을 말한다.

| 부가가치세 |

음식점을 하려면
의제매입세액을 활용하자

식당에서 음식을 먹고 신용카드로 결제하면 신용카드매출전표를 발급받는다. 이를 잘 살펴보면 어떤 경우에는 부가가치세가 별도로 표시되어 있는데, 또 어떤 경우에는 부가가치세 표시가 없다. 음식점은 부가가치세가 과세되는 사업자이므로 원칙적으로 부가가치세를 별도로 표시하는 것이 맞다. 하지만 간이과세사업자인 경우에는 공급대가(음식 가격에 부가가치세를 포함한 금액)만으로 거래하는 경우가 많아 별도로 표시하지 않더라도 그다지 문제가 되지 않는다.

다만, 음식점은 원재료의 상당 부분(곡식, 채소류, 미가공육류 등)이 면세재화에 해당되어 매출세액에서 공제되는 매입세액이 그다지 많지 않다. 그러다 보니 부가가치세 부담을 크게 느끼는 것이 현실이다. 물론 부가가치세는 최종소비자가 부담하고, 사업자는 실제로 부가가치세 부담을 지는 것이 아니지만, 사업자 자신이 이러한 사실을 인식하지 못하기 때문에 부가가치세 납부 때만 되면 저항감이 커진다.

의제매입 세액공제제도

이러한 문제를 어느 정도 완화시키는 제도가 바로 의제매입 세액공제제도다. 의제매입 세액공제란, 세금계산서 없이 일정한 금액을 매입세액으로 의제(간주)해서 공제해주는 것이다. 좀 더 구체적으로 살펴보면, 면세농산물(쌀, 밀, 미가공육류 등)을 생산해 공급하는 사업자는 이러한 농산물을 생산하는 과정에서 약재나 기계장치의 생산 수단 투입 시 부가가치세를 부담하지만, 면세사업자이므로 이를 공제받지 못한다. 이렇게 불공제된 부가가치세는 면세농산물의 가격에 포함되어 그다음 단계 사업자에게 넘어가며, 사업자가 부가가치세를 연속해 부담하는 문제가 생긴다. 이러한 문제를 부분적으로 해결하는 방편이 바로 의제매입 세액공제제도라 할 수 있다.

의제매입세액은 면세농산물을 구입, 가공해 판매하는 음식점 등이 해당 농산물의 가격에 포함된 불공제매입세액의 일부를 그 일반과세사업자의 매입세액으로 의제해 공제받을 수 있도록 하는 세액이다. 의제매입세액은 정책에 따라 늘어나기도 하고 줄어들기도 하는데, 현재 의제매입 세액공제액은 다음과 같이 계산된다.

공제액 = 공제 대상금액 × 공제율

- 공제 대상금액 = Min[①, ②]
  ① 운임 등 부대비용을 뺀 면세농산물 매입가액
  ② 한도액: 면세농산물 관련 공급가액 × 한도율[1]
- 공제율
  ① 음식점업: 법인 6/106, 개인 8/108(연매출 2억 원 이하일 경우 9/109)
  ② 제조업(중소기업 및 개인): 4/104~6/106
  ③ 기타 사업자: 2/102

---

1) 6개월 매출 기준으로 법인은 40%, 개인은 1억 원 이하 55~65%, 2억 원 이하 55~60%, 2억 원 초과 45~50%

다만, 의제매입 세액공제를 받기 위해서는 계산서 등 증빙을 수취하거나 개인으로부터 매입할 때는 판매자 개인의 정보를 의제매입 세액공제명세로 해 세무서에 제출해야 한다. 예를 들어 한 국숫집(일반과세 개인사업자)의 1월부터 6월까지의 과세매출이 1억 원이고(이에 따른 매출부가가치세 1,000만 원), 임차료·가맹수수료 등과 관련한 매입액이 3,000만 원(매입부가가치세 300만 원), 면세농산물 매입액(운임 등 제외)이 1,962만 원일 경우 의제매입세액 공제액은 162만 원[= Min{(1,962만 원 × 9/109), (1억 원 × 65% × 9/109)}]이며, 납부세액은 538만 원(= 1,000만 원 - 300만 원 - 1,962만 원 × 9/109)이 된다. 만약 의제매입세액공제가 없다면 사업자는 700만 원을 납부해야 한다.

재활용폐자원 등에 대한 매입세액공제 특례제도

이와 유사한 것으로 재활용폐자원 등에 대한 매입세액공제 특례제도가 있다. 재활용폐자원 등을 수집하는 사업자가 국가·지방자치단체, 기타 부가가치세 과세사업을 영위하지 않는 자(면세사업과 과세사업을 겸영하는 경우 포함) 또는 간이과세사업자로부터 재활용폐자원 등을 취득해 제조 또는 가공하거나 이를 공급하는 경우 재활용폐자원 매입금액 80%의 3/103(중고자동차는 9/109)을 공제해준다. 이 제도는 재활용폐자원 등을 사업자에게 공급하는 자들이 주로 세금계산서를 발행할 수 없는 개인에게 부가가치세 부담을 줄여줌으로써 재활용사업을 활성화하려는 취지라고 볼 수 있다.

| 부가가치세 |

신용카드, 현금영수증으로 부가가치세공제

매입부가가치세공제는 원칙적으로 세금계산서를 교부받아야만 가능하다. 하지만 세금계산서가 아니라 신용카드매출전표 또는 현금영수증을 받았다면 세금계산서와 동일하게 매입세액공제를 받을 수 있다. 이때에도 매입 거래상대방은 면세사업자 또는 간이과세사업자가 아닌 일반과세사업자여야 한다. 다시 말해, 세금계산서를 발행할 자격이 있는 사업자로부터 발급받는다는 것이 전제 조건이다.

사업용신용카드로 편리하게 매입세액공제

신용카드에 의한 매입세액공제와 관련된 편리한 제도로 사업용신용카드제도를 들 수 있다. 사업과 관련해 신용카드로 물품 등을 구입해 매입세액을 공제받을 경우 종전에는 개별명세를 모두 기록했다. 하지만 사업용신용카드로 등록한 경우에는 매입세액공제 시 개별명세를 작성하지 않고 전체 거래금액 중 받을 금액의 합계액을 기재해 신고하면 된다. 이렇게 되면 사업자는 신용카드에 의한 매입세액공제 시 거래 건별로 일일이 명세를 작성하지 않아도 되므로 매우 효율적이다. 사업용신용카드 사용 내역 조회 화면에서 거래처의 간이과세 또는 면세사업자 여부도 알 수 있어 부당한 공제를 방지할 수 있다는 장점도 있다.

이처럼 편리한 사업용신용카드는 다음과 같이 등록할 수 있다. 개인사업자는 홈택스 홈페이지의 사업용신용카드 등록 화면에서 사업자 명의 신용카드를 최대 5개까지 등록할 수 있다. 법인사업자는 별도의 등록 없이 법인 명의 신용카드가 사업용신용카드로 자동 등록된다.

사업용신용카드 사용 내역은 부가가치세 신고기간 중에 국세청의 현금영수증 홈페이지 사업용신용카드 조회 화면에서 해당 신고기간분에 대한 조회가 가능하다. 같은 화면에서 매입세액공제, 불공제 등을 선택하면 해당 신고기간에 공제받을 금액 합계액이 표시되므로 신고 시 편리하게 활용할 수 있다.

현금영수증도 적격증빙이다

현금영수증 또한 매입세액공제 적격증빙에 해당하며, 이는 신용카드매출전표와 동일하다. 다만, 신용카드와 달리 현금영수증은 사업자(임직원)가 현금영수증 가맹점에서 재화 또는 용역을 공급받고 그 대금을 현금으로 결제한 경우 '사업자용 현금영수증'으로 발급해달라고 먼저 말해야 한다. 이렇게 사업과 관련해 현금영수증을 받으면 매입세액공제를 받을 수 있으며, 정규영수증으로 인정된다.

세금계산서를 받지 못했을 때 대처법

거래관계에서는 자신이 갑인지 을인지에 따라 큰 차이가 나타난다. 세금계산서는 원칙적으로 공급자, 즉 재화나 용역을 판매하는 자가 구매하는 자에게 발행한다. 그런데 어떤 사유로 공급자가 세금계산서 발급을 거부하는 일이 생길 수 있다. 그러면 구매자는 구매에 따른 부가가치세매입 세액 공제를 받을 수 없고, 세무상 비용 처리도 하기 힘들어 여러 가지 불이익이 발생한다. 이럴 때 '매입자발행세금계산서제도'를 이용하면 도움이 된다.

매입자의 피해를 막는 매입자발행세금계산서제도

매입자발행세금계산서제도란, 세금계산서 교부의무가 있는 사업자(일반과세사업자)가 재화 또는 용역을 공급하고 그에 대한 세금계산서를 발행하지 않는 경우 재화 또는 용역을 공급받은 사업자(매입자)가 관할세무서장의 확인을 받아 세금계산서를 발행할 수 있는 제도다.

이는 경제적으로 우월한 지위에 있는 재화 또는 용역의 공급자가 고의적으로 매출을 누락하기 위해 세금계산서를 발행하지 않는 사례를 방지하기 위한 것이다. 공급자가 일반과세사업자라면 모든 사업자(면세사업자 포함)는 매입자발행세금계산서를 발행할 수 있다.

매입자발행세금계산서 발행 절차

매입자발행세금계산서는 다음과 같은 절차로 발행할 수 있다.

① 재화 또는 용역을 공급하는 일반과세사업자가 세금계산서를 발행하지 않는 경우 매입자(신청인)는 거래 시기가 속하는 과세기간 말일부터 이후 6개월 이내에 거래사실 확인신청서에 대금결제 등 거래사실(공급대가가 10만 원 이상인 경우에 한함) 입증자료를 첨부해 신청인의 관할세무서장에게 거래사실 확인을 신청한다. 거래사실 입증 책임은 매입자에게 있으므로 대금결제 등 증빙자료(영수증, 거래명세표, 거래사실확인서 등)를 확보해야 한다.

② 신청인 관할세무서장은 신청인이 제출한 자료를 공급자 관할세무서장에게 통보한다.

③ 공급자 관할세무서장은 신청일의 다음 달 말일까지 공급자의 거래사실 여부를 확인하고, 그 결과를 공급자와 신청인 관할세무서장에게 통보한다.

④ 공급자 관할세무서장으로부터 거래사실 확인통지를 받은 신청인 관할세무서장은 즉시 신청인에게 그 결과를 통지하고, 통지를 받은 신청인은 매입자발행세금계산서를 발행해 공급자에게 교부한다. 다만, 신청인과 공급자가 함께 관할세무서장으로부터 거래사실 확인통지

를 받은 경우에는 매입자발행세금계산서를 교부한 것으로 본다.

⑤ 신청인이 부가가치세신고 또는 경정청구 시 매입자발행세금계산서 합계표를 제출한 경우 매입자발행세금계산서에 기재된 매입세액을 공제받을 수 있다.

061

전자세금계산서의
절세 팁

전자세금계산서 발행은 의무

앞으로 모든 사업자는 전자세금계산서를 발행해야 한다. 법인사업자는 전자세금계산서를 의무적으로 발행해야 하고, 직전 연도 공급가액 합계액이 2억 원 이상(2023년 7월 1일부터는 1억 원 이상)인 개인사업자도 전자세금계산서 발행의무가 있다. 전자세금계산서 발급의무기간은 직전 연도 공급가액이 2억 원 이상인 해의 제2기 과세기간과 그다음 해 제1기 과세기간 동안이다.

전자세금계산서는 국세청의 홈택스를 이용하거나 기업 자체의 ERP(기업자원관리를 위한 전산 시스템. 생산·판매·인사·재무를 통합 시스템으로 관리하는 프로그램), 전자세금계산서 교부대행사업자 또는 국세청 지정 교부 시스템을 통해 교부되는 것을 말한다. 자동응답전화(국번 없이 126)를 통해서도 발급할 수 있다. 거래상대방에게 전자세금계산서를 발급한 사업자는 발급일 다음날까지 국세청장에게 발급명세서를 송부해야 한다.

전자세금계산서는 종이세금계산서와 마찬가지로 재화와 용역을 공급하는 때에 교부한다. 다만 월 단위로 거래를 합계해 한꺼번에 발행할 경우에는 재화 또는 용역의 공급일이 속하는 달의 말일을 작성연월일로 해 다음 달 10일까지 교부할 수 있다. 이렇게 교부된 전자세금계산서는 일단 전송되면 취소할 수 없다. 따라서 여러 가지 사유로 거래가 취소되거나, 거래금액이 달라지거나, 기타 기재사항의 수정이 필요한 경우에는 이미 발행한 전자세금계산서에 대한 수정전자세금계산서를 발행해야 한다. 이때 수정전자세금계산서는 수정 사유에 따라 전자세금계산서를 새로 작성·발행해 전송하면 된다(다음 쪽 표 참고).

이렇게 전자세금계산서를 수수한 매출자와 매입자는 국세청의 전자세금계산서 홈페이지에서 발행교부된 모든 전자세금계산서를 전송일 다음날부터 확인할 수 있고, 부가가치세신고서 또는 사업장현황신고서 작성 시에 합계금액을 참고할 수 있어 한결 수월하다.

전자세금계산서의 혜택과 가산세

전자세금계산서를 발급해 전송하는 경우에는 건당 200원(연간 100만 원 한도)을 세액공제해주고, 전자세금계산서 합계표명세 제출 및 보관의무를 면제해준다. 반면, 전자세금계산서 발급의무 사업자(모든 법인사업자 및 일정한 개인사업자)가 전자세금계산서를 공급 시기가 속하는 확정신고기한 내에 발급하지 않으면 공급가액의 2%(종이세금계산서 발급 시에는 1%)에 해당하는 가산세를 부담해야 한다.

다만, 전자세금계산서를 발급하기는 했지만 발급기한(공급일의 다음날)이 경과해 해당 과세기간의 확정신고기한 이내에 발급했거나 착오로 기재사항이 다른 경우에는 공급가액의 1%, 해당 연도 말의 다음 달 25일까지 국세청장에게 전자세금계산서 발급명세를 전송한 경우에는 공급가액의 0.3%에 해당하는 가산세가 부과된다. 25일까지도 발급명세를 전송하지 않은 경우 공급가액의 0.5%에 해당하는 가산세를 부담해야 한다.

▼ 수정전자세금계산서 교부 사유와 방법

구분	환입	계약해지	내국신용장 사후개설	공급가액 변동	기재사항 착오
수정 교부일	환입된 날	계약해지일	내국신용장개설일	변동 사유 발생일	착오정정사항을 인식한 날
방법	환입금액분에 대해 부(-)의 세금계산서 발행	부(-)의 세금계산서 발행	부(-)의 세금계산서 발행과 추가해 영세세금계산서 발행	증감되는 분에 대해 정(+) 또는 부(-)의 세금계산서 발행	부(-)의 세금계산서 발행과 추가해 정확한 세금계산서 발행
작성 월일	환입된 날	당초 세금계산서 작성일	당초 세금계산서 작성일	변동 사유 발생일	부(-)의 세금계산서는 당초 세금계산서 작성일
비고	당초 세금계산서 작성일 부기	계약해지일	내국신용장개설일	당초 세금계산서 작성일 부기	-
수정 신고 유무	수정일자가 포함되는 과세기간분 부가세신고에 포함해 신고(수정신고 불필요)	당초 부가가치세신고에 영향을 미치는 경우 수정신고	당기 과세기간분 부가세신고에 포함해 신고(수정신고 불필요)	수정일자가 포함되는 과세기간분 부가세신고에 포함해 신고(수정신고 불필요)	당초 부가가치세 신고에 영향을 미치는 경우 수정신고
발급 기한	재화 등의 공급일이 속하는 과세기간의 확정신고기한 다음날부터 1년까지				
전송 기한	수정전자세금계산서 발급일 다음날				

| 부가가치세 |

간이과세 포기가
유리할 수도 있다

영세한 사업자가 실제 거래를 바탕으로 부가가치세신고서를 작성해 매출세액에서 매입세액을 공제받는 일은 그리 쉬운 일이 아니다. 그래서 세법에서는 영세한 사업자에게 실제 매입세액을 공제해주는 대신, 업종별 부가가치율을 적용해 보다 간편하게 부가가치세를 신고·납부할 수 있도록 하고 있다. 바로 이 제도를 '간이과세제도'라고 부른다.

영세사업자를 위한 간이과세제도

간이과세사업자가 되려면 직전 연도의 공급대가(부가가치세 포함 대가) 합계액이 8,000만 원(신규사업자는 사업월수에 해당하는 매출액을 12개월로 환산한 금액)에 미달하는 개인사업자(부동산임대업, 유흥업은 4,800만 원 기준)여야 한다. 법인은 간이과세사업자가 될 수 없다.

간이과세사업자(연매출 4,800만 원 이하인 경우에만)는 부가가치세 신고·납부를 간편하게 하는 만큼 세금계산서 발급이 허용되지 않고, 영수증 또는 단말기를 통한 신용카드매출전표나 현금영수증 발급만 허용된다. 간이과세사업자의 납부세액은 다음과 같이 계산한다. 단, 연매출액이 4,800만 원 이하일 경우 부가가치세 납부가 면제된다.

납부세액 = 공급대가(부가가치세가 포함된 판매액) × 업종별 부가가치율[1] × 10% − 매입세액[2] × 5%

1) 45장 업종별 부가가치율 표 참고
2) 세금계산서 수취분은 매입대가 × 0.5%

간이과세자는 위 납부세액 계산구조상 매입세금계산서상의 매입세액을 일부(5%)밖에 공제받지 못한다. 다시 말해, 간이과세사업자는 납부세액은 일반과세자에 비해 적게 내는 데 반해, 매입세액은 납부세액의 범위 내에서, 그것도 일부만 공제받는다. 특히 초기 투자금액이 클 경우 불리하다. 예를 들어 음식점을 하면서 시설비로 1억 원의 매입이 발생해 1,000만 원의 부가가치세를 부담한 경우 간이과세자는 매출이 없으므로 환급을 한 푼도 받을 수 없다.

따라서 사업자와 거래하는 경우나 영세율 대상 재화 또는 용역을 공급할 경우에는 오히려 불리해질 수도 있다. 매출세액보다 매입세액이 큰 경우 환급을 받아야 하는데, 간이과세사업자는 납부세액이 없으면 매입세액이 아무리 커도 환급을 받을 수 없기 때문이다. 그래서 간이과세자가 매입세액 공제를 받으려면 간이과세를 포기하고 일반과세사업자로 등록해야 한다. 간이과세를 포기하려면, 포기하고자 하는 달의 전달 마지막 날까지 관할세무서장에게 포기신고서를 제출하면 된다. 다만, 유의할 점은 간이과세를 포기하면 포기한 날부터 3년 동안은 다시 간이과세를 적용받을 수 없다는 것이다.

**Common Sense Dictionary
of Reducing Tax**

3

셋째
마당

금융소득,
부동산 수익
세테크 전략

| 금융소득세 |

금융소득은
어떻게 관리할까?

금융소득이란, 대표적인 투자소득(또는 불로소득)으로 이자소득과 배당소득을 말한다. 이자소득과 배당소득은 일종의 투자 원본[1]에 대한 과실(果實, 물건에서 생기는 이익을 비유적으로 이르는 말. 이자, 배당 등)이라는 점에서는 유사하지만, 원본의 성격과 과실이 발생하는 방식이 다른 소득이다.

이자소득과 배당소득

이자소득은 금전 사용의 대가로, 종류가 매우 다양하다. 채권(또는 증권)의 이자와 할인액, 예금(적금, 부금, 예탁금, 우편대체 등)이자, 상호신용계·신용부금 이익, 환매조건부채권·증권 매매차익, 저축성보험의 보험차익[2], 비영업대금이익, 직장공제회 초과반환금 등이 금전 사용에 따른 대가, 즉 이자소

1　**원본(元本)** 사용의 대가로 금전이나 다른 물건을 받을 수 있는 재산. 좁은 의미로는 이자를 발생시키는 금전을 의미한다.

2　**보험차익** 수령한 보험금에서 납입한 보험료를 차감한 금액을 말한다. 법인의 보험차익은 법인세, 개인의 보험차익은 사업과 관련된 것이면 사업소득, 사업과 무관한 보험차익은 이자소득으로 과세한다.

득이다.

배당소득은 수익분배 성격이 있는 것으로, 자본이나 노무 등을 투자한 법인 또는 법인으로 보는 단체의 이익, 잉여금의 배당 또는 분배금, 건설이자, 의제배당, 인정배당, 동업자의 배당소득, 집합투자기구(펀드), 주가연계증권 또는 파생결합증권으로부터 발생한 수익분배금 등이 이에 해당한다.

금융소득이 일정 금액을 초과하면 종합과세

이자소득과 배당소득의 세금 문제는 보통 이를 지급하는 사업자가 이자소득세 또는 배당소득세를 원천징수하는 것으로 끝난다. 하지만 금융소득을 합해 일정 금액을 초과하면 예외적으로 금융소득종합과세 방식으로 계산하도록 하고 있다.

금융소득종합과세란, 금융소득을 다른 종합소득에 합산해 과세하는 제도다. 금융소득이 종합과세 대상이 되는 경우는 다음 표와 같이 무조건종합과세 대상 금융소득과 2,000만 원을 초과하는 조건부종합과세 대상 금융소득이 있을 때다.

금융소득종합과세 방식을 살펴보면 종합과세의 세금효과를 따져볼 수 있다. 금융소득이 2,000만 원을 초과하면 2,000만 원까지는 14%의 세율을 적용하고, 초과분은 다른 종합소득과 합산해 기본세율(6~45%)을 적용하되, 합산되는 금융소득의 기본세율 평균이 14% 이하일 때는 14%를 적용하여 과세한다. 이를 식으로 나타내면 Max{(2,000만 원 × 14% + 합산소득 × 기본세율), (금융소득합계 × 14%(25%) + 기타종합소득 × 기본세율)}이 된다.

▼ 종합과세 여부 판정 기준

구분	범위	원천징수세율
① 무조건 분리과세	종합소득에 합산하지 않고 원천징수고 과세 종결(㉠ ㉡)	–
	㉠ 직장공제회 초과반환금	기본세율
	㉡ 비실명이자, 배당소득	45%(90%)
	㉢ 법원보관금의 이자소득	14%
	㉣ 법인으로 보지 않는 단체의 금융기관 이자·배당소득	14%
	㉤ 분리과세특례에 해당하는 이자·배당소득	5%(9%, 14%)
② 조건부 종합과세	①에서 열거하지 않은 이자·배당소득 합계액(출자공동사업자 배당 제외)이 2,000만 원 이하면 분리과세, 초과하면 종합과세	14%(비영업대금 이익은 25%)
③ 무조건 종합과세	②의 2,000만 원 이하인 경우에도 종합과세 대상인 이자·배당 소득(㉠, ㉡)	–
	㉠ 원천징수하지 않은 이자·배당소득	14%(25%)
	㉡ 출자공동사업자의 배당소득	25%

▼ 과세표준 구간별 기본세율과 속산표

과세표준 구간	기본세율	속산표
1,400만 원 이하	6%	과세표준 × 6%
1,400만 원 초과 ~ 5,000만 원 이하	15%	과세표준 × 15% – 126만 원
5,000만 원 초과 ~ 8,800만 원 이하	24%	과세표준 × 24% – 576만 원
8,800만 원 초과 ~ 1억 5,000만 원 이하	35%	과세표준 × 35% – 1,544만 원
1억 5,000만 원 초과 ~ 3억 원 이하	38%	과세표준 × 38% – 1,994만 원
3억 원 초과 ~ 5억 원 이하	40%	과세표준 × 40% – 2,594만 원
5억 원 초과 ~ 10억 원 이하	42%	과세표준 × 42% – 3,594만 원
10억 원 초과	45%	과세표준 × 45% – 6,594만 원

（사례） H씨는 2023년에 조건부이자소득 1,000만 원(비영업대금 이자소득 500만 원 포함), 국외배당소득 1,000만 원, 국내조건부배당소득 1,000만 원, 사업소득금액 6,000만 원이 발생했고, 종합소득공제는 800만 원이다. H씨의 종합소득산출세액은 얼마일까?

H씨의 금융소득은 총 3,000만 원이므로 금융소득종합과세 대상이다. 산출세액을 계산해보면 다음과 같다.

▼ 일반 산출세액 계산구조

2,000만 원까지는 14%	초과된 부분은 다른 종합소득과 합산해 기본세율 적용
• 원천징수된 이자소득과 배당소득으로 구성 • 2,000만 원을 채울 때는 이자소득부터 구성	국내원천소득에는 배당가산액[1](배당소득의 11%)을 더함

1) 배당소득은 법인세 과세 후 소득으로 이중과세를 해결하기 위해 법인세 과세 전 소득으로 되돌리기 위한 가산액으로 법인세율을 이용해 계산함. 금융소득 전체에 대해 원천징수세율 적용

① 일반 산출세액 = 2,000만 원 × 14% + [{1,000만 원 × 1.11(배당가산액) + (6,000만 원 − 800만 원)}] × 24%(누진세율) − 576만 원(24% 세율구간 누진공제액) = 12,184,000원

▼ 비교 산출세액 계산구조

금융소득 전체에 대해 원천징수세율 적용	기타종합소득만으로 기본세율 적용
• 조건부국내원천금융소득은 14% 세율 • 비영업대금이자는 25% 세율	금융소득 외 소득 × 기본세율

② 비교 산출세액 = 2,500만 원 × 14% + 500만 원 × 25% + (6,000만 원 − 800만 원) × 24%(누진세율) − 576만 원(24% 세율구간 누진공제액)

= 11,470,000원

결국 H씨의 산출세액은 두 비교세액 ①과 ② 중 큰 금액인 12,184,000원
이 된다.

금융소득분리과세 상품 이용

일반적으로는 기본세율 적용 합산소득 구간이 6% 세율구간일 때는 비
교 산출세액, 15% 이상일 때는 일반 산출세액으로 과세된다. 달리 말하면,
기타종합소득의 과세표준이 1,400만 원을 넘어갈 경우 금융소득합산과세
를 하면 분리과세를 할 때보다 불리해진다는 의미다.

이 경우 금융소득의 분리과세 상품을 이용해 합산과세되는 금융소득의
크기를 줄이면 낮은 구간의 세율을 적용받을 수 있으므로 세테크에 유리하
다. 예를 들어 2,000만 원 초과 금융소득의 합산과세 세율구간이 35% 이상
세율구간이라면 금융소득 중 일부를 그보다 세율이 낮은 무조건분리과세
상품에 투자하는 것이 유리하다.

금융소득의 귀속 시기 조절

금융소득의 귀속 시기를 조절하는 것도 한 가지 방법이다. 다시 말해, 올
해 금융소득의 합계가 2,000만 원을 초과해 합산과세될 것으로 예상된다면
배당소득이나 이자소득의 수령 시기를 늦추는 등의 방법을 통해 절세 전략
을 쓸 필요가 있다. 다음 표처럼 이자소득이나 배당소득의 귀속 시기는 이

자·배당의 종류에 따라 다르므로 종합과세의 세금효과를 고려해야 할 때는 소득의 귀속 시기까지 잘 따져봐야 한다.

▼ 금융소득의 종류와 귀속 시기

구분	종류	귀속 시기
이자소득	예금·적금·부금의 이자, 직장공제회 초과반환금, 보험차익	실제 이자를 지급받는 날 또는 원본전입일
	통지예금	인출하는 날
	비영업대금 이익	약정에 따른 이자지급일
배당소득	무기명주식의 이익·배당	배당을 지급받은 날
	잉여금처분에 따른 배당	잉여금처분 결의일
	의제배당	· 감자 등: 감자결의일, 퇴사·탈퇴일 · 해산 시: 잔여재산가액 확정일 · 합병·분할: 합병 또는 분할등기일 · 잉여금자본전입: 자본전입결정일
	인정배당	사업 연도의 결산확정일
	펀드 분배이익	이익 지급받는 날
	공동사업자의 배당	과세기간 종료일

금융소득종합과세를 피하는 방법은?

배우자 증여를 활용하면 가능하다. 배우자 증여에 대해서는 10년간 6억 원까지 증여세가 비과세된다는 점을 활용하면 금융소득종합과세를 피할 수 있고, 이를 통해 절세할 수 있다. 사례를 통해 계산해보자.

(사례) I씨는 중소기업 (법인)대표이사로 근로소득이 1억 원(과세표준

8,800만 원)이다. 여기에 6억 원의 예금자산과 5억 원의 주식지분을 가지고 있어 매년 이자소득 3,000만 원에 배당소득 2,000만 원이 발생해 금융소득 종합과세 대상이다. 절세 방안은 없을까?

I씨는 현재 금융소득이 2,000만 원을 초과하는 금융소득종합과세 대상이므로 산출세액은 2,943만 원이다. 계산식은 다음과 같다.

- 총세액 2,943만 원 = 2,000만 원 × 14% + {1,000만 원 + 2,000만 원 × 1.11(배당가산액 포함) + 8,800만 원} × 35%(누진세율) − 1,544만 원 (35% 세율구간 누진공제액)

만약 I씨가 자신의 예금자산 6억 원을 배우자에게 증여할 경우 I씨의 산출세액은 1,816만 원, 배우자의 산출세액은 420만 원이다.

- I씨의 세액: 1,816만 원 = 2,000만 원 × 14% + 8,800만 원 × 35% − 1,544만 원
- 배우자의 세액: 420만 원 = 3,000만 원 × 14%

증여 후 I씨와 배우자의 산출세액을 합한 금액은 2,236만 원이다. 따라서 증여 전보다 세금을 707만 원 줄일 수 있다.

| 금융소득세 |

명의분산을 활용한 세테크

차명예금이란, 타인 명의의 예금계좌를 이용한 예금을 말한다. 자신의 돈을 다른 사람의 이름으로 예금하는 경우가 있을까? 그런 일은 거의 없다. 차명예금은 대부분 특정한 목적을 갖고 자금거래를 비정상적인 방법으로 행하는 경우에 발생한다.

증여 목적으로

우선은 증여 목적으로 차명예금을 하는 경우가 있다. 즉, 배우자나 자녀 또는 타인에게 증여할 목적으로 자녀 또는 타인 명의의 계좌에 돈을 이체하는 것이다. 이 경우 차명계좌의 실소유주는 계좌명의자가 되며, 이 자금거래는 증여거래에 해당하므로 증여세 과세 대상이 된다.

증여 대상이 배우자라면 10년간 6억 원까지는 증여세가 비과세되며, 자녀라면 10년간 5,000만 원(미성년 자녀는 2,000만 원)을 초

과하는 금액에 대해 증여세가 과세된다. 직계비속으로부터 증여받을 때는 5,000만 원, 직계존·비속이 아닌 친인척이라면 500만 원을 초과하는 금액, 제3자라면 전액에 대해 증여세가 과세된다.

이 경우 증여가 일어난 시점은 언제일까? 계좌로 자금을 이체한 때인지, 계좌에서 인출해 사용한 때인지 불명확하다. 「상속세및증여세법」은 증여 목적의 예금이체로, 이후 이자수익분에 대해 증여세를 부담하지 않으려면 이체(입금) 시점을 증여일로 보아 증여세를 신고하도록 하고 있다. 다시 말해, 입금일에 증여세를 신고하지 않으면 인출하는 시점마다 증여가 일어난 것으로 보므로 예금 원본뿐 아니라 그로부터 발생하는 이자에 대해서도 증여세 과세 대상이 될 수 있다는 뜻이다.

금융소득종합과세를 피하기 위해

금융소득종합과세를 피하기 위해 차명예금을 하는 경우도 있다. 금융소득종합과세는 한 사업 연도에 거주자가 지급받은 배당소득·이자소득의 합계가 비과세·무조건분리과세 대상소득을 제외하고 2,000만 원을 초과할 경우 다른 종합소득과 합산해 과세하는 제도다. 이때 합산 대상금액은 자기 명의로 발생한 것을 합산하므로 명의를 분산한 경우에는 2,000만 원을 초과하더라도 과세 대상이 되지 않는다. 따라서 금융소득종합과세를 피할 목적으로 차명계좌를 이용하는 경우가 있다.

이러한 거래에서 차명계좌의 실소유자는 명의를 빌려준 자가 아니라 명의를 빌린 자이므로 증여에 해당하지 않는다. 하지만 예를 들어 부모가 자녀에게 증여할 목적으로 자녀 명의 예금계좌를 개설해 금전을 입금한 경우에는 그 입금한 금전에 대해 증여세가 과세되므로 실질이 다르다. 다시 말해, 부모가 증여 목적이 아닌 다른 목적으로 자녀 이름으로 차명계좌를 개설해 예금거래를 할 경우에는 실질상 증여가 아니므로 증여세 과세 대상에 해당하지 않는다는 것이다.

그렇다면 이와 같은 거래가 차명예금인지, 증여 목적의 예금인지 어떻게 구분할 수 있을까? 실무적으로는 자녀 명의 예금에 대한 증여세 과세 여부는 자녀 명의로 예금에 가입할 때 부모가 예금신청서를 작성했는지, 당해 예금에 대한 지배관리자가 누구인지, 예금이자·원금을 누구 명의로 수령해 사용했는지 등 구체적인 사실을 확인해 관할세무서장이 판단할 사항이라고 정하고 있다. 따라서 금융소득종합과세를 피할 목적의 가족 간 차명계좌라면 예금신청서 작성·관리, 인출 시 증여에 해당하지 않도록 유의해야 한다.

한편, 이와 같은 차명계좌가 국세청에 의해 명의신탁[1]으로 간주될 경우에는 명의신탁재산에 대한 증여의제규정이 적용되어 명의자로 등기 또는 명의개서된 날을 기준으로 증여세를 부과받을 수 있다.

---

[1] **명의신탁** 부동산이나 주식 등 등기 또는 명의개서를 요하는 재산의 실질 소유자가 다른 사람의 이름으로 등기 또는 명의개서를 하는 것을 말한다.

| 금융소득세 |

비과세·절세형 금융상품

금융상품의 투자수익에 대해서는 양도소득세나 이자소득세, 배당소득세 등이 과세되는 것이 일반적이다. 하지만 예외적으로 비과세·절세형 금융상품이 있으므로 이를 잘 활용하면 더 많은 투자수익을 올릴 수 있다. 우선 ISA(개인종합자산관리계좌)에 대해 알아보자.

▼ ISA의 요건과 특례

구분	내용
가입자 요건	19세 이상 거주자로서 직전 연도 원천징수된 이자소득·배당소득이 2,000만 원 이하인 자(단, 금융소득종합과세 대상자 제외)
ISA 요건	• 계약기간: 3년 • 1인 1계좌로서 ISA의 명칭으로 개설된 신탁계좌 또는 금융투자계좌 • 운용 방식: 예금, 적금, 예탁금 및 이와 유사한 예치금, 환매수·환매도 조건으로 매매하는 상장주식, 채권, 증권, 집합투자증권, 주가연계증권, 파생결합증권, 중소·중견기업 K-OTC 등에 투자 • 1인당 연간 납입한도 2,000만 원(재형저축 및 장기집합투자증권저축 연간 계약금액 포함. 미납분 이월 가능), 총납입한도 1억 원

세제특례	• 1유형(종합소득금액 3,800만 원, 총급여액 5,000만 원 초과인 자)
	  - ISA에서 발생한 이자·배당소득 합계가 200만 원 이하일 경우 소득세 비과세
	  - 200만 원 초과분은 9% 단일세율로 분리과세

세제특례	• 2유형(직전 연도 총급여 5,000만 원 이하 또는 종합소득금액이 3,800만 원 이하인 거주자 또는 농어민)
	  – ISA에서 발생한 이자·배당소득 합계가 400만 원 이하일 경우 소득세 비과세
	  – 400만 원 초과분은 9% 단일세율로 분리과세

사후관리	최초 계약일로부터 3년(청년, 2유형, 「국민기초생활보호법」 적용자만 해당) 또는 3년이 되기 전에 ISA계좌를 해지하거나 재산을 인출한 경우 납입 원금 범위 내에서는 추징 없음
가입 시 유의사항	ISA는 세금 혜택이 주어지는 대신 매년 계좌보유금액의 0.1~1% 수준의 운용수수료 발생. 따라서 실질 절세효과는 크지 않을 수 있음

비과세형 금융상품

비과세형 금융상품에는 다음과 같이 다섯 가지가 있다.

첫째, 금융상품의 과실인 이자소득에 대해 소득세를 비과세하는 상품이다. 「신탁업법」에 따른 공익신탁수익증권, 재형저축, 농어가목돈마련저축, 노인(65세 이상)·장애인 등의 비과세종합저축(1인당 5,000만 원 한도), 농협 등 조합에 대한 예탁금(1인당 3,000만 원 한도)이 있다.

둘째, 금융상품의 이익분배인 배당소득에 대해 소득세를 비과세하는 상품이다. 「신탁업법」에 따른 공익신탁수익증권, 장기보유우리사주(1년 이상 보유한 경우로서 소액주주·자사주액면가 합계액 1,800만 원 이하), 농협 등 조합에 대한 출자금(1인당 1,000만 원 이하), 장기보유주식(주식발행법인별 1인당 투자금액 액면가액 3,000만 원 이내, 보유기간 3년 이상 주식), 재형저축, 장기주식형저축, 장기회사채형저축이 있다.

특히 재형저축은 2013년에 신설된 비과세저축상품으로 직전 연도 총급여 5,000만 원 이하(또는 종합소득금액 3,500만 원 이하)인 근로자 또는 사업소득자가 2015년 말까지 가입할 수 있었다. 계약기간 7년, 분기별 300만 원 이내에 납입하는 것을 요건으로 하는 저축으로 여기서 발생한 이자소득 또는 배당소득에 대해 전액 비과세한다. 이 저축은 3년 이내 범위에서 한 차례 계약기간을 연장할 수 있다. 하지만 계약기간 중 중도해지할 경우 세액을 추징당하므로 유의해야 한다.

셋째, 금융상품 중 공적연금소득으로서 유족연금 또는 장애연금 등에 대해 소득세를 비과세한다.

넷째, 가입일 현재 만 19세 이상~만 34세 이하(병역기간 제외한 나이)인 청년으로 직전 연도 총급여 3,600만 원 이하(종합소득금액 2,600만 원 이하) 무주택 세대주가 2023년 말까지 가입한 청년우대형 주택청약종합저축에서 발생한 이자소득으로 500만 원 한도로 비과세한다.

다섯째, 직전 연도 총급여 3,600만 원 이하인 청년이 2022년 말까지 가입한 상품(청년희망적금)에서 저축한 금액의 2024년까지 이자소득에 대해 비과세한다.

절세형 금융상품

절세형 금융상품은 이자소득, 배당소득, 자본이득에 대해 세제상의 특례를 받을 수 있는 경우를 말한다. 크게 보면 소득세액공제형 금융상품과 세금우대형 금융상품으로 구분할 수 있다. 조합등예탁금은 농협 등 조합법인 등에 예탁할 경우 1인당 통합해 3,000만 원까지는 비과세 또는 저율과세하는 금융상품이다. 청년형장기집합투자증권저축은 직전 연도 총급여 5,000만 원(종합소득금액 3,800만 원) 이하인 청년이 2023년 말까지 가입할 경우, 납입액의 40%에 해당하는 금액을 소득금액에서 공제해주는 상품이다.

▼ 절세형 금융상품

소득·세액공제형	세금우대형
• 국민연금 • 연금저축 • 개인연금저축 • 소상공인공제(소득공제) • 주택청약종합저축(소득공제) • 청년형장기집합투자증권저축(소득공제)	• 농어가목돈마련저축(비과세) • 조합등출자금(비과세) • 조합등예탁금(비과세, 자율과세) • 장기보유주식(비과세) • 사회기반시설투융자회사주식(비과세) • 고위험고수익투자신탁(비과세) • 미분양주택투자신탁

비과세종합저축처럼 65세 이상 노인 또는 장애인에게 1인당 5,000만 원 한도로 소득세·농특세를 비과세하는 금융상품도 있으므로 해당하는 가족이 있을 경우 활용할 만하다.

▼ 비과세, 저율과세하는 금융상품

구분	비과세종합저축	조합 등 출자금	조합 등 예탁금
대상자	노인(65세 이상), 장애인, 독립유공자 등	농어민 등 조합출자금	농어민 및 그 밖의 20세 이상
해당 금융기관	모든 금융기관	농협조합, 수협조합 등	농협조합, 수협조합 등
한도액	5,000만 원	1인당 1,000만 원	1인당 3,000만 원
세율	• 소득세 비과세 • 농특세 비과세	• 2025년까지: 비과세 • 2026년: 5% • 2027년 이후: 9%	• 2025년까지: 비과세 • 2026년분: 5% 분리과세 • 지방소득세 비과세
가입기한	2025년	2025년	없음

소기업소상공인을 위한 노란우산공제

소기업소상공인공제는 '노란우산공제'라고도 하며, 주로 소기업을 운영하는 사업자의 폐업 이후 생활을 보장하기 위한 보험상품이다. 분기별로 300만 원 이하 금액을 불입하는 공제부금으로, 연간사업소득금액이 4,000만 원 이하이면 연간 500만 원 한도(소득금액 4,000만 원 초과 1억 원 이하는 300만 원, 1억 원 초과는 200만 원) 내에서 소득공제를 해준다. 단, 소득금액 계산 시 부동산임대소득 해당분을 제외한 금액으로 한다.

이 금융상품은 폐업 등의 사유로 공제금을 받을 때는 퇴직소득으로, 그 이전에 기타 사유로 공제계약이 해지된 경우에는 기타소득으로 과세한다.

꼭 하나는 들어두어야 하는 주택청약종합저축

근로소득이 있는 거주자(일용근로자 제외)로서 총급여액 7,000만 원 이하 무주택세대주가 2025년 말까지 주택청약종합저축에 납입한 연 240만 원 한도 금액에 대해 불입액의 40%를 근로소득에서 공제한다.

066

보험으로
세테크하는 방법

보험계약 당사자에 따라 세금이 달라진다

보험계약 당사자가 어떻게 구분되는지, 그에 따른 세금 문제는 무엇인지 살펴보자. 보험계약에는 보험료를 불입하는 보험계약자, 보험의 대상이 되는 피보험자 그리고 보험금이 귀속되는 보험수익자를 정하도록 하고 있다. 이들이 보험계약 성립의 필요 요건인 셈이다.

물론 생명보험과 손해보험의 약정서는 약간 다르다. 생명보험은 보험계약자와 피보험자, 보험수익자를 구분 표시하지만, 손해보험은 피보험자가 곧 보험의 수혜자이므로 보험수익자를 따로 표시하지 않는다. 다만, 피보험자 사망 시 보험금은 상속인에게 귀속된다.

보험약정서상의 보험계약자와 피보험자, 보험수익자가 동일한 경우에는 세금 문제가 비교적 단순하지만, 서로 다르면 조금 복잡해질 수 있다. 생명보험의 경우 피보험자는 보험의 대상에 불과할 뿐이므로 자금흐름과 무관해 세금 문제에 영향을 미치지 않지만, 손해보험은 일반적으로 피보험자와 보험수익자가 동일하기 때문에 보험계약자와 피보험자가 다르면 세금 문제에 영향을 미칠 수 있다. 보험계약 시 보험계약 당사자들의 관계에 따른 세금 문제를 표로 나타내면 다음과 같다.

▼ 보험계약 당사자들의 관계에 따른 세금 문제

구분	① 계약자 = 수익자	② 계약자 ≠ 수익자	③ 계약자 ≠ 실제불입자
보험계약자(보험 불입)	J씨	J씨	배우자, 자녀
피보험자(보험 대상)	J씨, 배우자, 자녀	J씨, 배우자, 자녀	J씨, 배우자, 자녀
보험수익자(보험금 수령)	J씨	배우자, 자녀	배우자, 자녀
세금 문제	없음	상속세, 증여세 적용 가능	실질관계에 따라 과세

계약관계에 따라 달라지는 세금 문제

위 표에서 구분한 세 가지의 경우 세금이 어떻게 달라지는지 살펴보자. 생명보험에 속하는 보험에 가입할 때는 다음과 같은 상황을 고려해 가입 요건을 정해야 사전에 세금 문제에 대비할 수 있다.

① 계약자와 수익자가 동일한 경우

별다른 세금 문제가 발생하지 않는다. 보험료를 불입하는 사람과 보험금을 수령하는 사람이 동일해 개인 간 자금 이동이 없기 때문이다. 그래서 이와 같은 경우에는 세무서의 관리도 비교적 느슨한 편이다.

보통 생명보험이나 손해보험의 보험금을 지급하는 경우 보험사는 지급일의 분기종료일 다음 달 말일까지 관할세무서장에게 보험금 지급 내역을 보고하도록 하고 있지만, 계약자와 수익자가 동일하고 지급보험금이 1,000만 원 미만일 때는 보고하지 않아도 된다. 다만, 이 경우에도 보험계약기간 중 보험계약자가 사망하면 당연히 보험금은 상속세 과세 대상이 된다.

② 계약자와 수익자가 다른 경우

개인 간 자금 이동이 일어나는 경우다. 예를 들어 보험료 불입은 J씨가 했는데, 보험금을 수령하는 사람은 J씨의 배우자나 자녀 등인 경우가 이에 해당한다.

이러한 보험계약에서는 보험계약을 매개로 해 J씨의 재산이 배우자나 자녀에게 무상으로 이동하기 때문에 상속세나 증여세 문제가 발생한다. 만약 보험계약자가 보험기간 중에 사망하면 상속세가 과세될 수 있고, 보험사유가 발생해 보험금을 지급받을 경우 보험금을 수령한 자에게 증여세가 과세될 수 있다. 물론 배우자 간 증여에 해당되면 사고일 기준 수령 보험금 중 증여자 불입액 해당분 기준으로 10년간 6억 원까지, 부모 자식 간 증여(성인)일 때는 5,000만 원까지 비과세된다.

③ 형식상 계약자와 수익자가 동일하지만, 계약자가 실제 보험료 불입 능력이 있는 자인지에 따라

배우자나 자녀가 보험금 불입 능력이 있는 경우에는 자금 이동이 없기 때문에 첫 번째 경우와 같지만, 명의상의 계약자임에도 보험료 불입 능력이 없어 보험료를 J씨가 불입하거나 J씨가 증여한 재산으로 불입했다면 상속세나 증여세를 피하기 어렵다. 세법은 실질의 원칙을 적용하기 때문이다.

| 금융소득세 |

보험상품에 따른
세테크

보험상품은 종류가 매우 많으며, 상품 종류에 따라 그에 따른 세금도 달라진다. 보험은 크게 종신보험, 연금보험, 보장성보험, 저축성보험, 퇴직연금보험 등으로 구분할 수 있다. 간략히 살펴보자.

종신보험

종신보험은 보험기간을 한정하지 않고 피보험자가 사망했을 때 보험금이 지급되므로 주로 피보험자 유족의 생활보장을 목적으로 가입하는 보험이다. 이 종신보험금은 세법상 상속재산에 포함되므로 빠뜨리지 않도록 유의해야 한다. 보통 종신보험금은 갑작스러운 상속으로 상속세 납부재원이 부족할 때 매우 유용한 자금원으로 이용된다.

연금보험

연금보험은 노후소득보장을 위한 성격이 강하다. 공적연금인 국민연금과 공무원연금, 사적연금인 개인연금과 퇴직연금 등이 이에 속한다. 여기서는 사적연금인 연금보험에 대해 알아보자.

연금보험은 (세제)적격연금보험[1]과 (세제)비적격연금보험[2]으로 구분한다. 연금보험은 금융기관(은행, 보험사 등)에서 18세 이상인 자가 계약기간 10년 이상 매분기 300만 원 이내 금액을 불입하고 계약기간 만료 후 55세 이후부터 5년 이상에 걸쳐 연금을 지급받는 보험을 말한다.

▼ 적격연금보험과 비적격연금보험의 구분

구분	적격연금보험	비적격연금보험
세제 혜택	보험료 불입 시 연간 최대 700만 원 또는 900만 원(연금저축 및 퇴직연금 포함)까지 불입액의 12%(또는 15%) 세액공제 후 연금으로 수령 시 종합소득과세	세액공제는 없지만 10년 이상 유지하면 수령연금(보험차익 포함)에 대해 전액 비과세(단, 일시 납입보험료 1억 원, 월 적립보험료 150만 원 초과분은 과세)
중도해지 시	세액공제분에 해당하는 금액, 보험차익에 대해 기타소득(22% 세율)으로 과세(5년 이내 해지 시에는 추가로 불입액의 2% 가산금 추징)	보험차익에 대해 이자소득으로 과세
기타	연금 외 방식으로 수령하면 소득공제분에 대해 기타소득으로 과세	10년 이후에는 수령 형태 상관없이 비과세

---

1 **적격연금보험** 세법 요건을 충족하면 보험료를 불입할 때는 소득공제 혜택을 받고, 연금을 수령할 때는 연금소득으로 과세되는 보험으로, 연금저축 및 퇴직연금을 말한다.

2 **비적격연금보험** 최근 몇 년 사이 많이 유행하고 있는 변액연금보험 등의 보험을 말한다. 세법상 소득공제는 해주지 않지만, 계약을 10년 이상 유지하면 일정한 보험차익에 대해 소득세를 과세하지 않는 혜택이 주어진다.

적격보험은 앞의 표와 같이 보험료를 불입할 때 소득공제를 해주고 연금을 수령할 때 연금소득(종합소득)으로 과세한다. 연금수령 시에는 소득공제를 받은 연금분에 대해서만 과세하므로 결국 세금을 내는 시기를 뒤로 미루어주는 혜택이라 보면 된다.

만약 이 연금을 5년 이내에 해지하면 불입금액의 2%를 가산세로 추징하고, 계약 만료 전에 해지하거나 만기 후 일시불로 수령할 때는 소득공제를 받은 부분에 해당하는 수령액을 기타소득으로 과세(22%)한다. 따라서 가능하면 10년 이상 계약을 유지하고, 연금 형태로 수령하는 것이 세금 면에서 유리하다.

이에 비해 비적격연금보험은 최근 몇 년 사이에 유행하고 있는 변액연금보험 등과 같은 보험으로, (세제)적격연금보험처럼 세법상 소득공제는 해주지 않지만, 10년 이상 계약을 유지하면 보험차익에 대해 소득세를 과세하지 않는 혜택이 주어진다. 단, 월납입 방식이 아닌 일시납의 경우 납입보험료가 1억 원을 초과하면 보험차익이 과세된다. 물론 10년을 채우지 못하고 중도해지할 때는 보험차익에 대해 이자소득세가 과세된다.

보장성보험과 저축성보험

보장성보험은 생명보험이나 상해보험, 손해보험(자동차보험 등)과 같이 만기환급액이 납입보험료보다 적은 보험을 말한다. 근로자 본인 또는 기본공제 대상자를 보험 대상자로 하는 경우 근로소득자의 보험료 불입액에 대해 연간 100만 원을 한도로 불입액의 12%를 세액공제해준다. 물론 본인이 부담하는 건강보험과 고용보험, 국민연금 등은 이와 별개로 전액 소득공제 대상이다.

만기환급 금액이 납입보험료를 초과하는 저축성보험에 대해서는 비적격연금과 동일하게 만기가 10년 이상인 경우 보험차익에 대해 이자소득세를 물지 않는다. 단, 2017년 4월 1일 이후 가입분부터는 일시납인 경우 1인당 총보험료 합계가 1억 원 이하, 월 적립식인 경우 150만 원 이하인 경우에만 해당한다.

보장성보험이든 저축성보험이든 사고가 발생해 보험금을 수령한 경우에는 보험차익(보험금 수령액 − 보험금 불입액)이 발생하더라도 소득세를 과세하지 않는다. 소득이라고 볼 수 없기 때문이다. 그렇다면 요즘 회사에서 주목하는 단체보장성보험, 즉 임직원들을 피보험자로 하고 보험료를 회사가 불입하는 경우에는 세무상 어떻게 처리될까?

임직원의 사망·상해 또는 질병에 대해 임직원을 피보험자와 수익자로 하는 보험으로서 만기에 납입보험료를 환급하지 않는 단체순수보장성보험과 만기에 납입보험료 범위 내에서 환급하는 단체환급부보장성보험에 대해서는 회사가 불입하는 보험료 중 연 70만 원 이하 금액은 전액 회사의 복리후생비로 처리되고, 연 70만 원을 초과하는 금액은 임직원의 근로소득에 해당해 소득세가 과세된다. 또 임직원의 고의 또는 중과실이 아닌 업무상 행위로 인한 손해배상청구를 보험금의 지급 사유로 하고 임직원을 피보험자로 하는 보험의 보험료는 전액 회사의 복리후생비로 처리된다.

마지막으로 최근에 출시된 통합보험은 보장성보험의 일종으로 연간 불입액에 대해 100만 원을 한도로 불입액의 12%에 해당하는 세액공제 혜택이 주어지는 것은 동일하지만, 가족 모두가 한꺼번에 가입해 사고, 질병 등에 대해 폭넓게 보장받을 수 있는데다 보험료도 개별 가입하는 것보다

20~30% 정도 저렴하다고 하니 관심을 가질 만하다.

이처럼 보험은 보험계약자와 피보험자, 보험수익자의 관계에 따라 그리고 계약자가 실제 보험료를 불입할 능력이 있는지 여부 등에 따라 다양한 세금 문제와 연결되므로 보험에 가입할 때는 이와 같은 세금효과를 염두에 두어야 보험의 효익을 극대화할 수 있다.

| 금융소득세 |

분리과세를 활용한 세테크

거주자의 소득에 대한 소득세 과세는 종합과세를 원칙으로 하고 있다. 종합과세란, 모든 소득을 일정한 기간을 단위로 합산해 과세하는 방식을 말한다. 즉, 한 사업 연도(매년 1월 1일부터 12월 31일까지) 동안 거주자에게 발생한 이자소득, 배당소득, 사업소득, 근로소득, 기타소득, 연금소득을 합산해 다음 해 5월 말까지 과세표준과 세액을 신고·납부하도록 하고 있다.

과세 방식에 따른 분류과세와 분리과세

하지만 예외적으로 분류과세·분리과세를 하는 경우가 있다. 분류과세란, 종합과세 대상에서 제외해 별도의 계산 방식에 따라 과세하는 방식으로, 주로 소득이 오랜 기간에 걸쳐 누적되다가 특정 시점에 일시에 과세되는 퇴직소득과 양도소득이 그 대상이다. 이 두 가지 소득을 종합소득에 합산하게 될 경우 해당 소득이 발생하는 시기에 지나치게 세금 부담이 커지는 문제가 발생해 공평과세의 원칙에 어긋난다.

이에 반해 분리과세란, 일정 요건을 갖춘 소득에 대해서는 소득이 지급

될 때 소득세를 원천징수하는 것으로 과세를 종결하는 방식을 말한다. 분리과세 대상소득은 배당소득과 합산해 2,000만 원 이하인 이자소득과 배당소득(국외원천 배당소득 제외), 근로소득 중 일용근로자의 급여, 연금소득으로서 분리과세를 선택한 경우, 소득금액이 300만 원 이하인 기타소득으로서 분리과세를 선택한 경우가 이에 해당한다.

분리과세는 상대적으로 낮은 세율(14% 또는 15%)을 적용해 과세하므로 종합소득으로 합산과세되는 경우(최고 45% 세율까지 적용될 수 있음)보다 세금을 덜 내는 효과가 발생한다.

분리과세로 세테크하기

사례) K씨는 대기업 과장으로 2022년 한 해 동안 연봉은 5,000만 원(과세표준 3,500만 원), 강연 등 다른 기타소득금액은 300만 원(총지급액 750만 원)으로 66만 원(지방소득세 포함)을 원천징수당했다. 어떻게 하면 절세할 수 있을까?

K씨의 종합소득 과세표준은 3,500만 원으로 적용세율은 15%이고, 기타소득의 세율은 20%이므로 종합과세 세율이 원천징수 세율보다 낮다. 따라서 기타소득금액이 300만 원 이하라도 종합과세에 합산해 신고하는 것이 유리하다. 이 경우 K씨는 10만 원을 절세할 수 있다. 만약 K씨의 과세표준이 4,600만 원을 넘을 경우에는 24%의 세율이 적용되므로 기타소득을 합산하지 않는 것이 유리하다.

사례 L씨는 대기업 임원으로 2022년 한 해 연봉은 9,000만 원(과세표준 7,000만 원)이고, 이자소득과 배당소득이 각각 2,000만 원씩 발생할 것으로 예상하고 있다. 어떻게 하는 것이 절세에 도움이 될까?

현재 L씨의 과세표준은 7,000만 원이므로 24%의 세율을 적용받는다. 하지만 금융소득이 합산되면 초과분인 2,000만 원이 기본세율 적용 대상 과세표준에 합산되어 과세표준이 9,000만 원이 되므로 35%의 세율을 적용받게 된다. 따라서 올해 금융소득이 2,000만 원이 넘지 않도록 하는 것이 절세 방법이다.

만약 이자소득만 조절할 수 있다면 차라리 이자소득 2,000만 원에 해당하는 금융자산을 배우자 등에게 증여해 이자소득을 분산시키는 방법도 생각해볼 수 있다. 또한 배당소득을 조정할 수 있다면 배당 시기를 한 해 늦춤으로써 종합과세를 피하는 방법도 고려해볼 수 있다.

펀드투자 세테크

모든 소득에 대해서는 몇 가지 예외를 제외하고 소득세를 과세하는 것이 원칙이다. 그렇다면 펀드투자의 소득은 무엇일까? 펀드의 종류에 따라 소득의 형태가 다르기는 하지만, 펀드의 목적은 투자자금을 모아 금융상품에 투자해 일정 기간 후 원금과 투자 과실을 돌려주는 것이다. 보통 특정 금융상품에 올인하지 않고, 위험회피 또는 수익 극대화를 위해 주식 또는 채권을 일정 비율씩 편입한다. 구성 비율에서만 차이가 있을 뿐, 대부분의 펀드는 주식과 채권에 투자하므로 펀드의 소득이란, 크게 보아 주식매매차익, 주식배당소득, 채권매매차익, 채권이자소득으로 구성된다고 할 수 있다.

펀드투자소득에 부과되는 세금

이 소득 중 펀드가 투자한 국내 상장주식의 매매·평가손익은 비과세, 국외 상장주식의 거래·평가손익은 과세된다. 따라서 펀드수익 중에서 기타 주식매매차익 또는 주식배당소득이나 채권매매차익, 채권이자소득에 대해서는 14%의 세율로 원천징수될 뿐 아니라 2,000만 원 초과 시에는 종합소득합산과세 대상이 된다.

예를 들어 보유펀드의 소득이 총 165만 원인데, 주식매매차익이 100만 원, 배당소득이 5만 원, 채권이자가 20만 원, 채권매매차익이 40만 원일 경우 과세 대상소득은 65만 원이다. 이 65만 원에 대해 14%(지방소득세 1.4% 별도)의 세율로 원천징수를 한다. 만약 과세 대상소득 중 배당소득과 이자소득이 다른 금융소득과 합산해 2,000만 원을 초과한다면 이 또한 종합과세 대상이 된다.

이때 과세 기준가격[1]은 (펀드순자산총액 – 유가증권매매평가손익) ÷ 펀드 총좌수로 계산하게 되는데, 매매차손이 발생할 경우 매매 기준가격보다 과세 기준가가 높아져 손실에도 불구하고 세금을 더 많이 부담하는 경우도 생긴다. 주가 하락 시에 환매하여 원금 손실을 입었는데도 세금이 나오는 경우가 종종 있는데 바로 이 때문이다.

주가지수연계증권, 인덱스펀드, 공모인프라펀드

증권사의 주가지수연계증권(ELS) 펀드는 수익이 자본이득과 배당소득으로 구분되는데, ELS에서 발생한 수익분배금은 배당소득으로 본다. 배당

---

1 기준가격 최초 펀드 기준가격은 1좌당 1원으로 정하고, 펀드 구성 상품의 차손익 또는 배당이나 이자소득 등에 따라 변화한다. 예를 들어 1,000좌를 보유하고 있는데, 환매 당일 기준가가 1,100원이라면 10%의 수익이 발생한 것이다. 잔고좌수는 현재 자신이 보유하고 있는 펀드의 총좌수를 말한다. 세전 기준가격은 '좌수 × 기준가격'이며, 수익률은 세전 평가금액에서 원금을 뺀 금액을 원금으로 나눈 것을 말한다.

을 지급받은 날을 수입 시기로 하며, 이 역시 금융소득이 2,000만 원을 초과하면 금융소득종합과세 대상이 된다.

인덱스펀드는 대형우량주 위주로 구성된 현물주식 또는 선물주식에 투자하므로 주가상승기에 유리한 펀드다. 인덱스펀드는 종합주가지수를 쫓아가는 데 목표를 둔 순수인덱스펀드와 초과수익을 목표로 하는 진보된 인덱스펀드로 구분된다. 순수인덱스펀드는 파생상품(선물 또는 옵션)을 사용하지 않고 현물주식에만 투자하는 펀드이고, 진보된 인덱스펀드는 종합주가지수 플러스 알파를 추구하는 펀드로 일부는 현물주식에, 일부는 주가지수선물에 투자하는 수익추구형 펀드다. 현물주식에만 투자하는 펀드는 자본이득과 배당소득으로 구성된다.

공모인프라펀드는 공모부동산집합투자기구로서 이 기구의 집합투자증권에 2025년 말까지 투자할 경우 개인별로 1억 원까지 배당소득에 대해 14%를 분리과세한다.

펀드 세테크는 어떻게?

펀드 가입 시에는 여러 금융상품들이 어떤 비율로, 어떻게 구성되어 있는지 확인하는 것이 필수다. 그리고 수익률을 계산할 때는 세금 부분도 고려해야 한다. 다시 말해, 펀드의 수익에서 배당소득세 또는 이자소득세, 개인별 종합소득세 등을 빼고 실질수익율을 비교해야 한다.

| 금융소득세 |
주식양도 세테크

주식(또는 출자금)이란, 주주 또는 출자자가 주식회사 등 법인에 출자한 지분 또는 증권으로, 해당 법인의 순자산(자산 - 부채)에 대한 지분권을 표시하고, 출자지분(주식처럼 자본의 일정 비율을 지배하는 권리)과 신주인수권(회사가 신주를 발행할 때 우선적으로 이를 인수할 수 있는 권리)을 포함한다. 단, 전환사채의 전환권은 주식 등으로 보지 않으므로 양도소득세 대상이 아니다.

주식은 기업을 지배하거나 투자차익 또는 배당이라는 열매를 얻을 수 있는 자산으로, 부동산에 비해 유동성이 커 양도나 증여가 비교적 활발하게 일어난다. 이러한 주식거래 시에는 다양한 세금 문제가 발생할 수 있으므로 사전에 세금효과를 고려해야 한다. 주식의 거래 방식에 따라 연관된 세금이 다른데, 이를 표로 나타내면 다음과 같다.

▼ 주식거래 방식에 따른 세금

구분	주식의 양도	무상주 수령	주식의 증여	주식의 상속
관련 세금	양도소득세, 증권거래세	배당소득세	증여세	상속세
납세의무자	양도자	수령받는 자	증여받는 자	상속인

여기서는 주식의 양도와 관련된 세금을 알아보고, 다른 세금 관계는 해당 세목에서 살펴보자. 주식 양도에 따른 양도소득세는 어떤 주식을 어떻게 양도하는지에 따라 과세될 수도 있고, 그렇지 않을 수도 있다.

▼양도소득세가 과세되는 주식과 세율

구분	요건	세율	
특정 주식 A	자산총액 중 토지·건물·부동산에 관한 권리의 합계액이 50% 이상인 법인의 총발행주식 중 주주 1인과 특수관계자가 50% 이상을 소유하다가 총발행주식의 50%를 양도하는 경우	기본세율(6~45%). 단, 자산총액 중 비사업용토지 비율이 50% 이상이면 기본세율에 10% 가산 중과세	
특정 주식 B	부동산 비율[1]이 80% 이상인 골프장, 스키장, 휴양콘도미니엄, 전문휴양시설 법인 등의 주식을 단 1주라도 양도하는 경우		
상장주식	유가증권시장, 코스닥시장, 코넥스시장, 협회장외시장(K-OTC)에 상장된 주식 및 프리보드의 벤처기업주식으로 대주주가 아닌 일반 주주가 '거래소' 시장에서 양도하는 주식	비과세	
비상장주식, 상장주식 과세분	앞의 상장시장에 상장되지 않은 모든 주식, 상장주식 중 대주주 양도분, 시장 외 양도분	중소기업 소액주주 또는 국외 중소기업주식	10%
		비중소기업 소액주주 또는 파생상품, 국외 비중소기업주식	20%
		비중소기업 대주주 (1년 이상 보유 주식) 및 중소기업 대주주	양도차익 3억 원 이하분 20%, 양도차익 3억 원 초과분 25%
		비중소기업대주주 1년 미만 양도	30%

1) 부동산 비율 계산 시 당해 법인이 보유한 타 부동산과 타 보유 업종 법인의 주식가격(부동산 보유 비율 상당액을 합산)

구분	지분율[1] 및 보유금액[2] 기준
유가증권시장	1% 또는 종목별보유액 10억 원 이상
코스닥[3]시장	2% 또는 종목별보유액 10억 원 이상
코넥스[4]시장 및 K-OTC[5]	4% 또는 종목별보유액 10억 원 이상
비상장주식	4% 또는 종목별보유액 10억 원(프리보드 벤처기업은 40억 원) 이상

1) 배우자 등 특수관계자를 포함한 비율이 최대인 경우 모두 해당
2) 보유금액은 주식양도일 직전 사업연도 종료일 현재의 최종시가를, 없을 경우 직전 거래일의 최종시가를 말함
3) 코스닥(KOSDAQ, Korea Securities Dealers Automated Quotation): 중소기업과 벤처기업이 자금을 조달할 수 있도록 설립된 증권거래시장
4) 코넥스(KONEX, Korea New Exchange): 초기 중소·벤처기업의 성장 지원 및 모험자본 선순환 체계 구축을 위해 개설된 초기·중소기업 전용 주식거래시장
5) K-OTC: 한국금융투자협회가 운영하는 비상장법인 주식거래시장

비상장주식인데도 양도소득세가 과세되지 않는 경우

다음과 같은 경우에는 비상장주식이라도 양도소득세가 부과되지 않는다.

① 중소기업창업투자회사 및 창업기획자가 창업자, 벤처기업 또는 신기술창업전문회사(중소기업에 한정)에 2022년 12월 31일까지 출자함으로써 취득한 주식 또는 출자지분
② 신기술사업금융업자가 신기술사업자, 벤처기업 또는 신기술창업전문회사에 2022년 12월 31일까지 출자함으로써 취득한 주식 또는 출자지분
③ 중소기업창업투자회사, 창업기획자, 벤처기업출자유한회사 또는 신

기술사업금융업자가 창투조합 등을 통해 창업자, 신기술사업자, 벤처기업 또는 신기술창업전문회사에 2022년 12월 31일까지 출자함으로써 취득한 주식 또는 출자지분

④ 기금을 관리·운용하는 법인 또는 공제사업을 하는 법인이 창투조합 등을 통해 창업자, 신기술사업자, 벤처기업 또는 신기술창업전문회사에 2022년 12월 31일까지 출자함으로써 취득한 주식 또는 출자지분

⑤ 중소기업창업투자회사 또는 벤처기업출자유한회사, 신기술사업금융업자가 코넥스시장에 상장한 중소기업에 2022년 12월 31일까지 출자함으로써 취득한 주식 또는 출자지분

⑥ 비상장벤처기업, 코넥스상장벤처기업으로부터 받은 주식매수선택권 행사이익(시가·행사가액) 중 3,000만 원까지

이외에 국가·지방자치단체 또는 내국법인이 발행한 특정한 유가증권을 비거주자 또는 외국법인이 국외에서 양도함으로써 발생하는 소득에 대해서는 소득세 또는 법인세를 면제한다는 점도 알아둘 필요가 있다.

해외주식 배당소득세

우리나라 사람이 해외주식에 투자할 경우 부담하는 세금으로는 해당 주식에 대한 배당을 받을 때 내는 배당소득세와 해당 주식에 대한 양도차익이 발생했을 때 내는 양도소득세가 있다.

해외주식을 가지고 있는 투자자가 배당을 받으면 이에 대한 소득세를

내야 하는데, 국세 14%, 지방세 1.4%가 합쳐진 15.4%가 적용된다. 해외주식 배당소득에 대해서는 금융소득종합과세 대상이 되는 2,000만 원 이내 금액이라 하더라도 종합소득에 합산신고한 후 해외에서 원천징수한 세금을 외국납부세액으로 공제받는다.

예를 들어 미국 주식에 투자해 배당소득이 1,000만 원이고, 미국원천징수세율이 15.4%(미국에서 154만 원 납부)라고 한다면, 국내 다른 소득(예를 들어 9,000만 원)에 이 배당소득 1,000만 원을 합산한 1억 원을 해당 과세표준에 적용하면 다음과 같은 식이 나온다.

해외주식 배당소득세 = {1억 원 × 35%(누진세율) − 1,544만 원(35% 세율구간 누진공제액)} × 1.1(지방소득세) = 21,516,000원

미국납부세액 중 배당소득 비율에 해당하는 산출세액, 즉 2,151,600원[= 21,516,000원 × {1,000만 원(해외배당소득)/1억 원(총소득)}]의 범위 내에서 외국납부세액으로 154만 원을 전액 공제받으므로 실제 납부하는 세금은 611,600원이다.

해외주식 양도소득세

지금부터는 해외주식 양도소득세에 대해 알아보자. 해외주식에 대해서는 해당 주식이 해외주식시장의 상장 여부와 상관없이 국내중소기업의 해외발행주식에 해당할 경우에는 양도소득세 과세표준의 11%, 그렇지 않은 경우에는 22%의 세율을 적용한다. 사실상 22%의 세율을 적용한다는 뜻이

다(지방소득세를 포함한 세율). 물론 해당 외국에서 양도소득세로 납부한 세금은 국내에서 외국납부세액으로 공제받을 수 있다.

미국상장주식을 2,000만 원에 취득한 후 3,000만 원에 양도하고 미국에서 양도소득세 납부액이 200만 원일 경우를 가정해보자. 미국 주식 양도에 따른 국내양도소득세는 양도차익 1,000만 원에서 연간양도소득기본공제 250만 원(86장 참고)을 뺀 750만 원에 22%(해외주식 양도소득세율)를 곱한 금액인 165만 원이다. 여기에 미국납부 세액공제(200만 원)를 적용하면 국내 양도소득세 부담은 없다.

단, 해외주식 양도세가 발생한 투자자는 이듬해 5월 주소지 관할세무서에 자진신고하고 '양도소득세 과세표준신고 및 자진납부계산서'와 '주식 등 양도소득금액계산명세서' 등을 제출해야 한다. 세무서를 찾아가지 않고 국세청 홈택스를 통해 전자신고를 해도 괜찮다.

| 금융소득세 |
주식거래 세테크

주식투자는 거래 과정에서 여러 가지 거래비용이 발생하기 때문에 주가가 조금 올라 팔더라도 원금을 손해 보거나 수익이 별로 나지 않는 경우가 많다. 주식투자를 할 때 거래비용을 정확히 알아야 하는 이유다.

우리나라에 상장된 주식거래비용은 거래금액의 약 0.58%에 달한다. 이는 일본 주식거래비용(0.19%)의 약 3배에 달하는 수치로, 비교적 많은 편이다. 주식거래비용은 크게 주식양도소득과 주식거래 관련 세금, 사고파는 행위와 관련된 증권사위탁수수료(매매수수료)로 나눌 수 있다.

사례) M씨는 삼성전자 주식 500주를 주당 4만 원에 매수해 5만 원에 매도했다. 주식거래와 관련된 세금에는 어떤 것이 있을까?

주식거래세: 증권거래세, 농어촌특별세, 양도소득세, 지방소득세

주식거래세는 매매수수료와 달리 주식을 처분할 때 발생하는데, 크게 증권거래세와 농어촌특별세, 양도소득세, 지방소득세로 구분할 수 있다.

증권거래세는 국내에서 거래되는 주식 또는 지분을 팔 때 부담하는 세금이지만, 거래되는 시장에 따라 세율이 다르다. 즉, 유가증권시장[1]에서 처분되는 상장주식은 매도대금의 0.08%, 코스닥시장에서 처분되는 상장주식은 매도대금의 0.23%, 기타 비상장주식(제3시장 포함)이나 상장주식이라도 장외거래(10주 미만의 단주거래 포함)를 할 때는 매도대금의 0.48%로 차등부과된다. 단, 양도소득세가 과세되지 않는 특정 비상장주식에 대해서는 증권거래세가 면제된다.

농어촌특별세는 증권거래세에 부가되는 세금인데, 유가증권시장(거래소)에서 처분된 주식에 대해서만 매도대금의 0.15%가 부과된다.

▼ 주식거래에 부과되는 세금

구분	유가증권시장(거래소) 및 코넥스시장 처분	코스닥시장 등 처분	장외 처분
증권거래세	판매대금의 0.05%	판매대금의 0.2%	판매대금의 0.35%
농어촌특별세	판매대금의 0.15%	-	-
거래세 합계	판매대금의 0.2%	판매대금의 0.2%	판매대금의 0.35%

양도소득세와 지방소득세는 주식의 종류에 따라 과세 여부와 세율이 다르므로 특히 유의해야 한다. 양도소득세는 양도차익이 있을 때 부과되는 세금이다. 양도차익이란, 매도가액에서 매수가액·수수료, 필요경비(증권거래세)를 뺀 금액을 말한다(70장 참고).

---

1   **유가증권시장** 주로 전통적인 산업에 속하는 대기업들이 자금을 조달할 수 있도록 개설된 증권거래시장으로, 이들 기업의 주가지수를 코스피(KOSPI, Korea Composite Stock Price Index)라고 한다.

구분	양도 시 관련 세금
거래소시장 처분	증권거래세(0.05%)[1], 농특세(0.15%)
코스닥시장 처분	증권거래세(0.2%)[2]
코넥스시장 처분	증권거래세(0.1%)
장외에서 처분	증권거래세(0.35%), 양도소득세(10%, 20%, 25%, 30%), 지방소득세

1) 2024년 0.03%
2) 2024년 0.018%

증권거래세, 농어촌특별세는 유가증권시장이나 코스닥시장에서 매도할 때는 증권사 또는 증권예탁원에서 신고·납부를 대행해주지만, 장외거래를 할 때는 양도자 본인이 직접 신고·납부해야 한다.

양도소득세와 지방소득세는 주식의 양도자가 납세의무자로서 양도소득에 따른 세금을 신고·납부해야 한다.

증권사 위탁수수료

마지막으로 주식거래비용 중 증권사 위탁수수료를 살펴보자. 주식매매수수료는 증권사별 주문 방식에 따라 다르지만, 보통 온라인보다 오프라인의 매매수수료가 비싸다. 온라인의 경우 매수·매도거래에 대해 거래대금의 최저 0.015~0.19% 수준이고, 오프라인의 경우 거래대금의 0.45~0.5% 수준이다.

M씨의 삼성전자 주식 사례를 온라인거래와 오프라인거래로 나누어 위탁수수료를 계산해보자. 500주를 4만 원에 매수 시 매입가는 총 2,000만

원, 5만 원에 매도 시 매도가는 2,500만 원이다. M씨의 매수·매도 시 거래
비용은 다음 표와 같다.

▼ 매수·매도 시 거래비용 계산

구분	온라인거래(0.015% 적용)	오프라인거래(0.5% 적용)
매수할 때	3,000원	100,000원
매도할 때	3,750원	125,000원
합계	6,750원	225,000원

따라서 단타매매를 할수록 양도차익의 상당 부분이 증권사 위탁수수료
와 거래세로 빠져나가기 때문에 투자수익률이 떨어지게 된다는 것을 알 수
있다.

주식거래비용을 최저로 하기 위해서는 소액투자자든 대주주든 온라인
매매를 하되 단타매매를 피하는 것이 좋고, 비중소기업 대주주의 경우에는
1년 이상 보유 후 처분하는 것이 양도소득세를 줄이는 방법이다.

072

| 금융소득세 |

연금저축상품 세테크

연금이란, 노령이나 질환, 계약상의 근무기간 종료 등에 따라 퇴직한 당사자와 가족의 생활을 보장하기 위해 정기적으로 지급되는 일정액의 돈을 말한다. 국가가 사회보장으로 행하는 공적연금(국민연금 또는 공무원연금 등)과 개인 또는 기업의 기여에 의해 지급되는 사적연금(퇴직연금, 개인연금 등)이 있으며, 이외에도 노령연금, 장해연금, 유족연금, 반환일시금 등이 있다.

연금소득은 연금기여금의 원천이 이미 소득세가 과세된 후의 소득이므로 과세 대상이 되기 어렵다. 하지만 현행 세법은 연금기여금 불입액에 대해 소득공제를 해줌으로써 미래 연금을 수령하는 시점, 즉 연금소득이 발생하는 시점에 소득공제받은 연금에 대해서만 과세하므로 이중과세는 아니다.

이러한 이치에 따라 각종 법에 의해 지급받는 유족연금, 장애연금, 장해연금 등은 비과세하고 있으며, 연금기여금 불입 시 소득공제를 받은 금액에 해당하는 연금소득분에 대해서만 미래 연금소득으로 과세한다.

공적연금

국민연금 등의 공적연금은 한도 없이 전액 소득공제를 받을 수 있는 금융상품으로, 연금으로 수령할 경우 2001년 납입분까지는 비과세하고, 2002년 이후 납입분에 대해서만 다른 연금소득과 합산해 과세한다. 다만, 일시금으로 수령할 경우 2002년 이후 납입분에 대해 퇴직소득으로 과세한다. 국민연금 등 공적연금은 국가가 보장하는 매우 안전한 금융상품이며, 절세효과도 큰 금융상품이라 할 수 있다.

연계연금이란, 「국민연금과직역연금의연계에관한법률」에 따라 받는 연계노령연금, 연계퇴직연금으로 2009년에 발생한 부분부터 연금소득으로 과세한다.

▼ 공적연금의 과세 체계

<table>
<tr><th colspan="2">구분</th><th>2000년까지 불입분</th><th>2001년 불입분</th><th>2002년 이후
불입분</th></tr>
<tr><td colspan="2">연금기여금 불입 시점</td><td>소득공제 안 됨</td><td>불입금 50%
소득공제</td><td>불입금 100% 공제</td></tr>
<tr><td rowspan="2">연금 수령
시점</td><td>연금으로 수령</td><td>비과세</td><td>비과세</td><td>연금소득으로 과세</td></tr>
<tr><td>일시금으로 수령</td><td>비과세</td><td>비과세</td><td>퇴직소득으로 과세</td></tr>
</table>

사적연금

사적연금에는 크게 연금저축과 퇴직연금이 있다. 연금저축은 저축납입 계약기간 만료 후 연금 형태로 지급받는 저축으로, 18세 이상이 10년 이상 분기별 300만 원 이내에서 납입한 후 계약기간 만료 후 가입자가 55세 이후부터 5년 이상 연금으로 지급받는 저축을 말한다.

퇴직연금도 연금저축과 유사하다. 「근로자퇴직급여보장법」 또는 「과학기술공제회법」에 따라 받는 것으로 사용자부담분은 비용 처리되는데, 근로자부담분의 경우에는 연금저축과 동일하게 취급한다.

퇴직연금은 「근로기준법」에 따른 퇴직금을 회사 또는 개인이 불입했다가 연금 형태로 받는 것으로, 개인불입분은 연금저축 불입액과 합해 연 700만 원(종합소득금액 1억 원 초과 또는 총급여액 1억 2,000만 원 초과 시) 또는 900만 원까지 불입액의 12%(또는 15%) 세액공제가 가능하다. 퇴직 후 퇴직연금계좌 납입액을 연금으로 받으면 연금소득, 일시금으로 받으면 퇴직소득으로 과세한다.

연금저축은 연간 불입액 700만 원 또는 900만 원 한도로(연금저축 및 퇴직연금 개인 불입액 포함) 12%(또는 15%) 해당액을 종합소득산출세액에서 공제하며, 연금으로 수령할 경우 세액공제분에 대해서만 과세하고, 일시금으로 수령할 경우에도 소득공제분에 대해서만 기타소득으로 과세한다. 다만, 연금저축 가입자가 저축가입일로부터 5년 이내에 해지할 경우에는 납입금액 누계액 2%의 해지가산세를 부담해야 한다. 저축자가 사망하는 등 부득이한 경우에는 제외한다.

▼ 연금저축 및 퇴직연금의 과세 체계

구분		처리
연금저축 불입 시점		불입액 중 연간 700만 원[1) 또는 900만 원(퇴직연금 포함) 한도까지 12% 또는 15% 세액공제
연금 수령 시점	계약대로 또는 연금 형태로 수령하는 경우 세액공제받은 금액 해당분	연금소득으로 과세
	중도해지 또는 일시금으로 수령하는 경우	연금저축은 기타소득으로, 퇴직연금은 퇴직소득으로 과세

1) 종합소득금액 1억 원 초과 또는 총급여액 1억 2,000만 원 초과자는 연금저축 300만 원(퇴직연금 포함 시 700만 원) 한도

세액공제 대상 불입액 한도는 연금저축은 연간 300만 원 또는 400만 원, 근로자부담분 퇴직연금을 포함할 경우 추가로 연간 700만 원 또는 900만 원까지이므로 유리하게 활용하자.

　결국 미래 연금소득에 대한 과세 여부는 현재 세액공제를 받은 연금기여금에 해당하는 연금소득인지 아닌지에 따른 것이다. 전자에 해당하면 소득세가 과세되고, 후자에 해당하면 과세되지 않는다. 공적연금은 전액 세액공제 대상이므로 선택의 여지가 없지만, 사적연금은 공제 여부가 자신의 선택에 달려 있으므로 미래 연금소득이 현재의 소득보다 클 것으로 예상되면 현재 세액공제를 포기하고, 그 반대라면 세액공제를 최대 한도까지 받는 것이 유리하다. 일반적으로는 연금을 받는 시점의 소득이 연금기여금을 불입하는 시점의 소득보다 적을 것이므로 현재 시점에 최대한 세액공제를 받는 것이 유리하다.

| 기타소득세 |

기타소득 세테크

기타소득의 종류

기타소득은 이자소득, 배당소득, 사업소득, 근로소득, 연금소득, 금융투자소득, 양도소득이 아닌 소득을 말하며, 일시적이고 우발적으로 발생한다. 좀 더 구체적으로는 다음과 같은 소득을 말한다.

- 금이나 복권당첨금, 승마투표권구매자의 환급금 등 이와 유사한 재산상의 이익
- 저작자 또는 실연자·음반제작자·방송사업자 외의 자가 저작권 또는 저작인접권의 양도 또는 사용대가로 받는 금품(단, 저작권 등 사용료가 저작자 자신에게 귀속되면 사업소득, 저작자 외 자에게 귀속되면 기타소득으로 구분한다)
- 영화필름, 라디오·TV 방송용 테이프, 필름, 기타 이와 유사한 자산 또는 권리의 양도 또는 사용의 대가로 받는 금품
- 광업권, 영업권 등 산업재산권을 양도하거나 대여하고 그 대가로 받는 금품(영업권의 양도·대여소득의 경우 사업용고정자산과 함께 양도할 때는 양도

- 물품 또는 장소를 대여하고 사용료로 받는 연간 수입금액 500만 원 이하 금품
- 지역권·지상권을 설정 또는 대여하고 받는 금품
- 계약의 위약 또는 해약으로 인해 받는 위약금과 배상금
- 유실물의 습득 또는 매장물의 발견으로 인해 보상금을 받거나 새로 소유권을 취득할 경우 그 보상금 또는 자산
- 무주물(현재 소유자가 없는 물건)의 점유로 소유권을 취득하는 자산
- 특수관계에 의해 받는 경제적 이익 또는 「법인세법」에 따라 처분된 것으로 급여나 배당, 증여로 보지 않는 금품
- 예술창작 소득(원고료, 인세 등)
- 재산권에 관한 알선수수료, 사례금, 뇌물, 알선수재·배임수재에 따라 받은 금품
- 소기업·소상공인공제부금, 연금저축 등의 해지일시금
- 강연, 해설, 심사, 전문지식의 제공 등 인적용역을 일시적으로 제공하고 지급받는 대가
- 고용관계 중 부여받은 스톡옵션을 퇴직 후 또는 고용관계 없이 행사함으로써 얻는 이익
- 연금계좌(퇴직연금 또는 연금저축 등)에서 세액공제받은 금액 및 운용수익을 연금 외 방법으로 수령하는 금액(15% 분리과세)
- 종업원 등 또는 대학교 직원이 퇴직 후 받는 직무발명보상금
- 종교인 소득
- 가상자산을 양도하거나 대여하여 얻는 소득

- 법령·조례에 따른 위원회 등의 비상임위원 등이 받는 수당

기타소득 과세 방법

이러한 기타소득에 대해서는 대부분 60%에 상당하는 금액(위 가상자산 소득금액은 250만 원)을 필요경비로 인정하는 대신, 세율은 단일세율로 20%를 적용한다. 예를 들어 강연료로 100만 원을 받았다면, 이 중 60만 원은 특별한 증빙을 입증하지 않아도 필요경비로 인정되므로 기타소득금액은 40만 원이며, 이에 20% 세율을 곱해 소득세는 8만 원이 된다. 물론 지방소득세를 포함하면 22%가 되므로 기타소득세로 원천징수되는 금액은 88,000원이다.

기타소득에 대해서는 지급하는 자가 원천징수를 하는 것이 원칙인데, 계약의 위약 또는 해약에 의해 계약금이 위약금 등으로 대체된 금액이나 뇌물, 알선수재 등의 소득에 대해서는 원천징수의무가 없다. 그리고 기타소득에 대해서는 원칙적으로 종합소득 과세표준에 합산해 과세하지만, 예외적으로 분리과세하는 경우도 있다. 이를 구분해보면 다음 표와 같다.

▼ 기타소득 과세 판정 기준

구분	해당 기타소득
무조건종합과세	뇌물, 알선수재 연간 합계 300만 원 초과 기타소득 금액 등
무조건분리과세	복권당첨금, 승마권환급금 등 이와 유사한 금품
선택적분리과세	해당 연도 기타소득금액이 300만 원 이하(총수령액 750만 원 이하)인 경우 납세자의 선택에 따라 종합소득 과세표준에 합산신고할 수 있음. 계약의 위약 또는 해약에 의한 계약금의 위약금, 배상금 등 대체액

선택적분리과세에 해당할 경우 기타소득금액 합산 시 종합소득 과세표준에 적용할 세율이 15% 이하 구간일 때는 합산신고하는 것이 유리하며, 이 경우 원천징수세액 일부를 환급받을 수도 있다.

비과세되는 기타소득

기타소득 중 과세되지 않는 소득은 다음과 같다.

- 일정 법률에 따른 정착금, 보조금, 상금 및 부상
- 종업원이나 교직원, 학생 등이 소속대학 산학협력단에서 받는 500만 원까지의 직무발명보상금
- 서화·골동품을 박물관 또는 미술관에 양도할 때 소득
- 종교인 소득 중 일정한 학자금, 식대, 10만 원 이내 자녀보육료, 사택을 제공받음으로써 얻은 이익

또 기타소득금액으로서 매 건마다 5만 원 이하(총수령액 125,000원)일 때는 과세하지 않는데, 승마투표권은 10만 원 이하로서 환급금이 100배 이하(200만 원 이하)일 때, 슬롯머신당첨금품은 매 건마다 200만 원 이하일 때 비과세한다는 점을 알아두기 바란다.

074 파생상품과 신탁수익권의 세테크

파생상품투자, 잘 알고 해야

파생상품투자는 개인투자자들이 직접 하기에는 위험이 크다. 용이도 어렵고 단위 금액과 변동에 따른 손익이 크며 거래구조도 복잡해 자칫 잘못했다가는 큰 손실을 입을 수 있기 때문이다.

파생상품이란 일종의 계약으로서 ① 시장에서 거래되는 주식이나 곡물과 같이 실재하는 상품('기초자산'이라고 한다)이나 이 기초자산의 가격·이자율·지표·단위 또는 이를 기초로 하는 지수(코스피200지수 등) 등에 의하여 산출된 금전 등을 장래의 특정 시점에 인도할 것을 약정하는 계약, ② 당사자 어느 한쪽의 의사표시에 의하여 위 ①의 금액을 수수하는 거래를 성립시킬 수 있는 권리 부여를 약정하는 계약, ③ 장래의 일정 기간 동안 미리 정한 가격으로 위 ①의 금전 등을 교환할 것을 약정하는 계약 등을 말한다. 즉, 기초자산 자체를 거래하는 것이 아니라 기초자산과 관련하여 파생된 권리를 거래하는 계약이라는 뜻이다.

파생상품의 종류

세법에서는 파생상품을 다섯 가지로 정하고 있는데, 코스피200선물이나 옵션 등 '파생상품시장'에서 거래되는 장내파생상품, 당사자 간의 계약에 의해 거래되는 장외파생상품 중 차액결제거래상품, 주식워런트증권(ELW), 해외파생상품시장에서 거래되는 해외파생상품, 장내파생상품과 실질적으로 같은 장외파생상품이 바로 그것이다.

파생상품의 양도소득 계산 및 신고

국내외에서 파생상품의 거래 행위로 발생하는 양도차익은 위에서 분류한 파생상품별로 다소 복잡한 계산식에 따라 계산한 뒤, 해당 양도차익을 합산하여 연간 250만 원을 공제한 금액을 과세표준으로 한다. 그리고 여기에 10% 세율(기본세율은 20%이나 한시적으로 10% 탄력세율 적용)을 곱해 산출세액을 계산한다.

파생상품의 양도소득신고에 대해서는 예정신고의무가 없으므로, 양도소득이 발생한 해의 다음 달 5월 말까지 확정신고를 하면 된다.

신탁수익권 양도소득이란

신탁이란, 재산의 소유자(위탁자)가 자신의 재산권을 수탁자에게 이전하여 특정 목적에 따라 관리처분하게 하는 법률관계를 말한다. 신탁수익권이란, 신탁재산관리운용을 통해 미래의 일정한 기대수익을 나타내는 수익자의 권리, 즉 신탁의 이익을 받을 권리를 말한다. 가령 부동산이나 주식의 실소유자(위탁자)가 이를 운용하도록 명의를 신탁한 경우 해당 수탁자는 위 신탁재산으로부터 이익을 얻을 수 있고, 대가를 받고 이 권리를 양도할 경우 양도소득이 발생한다. 하지만 신탁수익권의 양도를 통해 신탁재산에 대한 지배·통제권이 사실상 이전되는 경우는 신탁재산 자체의 양도로 본다.

신탁수익권의 양도소득 계산과 신고

신탁수익권의 양도로 발생한 소득에 대해서는 연간 합한 금액에 대해 250만 원을 공제한 뒤 20% 세율(연간 3억 원 초과분은 25%)로 과세하고, 양도일이 속하는 날 말일로부터 2개월 이내에 예정신고를 해야 한다. 2건 이상일 경우에는 다음 해 5월 말까지 확정신고를 해야 한다.

파생상품과 신탁수익권 양도소득의 절세 팁

파생상품의 양도소득과 신탁수익권의 양도소득은 각각 연간 거래금액을 합산하여 과세하므로, 가능하면 동일 연도에 거래를 종료할지, 분산거래를 할지 사전에 세금효과를 계산한 후 의사결정을 하는 것이 절세에 도움이 된다.

| 기타소득세 |

가상자산 거래 세테크

비트코인이 등장한 지 20여 년 만에 세법에서도 가상자산을 법적 자산으로 인정하고 그에 대한 과세 방법을 정했다(2025년부터 적용).

가상자산이란, 경제적으로 가치가 있고, 전자적으로 거래 또는 이전될 수 있는 전자적 증표(또는 그에 관한 일체의 권리를 포함)를 말한다(「특정금융거래정보의보고및이용등에관한법률」 참고).

가상자산에 대한 과세는 주로 가상자산을 취급하는 가상자산사업자를 통해 이루어진다. 가상자산업자는 가상자산을 매도·매수하거나 다른 가상자산과 교환 또는 이전, 보관, 관리, 교환의 중개, 알선 및 대행하는 행위 등을 영업으로 하는 자로, 가상자산거래로 인한 소득에 대해 원천징수신고와 납부의무를 진다.

가상자산의 소득세 계산법

가상자산의 소득세를 계산하는 식은 다음과 같다.

▼ 가상자산소득세 계산 방법

계산구조	내용
총수입금액 (−) 필요경비 (=) 자상자산소득금액	• 가상자산을 양도·대여함으로써 받은 대가 • 양도되는 가상자산의 실제 취득가액과 부대비용. 2023년 1월 1일 이전 취득분의 취득가액 = Max[2022년 12월 31일의 시가, 실제 취득가액]
(−) 기본공제 (=) 과세표준	• 합산한 가상자산소득금액에 대해 연간 1회에 한해 250만 원 공제
(×) 20% (=) 결정세액	• 기타소득세율과 동일
신고·납부	가상자산의 양도·대여로 인한 연간 손익을 통산하여 다음 연도 종합소득세 신고기간(5월 1일부터 5월 31일까지)에 다른 기타소득과 합산하지 않고, 가상자산 기타소득(분리과세)으로 별도로 신고하여 다른 종합소득세에 결정세액을 더해 납부

가상자산 거래 시에는 양도거래라도 그에 따른 소득을 양도소득이 아닌 기타소득으로 보고 과세한다. 또한 다른 기타소득과 달리 종합소득에 합산하지 않고 분리과세한다. 이는 가상자산을 거래하는 납세자(또는 납세의무자)의 세액 부담을 줄이고, 과세 절차를 단순화하기 위한 방안이다.

가상자산 소득의 절세 팁

가상자산 소득에 대한 세액을 줄이려면 취득가액을 2024년 말 자산가격과 실제 취득가액 중 큰 금액으로 선택하는 것이 좋다. 특히 근로소득 등 다른 종합소득이 있고 누진세율 구간이 24% 이상 구간일 경우 합산신고하면 추가 세금 부담이 생기므로, 그해 다른 기타소득금액과 합하여 550만 원이 넘지 않도록 거래 시기나 거래량을 조절하는 것이 유리하다.

| 기타소득세 |

손해배상금은
소득일까, 아닐까?

손해배상금은 그 성격에 따라 소득으로서 과세 대상이 되기도 하고, 소득이 아닌 것으로 보아 과세 대상이 되지 않기도 한다.

과세 대상소득이 되는 손해배상

우선 과세 대상이 되는 손해배상금은 재산권에 관한 계약의 위약 또는 해약으로 인해 받는 것으로, 본래 계약의 내용이 되는 지급(예를 들어 계약금) 자체에 대한 손해를 넘는 손해배상금을 말한다. 세법은 이 손해배상금을 기타소득으로 분류하고, 손해배상금을 개인에게 지급하는 자는 원천징수를 하되, 원천징수세율은 기타소득금액의 20%(지방소득세 2% 별도)로 한다.

예를 들어 아파트를 사기 위해 매수자가 계약금 1,000만 원을 주고 계약을 했는데, 매수자의 사정으로 계약을 취소한 경우 매수자는 계약금 반환을 요구할 수 없다. 매도자 입장에서는 바로 그 계약금 해당액 1,000만 원이 기타소득이 되는 것이다.

만약 매도자가 이 계약을 취소했다면 받은 계약금의 2배인 2,000만 원을 돌려주어야 하며, 매수자의 손해배상금은 1,000만 원이 된다. 즉, 원계약금을 넘는 1,000만 원은 기타소득에 해당한다. 원칙상 지급자는 기타소득 1,000만 원에 대해 220만 원(= 1,000만 원 × 22%)을 원천징수해 신고·납부해야 한다.

이러한 성격의 손해배상금에는 보험금을 지급할 사유가 발생했는데도 보험금 지급이 지체됨에 따라 받는 손해배상금도 포함된다. 물론 계약의 위약 또는 해약으로 반환받은 금전 등의 가액이 계약에 따라 당초 지급한 총금액을 넘지 않는 경우에는 지급 자체에 대한 손해를 넘는 금전 등이 아니므로 기타소득도 없다. 만약 이러한 손해배상금을 법인이 수령할 경우에는 지급자는 원천징수할 필요가 없다. 이처럼 기타소득에 해당하는 손해배상금에 대해서는 다른 기타소득과 달리 필요경비를 인정하지 않는다.

과세 대상소득이 되지 않는 손해배상

손해배상금이라도 소득으로 보지 않는 경우도 있다. 예를 들어 토지의 소유자가 토지를 무단점용해 사용하는 자로부터 부당이득금반환청구 소송에 의해 지급받는 손해배상금은 부가가치세나 소득세 과세 대상이 되지 않는다. 이는 토지의 소유자가 토지를 임대하고 그 임대료를 받는 경우 부가가치세·소득세가 과세되는 것과 다르므로 유의할 필요가 있다. 토지의 무단점유에 대한 손해배상금은 임대용역의 대가가 아닌 그동안 입힌 손실에 대한 금전적인 배상으로 본다는 것을 의미한다.

| 취·등록연허세 |

취득세 세테크

먼저 취득이란 매매, 교환, 상속, 증여, 기부, 현물출자, 건축, 개수, 공유 수면의 매립, 간척에 의한 토지의 조성, 이와 유사한 원시취득, 승계취득 또는 유상·무상을 불문한 일체의 취득 행위를 말한다.

취득세는 집이나 차량 등을 취득하고 등록할 때 취득자에게 부과되는 세금이다. 취득세는 자산의 이전거래에 대한 정보를 파악해 이를 공부상에 등록하게 함으로써 기타 과세자료를 파악하는 중요한 근거가 되기도 한다.

취득세의 과세 대상 자산은 세법에서 따로 열거하고 있는데, 크게 부동 산, 차량 등 그리고 각종 권리로 구분할 수 있다.

▼ 취득세 과세 대상 자산

부동산	토지, 건축물
차량 등	차량, 기계장비, 입목[집단적으로 생육되는 지상의 과수(果樹)와 임목(林木), 죽목(竹木)], 항공기, 선박
각종 권리	광업권, 어업권, 골프회원권, 승마회원권, 콘도미니엄회원권, 종합체육시설이용회원권

취득세는 언제, 어떻게 신고하나요?

취득세는 집이나 자동차를 매매하거나 교환, 상속 또는 증여받을 때, 증축할 때 당시 해당 자산의 취득가액[1]을 과세표준[2]으로 세율을 적용해 계산한다. 이때 취득가액은 취득자가 신고한 금액으로 하지만, 신고가액이 다음 표에서 정하는 시가표준액에 미달할 때는 시가표준액을 과세표준으로 하도록 하고 있다. 다시 말해, 원칙은 신고가액이지만, 신고가액이 시가표준액보다 적을 때는 시가표준액으로 한다.

▼ 취득세의 과세표준

구분	과세표준
토지와 주택	• 토지: 개별 공시지가 • 주택: 공시가격(단독주택가격, 공동주택가격). 단, 공시가격이 없을 때는 시장·군수가 산정한 가액
기타 건축물과 선박, 항공기, 기타 과세 대상 자산	거래가격, 수입가격, 신축·건조·제조가격 등을 참작해 정한 기준 가격에 종류·구조·용도·경과 연수 등을 감안해 시장·군수가 정한 가액

취득세신고·납부는 해당 자산을 취득한 자가 취득일로부터 60일 이내(상속취득은 6개월 이내)에 해당 자산 또는 납세의무자의 소재지 지방자치단체에 신고·납부해야 한다(이를 이행하지 않으면 가산세 부담).

---

1 **취득가액(取得價額)** 자산을 취득할 당시의 거래금액을 말한다.

2 **과세표준** 세금 계산의 기준이 되는 금액으로, 여기에 해당하는 세율을 곱해 세금을 계산한다.

취득세의 세율

취득세에는 취득 원인에 따라 다음 표와 같은 표준세율이 적용되며, 지방자치단체의 조례로 표준세율의 50% 범위 내에서 가감조정할 수 있다.

▼ 취득세의 세율

구분	세율
부동산 취득의 표준세율	1. 상속으로 인한 취득 ① 농지: 2.3% ② 농지 외의 것: 2.8% 2. 상속 외 무상취득(증여): 3.5%(비영리사업자의 취득은 2.8%) 3. 원시취득: 2.8% 4. 기타 매매 등 유상거래에 의한 취득 ① 농지: 3%(2년 이상 영농자는 1.5%) ② 주택(오피스텔 제외): 취득가액 6억 원 이하 1%, 6~9억 원 1~3%, 9억 원 초과 3% ③ 농지·주택 외 토지·건물 등: 4%
부동산 외 취득의 표준세율	1. 차량 ① 비영업용 승용자동차: 7%(경자동차는 4%) ② 그 밖의 자동차 ⓐ 비영업용: 5%(경자동차는 4%) ⓑ 영업용: 4% ⓒ 이륜자동차: 2% ③ ①과 ②를 제외한 그 밖의 차량: 2% 2. 기계장비: 3% 3. 선박 ① 상속: 2.5% ② 기타 무상: 3% ③ 원시취득: 2.02% ④ 기타: 3% 4. 항공기, 입목, 골프회원권, 승마회원권, 콘도미니엄회원권 또는 종합체육시설이용회원권: 2%

▼ 다주택·법인 주택 취득세 중과세율

구분	2주택[1]	3주택	법인·4주택 이상
조정대상지역	8%	12%	12%
비조정대상지역	1~3%	8%	12%

1) 일시적 2주택은 1주택으로 과세. 단, 3년 이내 기존주택 미처분 시 차액 추징

한편, 사치성재산 등 특정 재산의 취득에 대해서는 중과세하고 있는데, 그 세율은 다음 표와 같다.

▼ 특정 재산에 대한 중과세

구분	중과세율
사치성재산(골프장, 고급오락장, 고급주택, 고급선박)의 취득	표준세율[1] + 8%
과밀억제권역 안에서 본점, 주 사무소의 사업용부동산을 취득하거나 공장을 신설·증설하기 위해 사업용 과세 대상 자산을 취득한 경우	표준세율 + 4%

1) 앞의 표에서 제시된 세율

취득세를 비과세하는 경우

먼저 국민주택규모 이하로서 취득 당시 시가표준액이 9억 원 이하인 공동주택의 개수(改修, 보수공사, 대수선은 제외)로 인한 취득에 대해서는 취득세를 면제한다.

국가·지방자치단체 등이 취득하거나 그에 귀속 또는 기부채납[3]을 조건으로 취득하는 부동산이나 사회기반시설 그리고 법률에 의한 동원대상지역 내 토지의 수용·사용에 관한 환매권의 행사로 취득하는 부동산에 대해서는

---

3   기부채납 국가 또는 지방자치단체가 무상으로 재산을 받아들이는 것을 뜻한다.

취득세를 부과하지 않는다.

존속기간이 1년 이하인 임시흥행장, 공사현장사무소 등 임시건축물의 취득에 대해서도 취득세를 부과하지 않는다.

천재지변으로 인해 건축물이나 선박, 자동차 등이 멸실 또는 파손되어 그때로부터 2년 이내에 대체물을 취득할 경우에도 취득세를 부과하지 않는다.

신탁(「신탁법」에 따른 신탁으로 신탁등기가 병행되는 것만 해당)에 의한 취득으로 위탁자에서 수탁자로(또는 신수탁자), 신탁의 종료 등에 의한 수탁자에서 위탁자로 신탁재산을 이전하는 경우 취득세를 비과세한다. 다만, 신탁재산의 취득 중 주택조합 등과 조합원 간의 부동산 취득 및 주택조합 등의 비조합원용 부동산 취득은 제외한다. 또 취득가액이 50만 원 이하일 때는 과세최저한제도[4]에 따라 취득세를 부과하지 않는다.

마지막으로 차령초과 등의 사유로 사용할 수 없게 된 상속받은 차량도 취득세 비과세 대상이다.

---

4 **과세최저한제도** 소액부징수와 유사한 것으로 과세소득, 과세가액이 일정 금액에 미달할 경우 과세하지 않는 제도다. 기타소득금액이 매 건마다(연금 외 수령 시 제외) 5만 원 이하이거나 상속세·증여세 과세표준이 50만 원 미만일 때, 간이과세자의 공급대가가 3,000만 원 미만일 때는 해당 세금의 납부의무를 면제하고, 취득가액이 50만 원 이하일 때는 취득세를 부과하지 않는다.

| 취 · 등록면허세 |

등록면허세 세테크

등록면허세 대상 자산별 납세지

등록면허세는 집이나 자동차 등에 대해 취득이 아닌 내용의 재산권이나 기타 권리를 설정·변경하거나 소멸할 때 그 내용을 공적(公的) 장부(帳簿)에 등기하거나 등록할 경우 또는 특허권이나 저작권, 각종 면허·허가·인가 등 행정청의 면허를 받으려는 자에게 부과되는 지방세다. 등록면허세 대상이 되는 자산과 등록면허세 납세지는 다음 표와 같다.

▼ 등록면허세 대상 자산별 납세지

대상 자산	납세지
부동산 소유권의 보존, 이전, 지상권·전세권, 경매, 가처분등기	부동산 소재지
자동차등록	「자동차관리법」상의 등록지(시·도별 관리)
법인설립, 출자, 사무소이전등기	법인 본점·지점, 주 사무소, 분 사무소 소재지
상호등기, 영업허가등록	영업소 소재지
저작권, 출판권, 저작인접권, 프로그램·DB저작권등록	권리자 주소지
특허권, 실용신안권, 디자인권의 등록	등록권자 주소지

상표·서비스표지등록	주 사무소 소재지
기타 등기·등록	등기 또는 등록관청 소재지

등록면허세의 과세표준

등록면허세의 과세표준은 등기·등록 당시의 가액으로, 등기·등록자가 신고한 금액으로 한다. 하지만 신고하지 않거나 신고한 금액이 다음 표의 시가표준액에 미달할 때는 시가표준액을 과세표준으로 하도록 하고 있다.

▼ 등록면허세의 과세표준

구분	시가표준액
토지와 주택	• 토지: 개별 공시지가 • 주택: 공시가격(단독주택가격, 공동주택가격). 단, 공시가격이 없을 때는 시장·군수가 산정한 가액
기타 건축물, 기타 과세 대상 자산	거래가격, 수입가격, 신축·건조·제조가격 등을 참작해 정한 기준가격에 종류·구조·용도·경과 연수 등을 감안해 시장·군수가 결정한 가액

부동산과 법인등기의 등록면허세 세율

이러한 자산에 대한 등록면허세 세율은 다음 표와 같은 표준세율로 하지만, 조례로 표준세율의 50% 범위 내에서 가감조정할 수 있다. 등록면허세 세율표는 우리의 실생활과 밀접한 관련이 있는 부동산과 법인등기에 대한 과세표준과 세율을 정리한 것이니 참고하기 바란다. 이외의 자산은 과세표준과 세율이 조금씩 다르므로 해당 자산 등록면허세에 대해서는 세법 등을 참고하는 것이 좋다.

▼ 부동산등기에 대한 등록면허세

구분		과세표준	세율	비고
소유권	매매 등 유상이전	부동산가액	2%	세액이 6,000원 미만일 때는 6,000원
	상속에 의한 이전	부동산가액	0.8%	
	증여 등 기타 무상이전	부동산가액	1.5% (상속이전 등기 0.8%)	
	소유권의 보존	부동산가액	0.8%	
소유권 이외의 물권과 임차권[1] 설정, 이전	지상권	부동산가액	0.20%	
	저당권	채권금액		
	지역권	요역지가[2]액		
	전세권	전세금액		
	임차권	월임대차금액		
	경매신청·가압류·가처분	채권금액		
	가등기	부동산가액		

1) 담보추가등기 등 그 밖의 부동산등기는 1건당 6,000원
2) 요역지가: 지역권의 편익을 받는 토지

▼ 법인등기에 대한 등록면허세

구분		과세표준	세율	비고
법인 설립, 합병	설립, 불입 자본·출자의 증가	불입액	0.4% (비영리법인 0.2%)	세액이 135,000원 미만일 때는 135,000원 (지방교육세 포함)
재평가적립금의 자본전입(재평가일로부터 3년 이내 자본전입 시 제외)		증자금액	0.1%	
본점·주 사무소의 이전		매 1건	135,000원 (지방교육세 포함)	–
지점·분 사무소의 설치		매 1건	48,240원 (지방교육세 포함)	–

※ 자본금 감소 시 등록면허세는 40,200원(지방교육세 8,040원)

한편, 대도시(과밀억제권역) 안에서 다음과 같은 부동산등기, 법인등기를 할 때는 일반적인 등록면허세 표준세율의 3배에 해당하는 중과세율을 적용한다. 이는 대도시의 인구, 부동산의 과밀 상태를 방지하기 위함이다.

▼ 중과세율 적용 대상

구분	적용 대상
부동산등기	• 대도시에서 법인의 설립(휴면법인을 인수하는 경우 포함), 지점·분 사무소 설치에 따른 부동산등기와 그 설립·설치 이후 5년 이내의 부동산등기 • 대도시 안으로의 법인의 본점·주 사무소·지점·분 사무소 전입에 따른 부동산등기와 그 전입 이후 5년 이내 부동산등기 • 대도시 안에서 공장의 신설·증설에 따른 부동산등기
법인등기	• 대도시에서 법인의 설립(설립 후 또는 휴면법인을 인수한 후 5년 이내 자본 또는 출자액을 증가하는 경우 포함), 지점·분 사무소 설치에 따른 법인등기 • 대도시 외의 법인이 대도시 안으로의 본점·주 사무소 전입(전입 후 5년 이내에 증자하는 경우 포함)에 따른 법인등기. 이때 전입은 법인설립으로 보아 세율을 적용함

등록면허세 비과세

천재지변·소실·도괴(구조물이 무너지는 것) 등 불가항력적인 요인으로 멸실·파손된 건축물, 선박, 자동차, 기계장비의 말소등기와 말소등록 시 등록면허세를 면제한다. 또한 멸실·파손된 건축물을 복구하기 위한 신축·개축(멸실일 또는 파손일부터 2년 이내)의 건축허가 면허에 대해서도 등록면허세를 면제한다.

| 취 · 등록면허세 |

농어촌특별세와 지방교육세

앞서 살펴보았듯 취득세와 등록면허세는 부동산이나 자동차 등 과세 대상 자산을 거래할 때 불가피하게 부담해야 하는 세금이다. 더욱이 취득세와 등록면허세의 과세표준은 대부분 자산가액이 기준이 되므로 값비싼 자산 거래 시 부담하는 취득세와 등록면허세는 금액이 커질 수밖에 없다. 또 취득세와 등록면허세만 부담하는 것이 아니라 여기에 부가되는 세금까지 함께 내야 한다.

이번에는 취득세와 등록면허세에 부가되는 세금을 알아보자.

농어촌특별세

취득세에는 농어촌특별세(이하 '농특세')가 따로 붙는다. 농특세를 부과하는 목적은 농·어업의 경쟁력 강화와 농어촌 산업기반시설의 확충, 지역개발사업을 위해 필요한 재원을 확보하기 위함이다.

농특세 과세표준은 대부분 부과된 세금에서 감면된 세액으로 하고 있지만, 감면을 받지 않은 경우에도 본세 자체에 정책적으로 농특세를 부과하기도 하고, 면제하기도 한다. 농특세 과세표준과 세율은 다음 표와 같다.

▼ 농특세 과세표준과 세율

구분	과세표준	세율
법인세, 소득세, 관세, 취득세, 등록면허세	「조세특례제한법」상 감면세액	20%
이자소득세, 배당소득세	「조세특례제한법」상 감면세액	10%
개별소비세	개별소비세액	10%(30%)
주식양도가액	양도가액	0.15%
취득세	표준세율을 2%로 한 취득세액	10%
레저세	레저세액	20%
종합부동산세	종합부동산액	20%

표를 보면 취득세 감면분에 대해서는 감면세액의 20%를 농특세로 부과하고, 비감면분에 대해서는 10%의 농특세를 부담한다는 것을 알 수 있다. 예를 들어 매매거래에 의한 토지 취득 시 부담하는 농특세를 계산하면 원래 취득세 표준세율은 4%이지만, 농특세 계산 시에는 2%로 계산하므로 부과되는 농특세는 0.2%가 된다.

지방교육세

취득세와 등록면허세에는 지방교육세가 부가된다. 지방교육세를 부가하는 목적은 지방교육의 질적 향상에 필요한 재원 확보에 있다. 지방교육세 과세표준과 세율은 다음 표와 같다.

구분	과세표준	세율
취득세, 등록면허세	취득세 과세표준에 '표준세율 − 2%'로 산출한 세액, 등록면허세액	20%
레저세	레저세액	40%
주민세	주민세균등분세액	10%(인구 50만 이상 시는 25%)
재산세	재산세액	20%
자동차세	자동차세액	30%
담배소비세	담배소비세액	50%

위 표에서 취득세와 등록면허세에 대해서는 세액의 20%를 지방교육세로 부담한다는 것을 알 수 있다. 단, 취득세에 부가되는 지방교육세는 '취득세 표준세율 − 2%'를 과세표준으로 한다는 점이 다르다.

이렇게 보면 매매에 의한 유상거래인 경우 취득세는 본세 4%에 취득세 부가세인 농특세 0.2%와 취득세 부가세인 지방교육세 0.4%를 합해 4.6%, 등록면허세는 등록면허세 본세 2%에 등록면허세 부가세인 지방교육세 0.4%를 합해 2.4%가 된다.

예를 들어 1억 원 상당의 토지를 취득할 경우 부담해야 하는 거래세는 1억 원의 4.6%에 해당하는 460만 원이다. 하지만 9억 원 이하 1세대 1주택 거래인 경우 취득세 등 거래세 세율은 50%를 감면받으므로 취득세, 농특세, 지방교육세를 모두 합해 2.3%만 부담하면 된다. 즉, 1세대 1주택에 해당하는 주택을 2억 원에 취득할 경우 거래세는 2억 원의 2.3%에 해당하는 460만 원인 셈이다. 이처럼 거래세에는 본세에 더해 부가세도 따라붙는다는 점을 알아둘 필요가 있다.

080

| 지방소득세 |

실수하기 쉬운 지방소득세

지방소득세는 「법인세법」과 「소득세법」에 따라 산출된 법인세와 소득세에 부가되는 지방세다. 지방소득세의 계산 방식과 세율은 「지방세법」, 지방소득세 세액공제와 세액감면은 「지방세특례제한법」에서 정하고 있다.

부담이 커진 지방소득세

지방소득세의 과세표준은 법인세 과세표준 또는 소득세 과세표준과 동일하다. 하지만 세율은 법인세(소득세)율의 10%, 즉 0.09~2.4% 또는 0.6~4.5% 등이다. 지방세부담액은 산출세액에서 「지방세특례제한법」에 의한 세액공제 및 감면을 차감하고 가산세를 더한 금액이 되는데, 현재까지 지방소득세에 대한 세액공제와 세액감면은 법으로 정하고 있지 않으므로 소득세나 법인세를 공제받거나 감면받는 경우에는 해당 세액의 10%보다 지방소득세가 더 많아진다. 따라서 신고·납부 시 특히 유의해야 한다.

▼ 지방소득세의 과세표준과 산출세액, 신고·납부기한

구분	산출세액	신고·납부기한(관할 지방자치단체)
「소득세법」에 의한 과세표준	• 종합소득 과세표준 × 0.6 ~ 4.5% (표준세율) • 퇴직소득 과세표준 × 표준세율 (연분연승법) • 양도소득 과세표준 × 표준세율, 4%, 5% 등	종합·퇴직·양도소득세 과세표준 확정신고기한까지 신고·납부(수정신고 시 추가 신고·납부), 양도소득세 과세표준 예정신고기한까지 신고·납부
「법인세법」에 의한 과세표준	• 각 사업 연도소득 과세표준 × 0.09%, 1.9%, 2.1%, 2.4%(표준세율) • 토지 등 양도소득 과세표준 × 1%(미등기토지 등 0.4%) • 청산소득 과세표준 × 0.09%, 1.9%, 2.1%, 2.4%(표준세율)	각 사업 연도 종료일이 속하는 달의 말일부터 4개월 이내 신고·납부(수정신고 시 추가 신고·납부)

| 재산세 |

재산을 갖고 있다면
재산세는 필수!

자기 또는 부모님 명의의 재산세 고지서를 받아본 적이 있을 것이다. 재산세는 매년 6월 1일을 기준으로 주택이나 토지를 가지고 있는 사람에게 부과되는 세금이다. 여기서 주택이란, 주거생활을 영위할 수 있는 구조로 된 건축물과 그 부속토지를 포함한다. 토지에는 농지, 임야, 골프장 등이 있다.

재산세는 재산의 종류에 따라 다르고 조금 복잡하다. 여기에서는 일상생활에서 알아두어야 할 내용만 살펴보자.

재산세 계산은 어떻게 하나?

주택에 대한 재산세는 별장(부속토지 포함)과 기타 일반주택으로 구분하는데, 별장에 대해서는 재산세를 일반주택보다 10배 이상 중과세한다.

재산세 계산의 대상이 되는 재산의 과세표준은 정부가 정한 각 자산의 시가표준액을 기준으로 한다.

난 집이 없으니 재산세 안 내도 되지~

예를 들어 토지·건축물은 시가표준액의 70%(공정시장가액비율)를, 주택은 시가표준액의 60%(공정시장가액비율)를 과세표준으로 하고 있다.

시가표준액은 재산별로 다음과 같이 정하고 있다.

- 토지의 시가표준액 = 개별 공시지가 × 면적
- 주택의 시가표준액 = 주택 공시가격

여기에 세율을 곱해 재산세를 계산하게 되는 재산세율은 시가표준액에 공정시장가액 비율을 곱한 과세표준 구간에 따라 주택은 0.1~0.4% 누진세율을, 토지는 0.2~0.4% 누진세율을 적용한다.

재산세 납부 시기와 절세 팁

재산세는 매년 6월 1일을 기준으로 해당 자산을 가지고 있는 사람에게 부과하는데, 재산세 납부기한은 토지는 매년 9월 30일, 주택은 절반은 7월 31일, 나머지 절반은 9월 30일까지다. 따라서 재산세를 피하려면 6월 1일이 되기 전에, 즉 5월 31일까지 처분해야 한다.

만약 재산을 취득하려고 한다면 잔금 또는 등기접수 시점을 6월 1일이 지난 6월 2일 이후에 하는 것이 좋다. 그렇게 하면 그 해의 재산세는 피할 수 있기 때문이다.

이처럼 보유재산의 처분 시기는 재산세 절세에 중요한 사항 중 하나이므로 매매계약서 작성 시 반드시 고려해야 할 필요가 있다.

| 종합부동산세 |

재산세와
종합부동산세의 관계

종합부동산세란, 흔히 '종부세'라 불리며, 지방자치단체가 부과하는 종합토지세 외에 일정 기준을 초과하는 토지와 주택 소유자에 대해 국세청이 별도로 누진세율을 적용해 국세를 부과하는 제도다.

재산세와 종합부동산세는 재산을 대상으로 부과된다는 점은 동일하지만 종합부동산세는 재산세와 달리, 고액의 부동산 보유자에게만 부과된다.

지방자치단체는 매년 6월 1일을 기준으로 부동산 보유자에게 보유 부동산에 대한 재산세를 부과한다. 고액의 부동산 보유에 대해서는 중앙정부에서 2차로 세금을 부과하는데, 전국의 부동산을 유형별로 구분하여 그 공시가격 합계액을 납세자별로 합산해 기준금액 초과분에 대해 종합부동산세를 부과한다. 이렇게 징수된 종합부동산세는 재정이 어려운 지방자치단체에 전액 교부하도록 해 지방재정의 균형 발전을 꾀한다.

종합부동산세에서 재산세는 빼준다

상황이 이렇다 보니 고액의 부동산 보유자는 재산세와 종합부동산세를 이중으로 부담하는 문제가 발생할 수 있다. 즉, 동일한 자산에 대해 유사 목적의 세금을 이중으로 부담하는 문제가 제기되는 것이다. 이 문제를 해결하기 위해 종합부동산세 계산 시 해당 부동산의 재산세액을 공제하도록 하고 있다. 종합부동산세는 결국 재산세 대상자 가운데 특정 부동산 소유자만을 선택해 부과되는 셈이다.

종합부동산세 대상은 고액의 부동산

종합부동산세 대상은 고액의 부동산으로, 특정한 주택과 토지에 한정한다. 주택은 과세기준일 현재 주택분 재산세 납세의무자로서, 국내에 있는 재산세 과세 대상인 주택(별장 제외)의 공시가액을 합산한 금액이 9억 원(1세대 1주택자는 12억 원)을 초과하는 경우에 과세된다. 토지는 과세기준일 현재 토지분 재산세 납세의무자로서 상업용 건물 부속토지는 공시가격을 합한 금액이 80억 원을 초과할 때, 농지 임야 등은 공시가격을 합한 금액이 5억 원을 초과할 때 종합부동산세가 과세된다.

| 종합부동산세 |

종합부동산세는 어떻게 계산할까?

종합부동산세는 매년 6월 1일을 기준으로 고가주택이나 토지를 소유한 자에게 부과한다. 물론 주택 중에 종합부동산세 합산 대상에서 제외할 수 있는 주택이 있다. 일정한 임대주택과 다가구임대주택, 종업원에게 제공하기 위한 기숙사·사원용주택, 주택건설사업자가 건축하고 소유하는 미분양주택, 가정용보육시설용 주택, 수도권 외 지역에 소재하는 1주택 등이 바로 그것이다. 이에 해당하면 매년 9월 16일부터 9월 30일까지 관할세무서장에게 해당 주택의 보유 현황을 신고하면 된다.

종합부동산세를 계산하는 방식은 다음과 같다.

▼ 주택분 종합부동산세의 계산구조

계산구조		내용
과세표준		{납세의무자별 소유 주택 공시가격 합계 − 9억 원(개인 단독명의 1세대 1주택자 12억 원)}[1] × 공정시장가액비율(60%)
(×) 세율	개인	• 2주택 이하 소유자: 과세표준 3, 6, 12, 50, 94억 원 구간별 0.5, 0.7, 1, 1.3, 1.5, 2.3% 누진세율 • 3주택 이상 소유자: 과세표준 3, 6, 12, 25, 50, 94억 원 구간별 0.5, 0.7, 1.2, 3, 4, 5% 누진세율

(×) 세율	법인[1]	• 2주택 이하: 2.7% • 3주택 이상: 5%
(−) 재산세액공제		(주택분 재산세 합계액) × (주택분 종합부동산세 과세표준에 대해 주택분 재산세 표준세율로 계산한 재산세 상당액) ÷ (주택분 합산한 금액에 재산세 표준세율로 계산한 재산세 상당액)
(−) 1세대 1주택 세액공제(두 공제율 합계 80% 한도 중복 적용 가능)		• 고령자 세액공제 = 재산세공제 후 산출세액 × 공제율(60~65세 20%, 65~70세 30%, 70세 이상 40%) • 장기보유자 세액공제 = 재산세공제 후 산출세액 × 공제율(5~10년 20%, 10~15년 미만 40%, 15년 이상 50%)
세부담상한[1]		전년도 주택 총세액의 150%

1) 법인은 9억 원 공제와 세부담상한이 없음. 또한 사회적기업 등의 취득세율은 일반 누진세율 적용

▼ 토지분 종합부동산세의 계산구조

계산구조	농지, 임야 등 토지	상업용 부속토지
과세표준	(납세의무자별 소유 토지 공시가격 합계 − 5억 원) × 공정시장가액비율(100%)	(납세의무자별 소유 토지 공시가격 합계 − 80억 원) × 공정시장가액비율(100%)
(×) 세율	• ~15억 원 이하: 1% • 15억 원 초과 ~ 45억 원 이하: 2% • 45억 원 초과 ~ : 3%	• ~200억 원 이하: 0.5% • 200억 원 초과 ~ 400억 원 이하: 0.6% • 400억 원 초과 ~ : 0.7%
(−) 재산세액공제	(해당 토지분 재산세 합계액) × (해당 토지분 종합부동산세 과세표준에 해당 토지분 재산세 표준세율로 계산한 재산세 상당액) ÷ (해당 토지를 합산한 금액에 토지분 재산세 표준세율로 계산한 재산세 상당액)	(해당 토지분 재산세 합계액) × (해당 토지분 종합부동산세 과세표준에 해당 토지분 재산세 표준세율로 계산한 재산세 상당액) ÷ (해당 토지를 합산한 금액에 토지분 재산세 표준세율로 계산한 재산세 상당액)
세부담상한	직전 연도 종합합산과세 대상 토지에 대한 총세액 상당액 × 150%	직전 연도 종합합산과세 대상 토지에 대한 총세액 상당액 × 150%

| 종합부동산세 |

주택보유자의 종합부동산세 세테크

종합부동산세 과세 대상

주택에 대한 종합부동산세 납부의무는 매년 6월 1일 현재 주택분 재산세 납세의무자로서 국내에 있는 재산세 과세 대상 주택의 공시가격을 합산한 금액이 9억 원을 초과할 경우 발생한다. 하지만 세대원 중 한 사람이 단독명의로 보유하고 1세대 1주택에 해당할 경우에는 12억 원을 공제해주므로 결국 공시가격 합계 12억 원까지 종합부동산세를 내지 않아도 된다(단, 법인은 아님). 1세대 1주택 보유자에 대한 특례라고 할 수 있다. 주택에 대한 종합부동산세 과세표준은 다음과 같은 산식으로 나타낼 수 있다.

> 종합부동산세 과세표준 = 납세의무자 개인별 소유 주택의 공시가격 합계 − 9억 원(개인 단독명의 1세대 1주택자[1]) 12억 원) × 60%(공정시장가액비율)

1) 단독명의 1세대 1주택: 세대원 중 1명만 주택분 재산세 과세 대상 1주택만 소유한 경우
※ 법인은 공제 없음

주택 수를 계산할 때 구분등기되지 않은 다가구주택은 1주택으로, 공동소유 주택은 각자 소유한 것으로 본다. 단, 상속주택으로 상속개시일에서

5년 이내이거나 지분율 40% 이하 해당 지분의 공시가격이 3억 원 이하(수도권 밖 3억 원 이하)일 경우에는 제외한다. 또한 수도권 밖에 소재하는 공시가격 3억 원 이하 지방소재 1주택과 일시적 2주택(신규주택 취득 후 3년 이내)은 주택 수에서 제외한다. 또한 특정 임대주택과 종업원기숙사(사원용주택), 미분양주택, 가정어린이집용주택, 등록문화재주택 등은 합산배제신고를 통해 과세표준에서 제외할 수 있다. 주택분 종합부동산세는 세대별로 합산해 과세하지 않고, 개인별로 한다는 점도 유의해야 한다.

종합부동산세 계산 방법

사례　N씨(6월 1일 현재 63세)는 현재 공시가격 14억 원에 해당하는 1세대 1주택을 단독명의로 7년째 보유하고 있어 매년 종합부동산세를 부담하고 있다. N씨가 종합부동산세를 절세할 수 있는 방법은 무엇일까?

우선 N씨가 부담하는 종합부동산세를 계산해보자.

① 종합부동산세 산출세액 = (14억 원 − 12억 원) × 60%(공정시장가액비율) × 0.5% = 600,000원
② 재산세액공제액 = 주택분 재산세로 부과된 세액의 합계액 × 주택분 종부세 과세표준에 대해 주택분 재산세 표준세율로 계산한 재산세 상당액 ÷ 주택을 합산해 주택분 재산세 표준세율로 계산한 재산세 상당액
= 216,000원(= 1,890,000원 × 216,000원 ÷ 1,890,000원)

③ 재산세 공제 후 금액 = 384,000원(= 600,000원 - 216,000원)

④ 1세대 1주택 세액공제

- 고령자 세액공제 = 종합부동산세액 × 공제율

   = 384,000원 × 20%(63세) = 76,800원

- 장기보유 세액공제 = 종합부동산세액 × 20%(7년 보유)

   = 384,000원 × 20% = 76,800원

⑤ 납부해야 할 종합부동산세 = 384,000원 - 76,800원 - 76,800원

   = 230,400원

⑥ 총부담세액 = 종합부동산세 + 농어촌특별세(종합부동산세액의 20%)

   = 230,400원 + (230,400원 × 20%) = 276,480원

만약 N씨가 부인에게 6억 원에 해당하는 지분을 증여하면 어떻게 될까? 이 경우 N씨와 배우자의 주택지분공시가격은 각각 8억 원, 6억 원이므로 N씨의 종합부동산세는 0원이다.

부부간 증여에 대해서는 10년 내 6억 원까지는 증여세가 없다. 다만, 증여에 따른 취득세(농특세, 지방교육세 포함)가 발생하는데, 이는 시가표준액의 3.5%인 2,100만 원에 상당한다. 전체 세금을 고려하면 N씨가 종합부동산세 부담을 줄이기 위해 주택지분을 배우자와 나누는 것은 실익이 없다는 것을 알 수 있다. 이처럼 세테크란 여러 가지 측면을 고려해야 하므로 하나의 측면만으로 판단해 의사결정을 해서는 안 된다.

085

| 종합부동산세 |

종합부동산세를
피할 수 있는 방법

종합부동산세의 세테크 방법

종합부동산세 절세 방법은 없을까? 임대주택이나 기숙사 등 합산배제 대상 주택 여부를 확인해 합산배제신청을 하거나 1세대 1주택 해당 시 노령자 세액공제나 장기보유 세액공제가 제대로 적용되었는지 확인하는 것은 종합부동산세 절세의 기본이라 할 수 있다.

종합부동산세의 과세기준일이 매년 6월 1일인 점을 고려해 취득·처분 시점에 따라 종합부동산세를 회피할 수도 있다. 즉, 종합부동산세 과세 대상이 되는 주택이나 토지를 취득하거나 처분하려고 할 때 취득은 6월 1일이 지난 후에 하는 것이 유리하고, 처분은 6월 1일 이전인 5월 말까지 하는 것이 해당 연도 종합부동산세를 피할 수 있는 방법이다. 따라서 종합부동산세 과세 대상 부동산의 취득·처분 시 매매계약서를 작성할 때는 잔금일이나 등기일을 정할 때 특히 유의할 필요가 있다. 잔금일 또는 등기접수일이

취득일 또는 처분일이 되기 때문이다.

한편, 동일한 종합부동산세 과세 대상 부동산이라 하더라도 매년 공시가격이 변동되기 때문에 해마다 종합부동산세액이 달라진다. 부동산경기가 활성화되면 덩달아 개별공시지가[1] 또는 주택 공시가격이 높아지고, 공정시장가액비율도 해마다 높아지도록 되어 있으므로 종합부동산세가 증가할수 있다. 이에 따라 급격한 세부담 증가를 예방하기 위해 직전 연도 해당 부동산에 대한 재산세, 종합부동산세 상당액 합계의 150%를 한도로 부과한다는 점도 알아둘 필요가 있다.

좀 더 근본적으로 종합부동산세를 회피하는 방법도 있다. 주택·토지를 투자 관점에서 본다면 종합부동산세나 재산세, 양도소득세 등을 고려해 취득할 수도 있지만, 부동산경기가 침체되어 부동산투자의 매력이 떨어지는 시기에는 부동산 취득에 따른 금융비용의 손실보다는 굳이 소유하지 않고 전세 또는 임차해 사용하는 방법이 현명할 수 있다. 이렇게 되면 당연히 종합부동산세나 재산세는 부과되지 않는다.

---

1 개별공시지가 「부동산가격공시및감정평가에관한법률」에 의해 건설교통부가 매년 1월 1일을 기준으로 조사·평가해 공시하는 표준지의 단위면적(㎡)당 가격을 말한다.

| 양도소득세 |

양도차익에 붙는
양도소득세

양도소득세란, 세법에서 정한 자산을 양도함에 따라 해당 자산의 보유 기간 동안 발생한 차익(양도소득)에 대해 일정한 세율을 곱해 과세하는 세금이다. 여기서 양도란, 등기 또는 등록 여부와 관계없이 자산을 매도, 교환하거나 법인에 현물출자하는 등과 같은 유상거래를 말한다.

▼ 양도소득세 대상 자산과 세율

구분	종류	적용세율
토지, 건물	토지, 주택, 상업용건물 등	기본세율[1](6~45%), 분양권(60%), 1년 미만 보유(50%, 주택·입주권 등은 70%), 2년 미만 보유(40%, 주택·입주권 등은 60%), 미등기 양도자산(70%), 비사업용토지(16~55%)
부동산에 관한 권리	입주권(분양권 포함), 지상권, 전세권, 등기된 부동산임차권	
기타 부동산에 준하는 자산	부동산과 함께 양도하는 영업권, 이용권, 이축권, 회원권, 특정부동산법인주식, 특정과점법인주식	기본세율(6~45%)
유가증권	대주주가 양도하는 상장주식, 장외에서 양도하는 상장주식, 비상장주식	중소기업주식·출자지분(10%), 소액주주 보유 비중소기업주식·출자지분(양도소득과세표준 3억 원 이하 20%, 초과분 25%), 대주주 1년 미만 보유 비중소기업주식·출자지분(30%)

| 파생상품 | 코스피200선물, 옵션 등 장내외 파생 상품 | 20%(탄력세율 10%) |
| 신탁수익권 | 신탁의 이익을 받을 권리(수익증권이나 투자신탁수익권 등 제외) | 양도소득과세표준 3억 원 이하 20%, 초과분 25% |

1) 2주택자가 조정지역 소재 주택을 양도하는 경우 기본세율 + 10%, 3주택자의 경우 기본세율 + 20% 적용. 단, 2024년 5월 9일까지 양도분에 대해 다주택자 중과세 배제. 조정지역 다주택 양도 시 위 세율에 10% 추가. 단기 양도 시에는 1년 미만 70%, 2년 미만 60% 중과세율 적용(단기 보유 시에는 단일 중과세율과 비교하여 큰 세액으로 함)

양도소득세 계산구조

양도소득세 계산 시 양도·취득 시기는 매우 중요하다. 보유기간 특례(양도소득세 비과세 또는 적용세율 차이, 장기보유특별공제 등)가 있기 때문이다(양도·취득 시기는 93장 참고).

양도소득세는 다음 표와 같은 절차로 계산한다.

▼ 양도소득세 계산구조

계산구조	내용
양도가액 (-) 필요경비	• 실거래가액 • 취득 시 실거래가(불분명 시 환산가액) + 기타 필요경비
(=) 양도차익 (-) 장기보유특별공제	• 토지·건물 3년 이상 보유 시 양도차익의 6~80% 공제(미등기양도 부동산 제외)
(=) 양도소득금액 (-) 기본공제	• 양도자산 종류(토지·건물·부동산권리·기타 자산/주식 파생상품/신탁수익권)별로 연간 250만 원
(=) 과세표준 (×) 세율	• 기본세율(6~45% 또는 16~55%, 26~65%), 10%, 20%, 30%, 40%, 50%, 60%, 70%
(=) 산출세액	

양도차익 계산에서 중요한 것은 필요경비

계산식의 각 항목을 좀 더 살펴보자. 양도가액은 실제 거래가액(매매가액, 수용가액[1] 등)을 말하므로 이론의 여지가 없다. 필요경비는 실거래취득가액에 자본적 지출[2]과 양도비를 더한 금액이다(다음 쪽 참고). 하지만 실거래취득가액이 불명확한 경우 몇 가지 대안이 존재한다.

상속 또는 증여받은 자산의 취득가액은 상속개시일 또는 증여취득일 현재 「상속세및증여세법」의 규정에 따라 평가한 가액(매매사례가액, 감정가액, 환산가액, 기준시가)을 취득가액으로 본다. 특히, 취득 당시 실제 거래가액을 인정 또는 확인할 수 없을 때는 기준시가 등을 이용한 환산가액을 적용하는데, 환산가액의 계산식은 다음과 같다.

> 환산취득가액 = 양도 당시의 실지거래가액(매매사례가액 또는 감정가액) × 취득 당시 기준시가 ÷ 양도 당시 기준시가

이처럼 취득가액으로 환산가액을 선택할 경우 필요경비는 납세자의 선택에 따라 다음 중 큰 금액으로 할 수 있다.

첫째는 '환산취득가액 + 개산공제금액(토지 및 건물의 경우 기준시가의 3%, 지상권·전세권의 경우 기준시가의 7%, 기타 자산의 경우 기준시가의 1%)'이고, 둘째는 취득가액을 배제한 '실제 자본적 지출 + 양도비'다. 단, 환산가액을 취득가액으로 적용할 경우 가산세를 부담할 수 있으니 유의해야 한다.

---

1 **수용가액** 법률 등에 의해 부동산을 강제 수용할 경우, 해당 부동산의 수용에 따른 보상 금액을 말한다.
2 **자본적 지출** 부동산의 용도 변경, 시설 개선 등으로 가치를 인상시키는 지출을 말한다.

건물을 신축한 후 취득일로부터 5년 이내에 양도하는 경우에 환산가액을 적용하면 환산가액의 5%를 결정세액에 가산하거나 세금으로 부담한다. 한편, 필요경비에는 취득가액은 물론, 취득에 따른 부대비용인 취득세 및 등기 관련 수수료 등이 포함되며, 이외에도 기타 필요경비로서 다음과 같은 자본적 지출액과 양도비용 등이 포함된다.

- 자산의 용도 변경, 개량 또는 이용편의를 위해 지출한 비용 등 자본적 지출액
- 자산을 취득할 때 쟁송이 있는 경우 소유권을 확보하기 위해 직접 소용된 소송비용, 화해비용 등의 금액
- 「개발이익환수에관한법률」에 따른 개발부담금[3] 또는 「재건축초과이익환수에관한법률」에 따른 재건축부담금[4]
- 기타 이와 유사한 비용
- 자산양도를 위해 직접 지출한 비용으로서 ㉠ 증권거래세, 양도세신고서 작성비용, 공증비용, 인지대, 소개비 등, ㉡ 국민주택채권·토지개발채권을 환가하는 과정에서 발생한 매각차손
- 재해, 노후화 등 부득이한 사유로 재건축한 경우 철거비용

---

3 **개발부담금** 국가 또는 지방자치단체로부터 허가·인가·면허 등을 받아 택지개발사업·공업단지조성사업 등 각종 개발사업을 시행하는 사업자가 「개발이익환수에관한법률」에 의해 정부에 납부하는 부담금을 말한다.

4 **재건축부담금** 재건축사업으로 인해 정상적인 주택가격 상승분을 초과해 당해 재건축조합 또는 조합원에 귀속되는 주택가액의 증가분 중에서 법에 따라 국토해양부장관이 부과·징수하는 일정 금액을 말한다.

3년 이상 보유 시 장기보유특별공제(중과대상 다주택자 제외)

양도차익에 대한 장기보유특별공제는 토지·건물·조합원입주권을 3년 이상 보유한 경우 양도차익의 일부를 공제해주는 것이다. 하지만 서울 등 조정지역 소재 2주택 이상 해당 주택, 미등기부동산, 분양권 등은 장기보유특별공제를 적용받지 못한다.

보유기간은 취득일 당일부터(초일산입[5]) 양도일 전일까지 역년으로 계산한다. 예를 들어 2021년 1월 1일에 취득한 경우 2년 보유 요건을 충족하려면 2022년 12월 31일까지 보유하고, 2023년 1월 1일 이후에 양도해야 한다. 공제율은 1세대 1주택(조정지역 소재 주택은 보유기간 중 2년 이상 거주)인 경우에는 매년 8%(보유기간 4% + 거주기간 4%), 그 외의 경우에는 매년 2%씩(6~30%)이다.

▼ 장기보유특별공제율

구분	1세대 1주택 해당 (연 보유기간 4% + 거주기간[1] 4%)	기타 토지, 건물(연 2%)
3년 이상 ~ 4년 미만	24%	6%
4년 이상 ~ 5년 미만	32%	8%
5년 이상 ~ 6년 미만	40%	10%
6년 이상 ~ 7년 미만	48%	12%
7년 이상 ~ 8년 미만	56%	14%
8년 이상 ~ 9년 미만	64%	16%
9년 이상 ~ 10년 미만	72%	18%
10년 이상(한도 30%)	80%	20~30%

1) 거주기간만 2년인 경우 8% 공제(보유기간은 3년 이상일 때만 적용)

5　**초일산입 말일불산입** 각종 법률이나 약정에서 권리와 의무가 성립되는 기간을 계산할 때 날짜를 세는 원칙 중 하나다. 시작되는 날(初日)은 포함하고, 끝나는 날(末日)은 포함하지 않는 계산 방법이다.

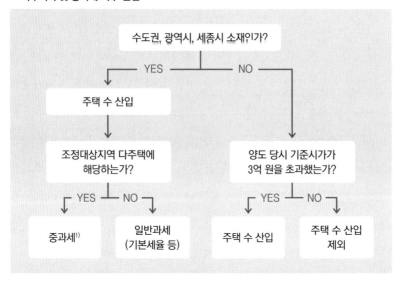

1) 중과세는 2024년 5월 9일 양도분까지 한시적 유예

기본공제는 네 종류의 자산별로 1년에 각각 250만 원씩

양도소득세 계산 시 양도소득금액에서 공제하는 기본공제는 다음 네 종류의 자산으로 구분해 1년에 각각 250만 원씩 공제받을 수 있다.

- 토지·건물, 부동산에 관한 권리, 기타 자산(미등기 양도자산은 제외)의 양도소득금액
- 주식, 출자지분의 양도소득금액
- 파생상품거래의 양도소득금액
- 신탁수익권의 양도소득금액

（사례） O씨는 2019년에 아파트를 취득했다가 2023년에 팔려고 한다. 이와 관련된 정보는 다음과 같다. 절차에 따라 양도소득세를 계산해보자.

- 등기접수일은 2019년 10월 5일이고, 잔금을 지급받은 날은 2019년 9월 30일이다.
- 취득 시 매매계약서상의 매매가액은 5억 원, 취득세·등록세 과세표준은 3억 원(취득세·등록세, 기타 수수료 1,250만 원, 지급영수증 있음)이다.
- 2023년 하반기에 양도하려고 하며, 매매가액은 15억 원으로 양수자와 합의된 상태다.
- 취득·양도 시 중개수수료는 500만 원이다.
- 현재 O씨의 해당 주택은 보유기간 동안 계속 거주한 1세대 1주택자(고가주택)에 해당한다.

① 고가주택 양도차익 = (양도가액 – 취득가액 – 기타 필요경비) × {(양도가액 – 12억 원)/양도가액}

= (15억 원 – 5억 원 – 1,250만 원 – 500만 원) × {(15억 원 – 12억 원)/15억 원} = 1억 9,650만 원

② 장기보유특별공제: 2023년 9월 말 이전 양도 시는 4년 보유 및 거주이므로 32% 공제, 10월 이후 양도 시는 5년 보유에 해당되므로 40% 공제. 따라서 10월 15일 양도하는 것으로 가정했을 때 1억 9,650만 원의 40%인 7,860만 원 공제

③ 기본공제: 250만 원

④ 양도소득 과세표준 = 1억 9,650만 원 – 7,860만 원 – 250만 원 = 1억 1,540만 원

⑤ 양도소득세 산출세액 = 1억 1,540만 원 × 35% – 1,544만 원(누진세율 적용 시 차감액) = 2,495만 원

⑥ 산출세액이 곧 결정세액이 된다. 세액이 1,000만 원을 초과하므로

예정신고기한인 12월 말까지 1차분 12,475,000원, 다음 해 2월 말까지 2차분 12,475,000원을 납부하면 된다.

⑦ 양도소득세의 10%에 해당하는 지방소득세 2,495,000원이 부가되며, 이는 분납이 되지 않으므로 12월 31일까지 거주지 관할 지방자치단체에 납부해야 한다.

양도소득세는 반드시 예정신고해야

양도소득세 예정신고를 하지 않을 경우 산출세액의 10%에 해당하는 가산세를 부과하므로 반드시 예정신고를 해야 한다. 다시 말해, 양도일이 속하는 달 말일(단, 국내주식 양도소득세신고는 주식양도일이 속하는 반기의 말일)로부터 2개월이 되는 달 말일까지 신고하지 않으면 가산세를 물게 된다. 이제 양도소득세 예정신고는 선택이 아니라 필수다.

| 양도소득세 |

양도소득세 절세를 위한 기초지식

취득 당시 실거래가액을 확인할 수 없을 때

취득가액은 실거래가액과 환산가액 등 대체가액을 비교해 유리한 쪽(더 큰 쪽)으로 적용할 수 있다.

(사례) P씨는 7년 전에 4억 원에 취득한 비조정지역 소재 아파트를 양도하려고 한다. 현재 P씨는 1세대 2주택 해당자다. 양도금액은 7억 원이고, 기타 필요경비는 1,500만 원이다. 취득 당시의 공시가격은 3억 원이고, 양도 당시 공시가격은 5억 원이다. 직전 양도자는 양도소득세 비과세여서 신고를 하지 않았고, 세무서도 실거래가를 확인할 수 없다. P씨가 양도소득세를 유리하게 신고하려면 어떻게 해야 할까?

▼ 신고 방법별 취득가액 차이

구분	실거래가액 신고	환산가액 신고[1]
양도가액	7억 원	7억 원
필요경비	4억 원 + 1,500만 원	4억 2,000만 원[2] + 900만 원
양도차익	2억 8,500만 원	2억 7,100만 원
양도소득세 (지방소득세 포함)	96,745,000원	90,893,000원

1) 취득가액 환산 시 기타 필요경비는 취득 당시 공시가격(3억 원)의 3%인 개산공제금액(900만 원)을 공제함

2) 환산취득가액 = 7억 원 × $\dfrac{3억 원(취득 당시 공시가격)}{5억 원(양도 당시 공시가격)}$ = 4억 2,000만 원

　위의 표에서 확인할 수 있듯, 양도가액은 동일하지만 취득가액은 실거래취득가액인지, 환산취득가액인지에 따라 차이가 날 수 있다. 단, 실거래취득가액은 당시 거래를 입증할 수 있는 매매계약서를 구비하고 있거나 직전 양도자가 세무서에 양도소득세신고를 실거래가로 한 경우에 가능하다. 특히 두 번째 경우 세무서에서 그 사실을 확인한다면 실거래취득가액으로 양도소득세신고를 하도록 할 것이며, 환산취득가액은 부인될 수 있다. 즉, 환산취득가액은 직전 양도자가 양도소득세신고 시 실거래취득가액으로 신고하지 않았고, 세무서도 확인할 수 없는 경우에 선택할 수 있는 방안이라고 보면 된다.

　P씨는 직전 양도자의 신고가 없고, 세무서 또한 확인할 수 없으므로 환산취득가액으로 신고해도 무방하며, 세금 면에서 약 585만 원(지방소득세 포함)을 절세할 수 있다.

상속 또는 증여받은 자산을 양도할 때

상속이나 증여는 유상거래가 아니므로 상속이나 증여 시점에 자산의 시가를 파악하기 어렵다. 따라서 「상속세및증여세법」상 자산의 실거래가액은 상속개시일 전후 6개월(증여는 증여일 전후 3개월) 내에 확인되는 다음과 같은 가액으로 한다.

- 매매, 감정, 수용, 경매가 있는 경우에는 각각 해당 거래가액
- 둘 이상 감정평가업자의 감정평가액 평균액
- 보상가액, 경매가액

단, 해당 기간에 시가로 보는 가액이 둘 이상일 때는 기준일로부터 가장 가까운 날에 해당하는 가액을 따른다.

하지만 위에 해당하는 가액이 없을 때는 보충적 평가 방법으로 자산을 평가한다. 즉, 토지는 기준일 현재의 개별 공시지가, 건물은 국세청 기준시가를 취득가액으로 본다. 그런데 이러한 보충적 평가 방법은 나중에 이 자산을 양도할 때 불리해진다는 문제가 있다. 양도가액은 시가인데 취득가액은 기준시가를 적용하기 때문에 양도차익이 커지게 마련이다. 따라서 향후 양도소득세가 커질 것으로 예상되면 이를 감안해 상속세신고 시 아예 비용을 들여서라도 감정평가가액으로 신고하거나 매매사례가액을 신고가액으로 하여 세무서에서 결정하도록 하는 방안도 고려할 필요가 있다.

필요경비 입증서류 잘 챙기기

부동산 양도와 관련된 세금은 대체로 액수가 크다. 그러니 부동산과 관련해 발생하는 지출을 꼼꼼히 기록하고 증빙을 챙겨 이를 경비로 입증받아 세금을 줄이는 것이 무엇보다 중요하다. 그렇다면 경비를 입증하기 위해 꼭 구비해야 하는 세무상 증빙에는 어떤 것들이 있을까?

필요경비는 부동산을 취득할 때의 매입금액과 취득부대비용, 자본적 지출 및 기타양도비용으로 구분할 수 있다.

① 매입금액은 매매계약서상의 거래금액을 말한다.

② 취득부대비용은 취득이나 등기 관련 수수료, 세금(취득세, 지방교육세, 등록면허세, 농어촌특별세), 취득 시 매입해야 하는 국민주택채권 할인액, 「개발이익환수에관한법률」에 따른 개발부담금, 「재건축초과이익환수에관한법률」에 따른 재건축부담금 등과 약정에 의한 이자 상당액, 취득 관련 소송에 따라 직접 소요된 소송·화해비용, 중개수수료 등이 포함된다.

③ 자본적 지출액은 자산의 용도 변경이나 개량 또는 이용편의를 위해 지출하는 금액을 포함한다.

취득가액을 입증할 수 있는 자료는 매매계약서(경우에 따라서는 계좌이체 기록도 필요), 세금납부영수증, 수수료지급영수증, 부담금납부영수증, 소송·화해비용 입증서류 등이다. 자본적 지출과 관련해서는 반드시 세금계산서(카드매출전표 등 증빙) 또는 계좌이체 기록, 영수증 등이 필요하다.

사업용부동산의 감가상각비 유의

　다만, 이렇게 취득한 자산을 사업용으로 사용하면서 감가상각을 해오다 양도할 경우에는 이 감가상각비가 이미 사업소득금액 계산 시 필요경비에 산입되어 절세에 이용되었기 때문에 양도소득세 계산에서는 원래의 취득가액에서 감가상각누계액을 제외한 장부가액을 취득가액으로 한다는 점에 유의해야 한다. 이중공제는 허락되지 않는다.

　양도소득세 기타 양도비용에 대해서도 알아보자. 기타 양도비용은 사산의 양도와 관련된 비용으로, 증권거래세, 양도소득세신고서나 계약서 작성비용, 공증비용, 인지대, 소개비, 기타 이와 유사한 비용을 말한다. 이를 필요경비로 인정받으려면 세금납부영수증, 세금계산서(카드매출전표, 현금영수증 등), 각종 영수증 등 증빙을 갖추어야 한다.

| 양도소득세 |

1세대 1주택자의
절세 방법

※ 2022년 5월 10일부터 2024년 5월 9일까지 조정지역 소재 다주택자에 대한 양도소득세 중과를 한시적으로 배제하고, 1세대 1주택자 비과세 보유 및 거주 요건, 일시적 2주택 요건도 완화된다. 따라서 본문 354~359쪽과 360~366쪽 중과세 관련 내용도 한시적으로 적용하지 않으니 유의하자.

양도소득세 절세의 핵심은 1세대 1주택 비과세 등 세법상 특례들을 이용하거나 중과세를 피하는 데 있다. 먼저 1세대 1주택자 비과세 내용을 살펴보자.

세법에서는 1세대 1주택 비과세 요건을 크게 세 가지로 정해두고 있으며, 이 세 가지 요건을 모두 충족해야만 양도소득세를 완전히 비켜갈 수 있다.

▼ 1세대 1주택 비과세 요건

구분	내용
① 보유기간(또는 거주기간)	2년 이상 보유(비거주자가 거주자로 전환된 경우에는 3년 이상 보유), 조정지역 소재 주택은 보유기간 중 거주기간 2년 이상일 것
② 세대 요건	세대별로 1주택이어야 하고, 세대분리는 원칙상 30세 이상 또는 기혼자일 때만 인정
③ 가격 요건	양도 당시 고가주택(주택·부수토지 합계 시가가 12억 원을 초과하는 주택)이 아니어야 함

보유기간은 2년 이상, 하지만 예외도 있다

양도하는 주택의 보유기간은 2년 이상(비거주자가 거주자가 된 경우에는 3년)이어야 한다. 단, 서울의 서초구·강남구·송파구·용산구 등 조정대상지역[1] 소재 주택인 경우 보유기간 중 2년 이상 거주 요건을 동시에 충족해야 한다.

그런데 1세대 1주택자로서 보유기간(또는 거주기간) 요건이 충족되지 않아도 다음과 같이 불가피한 경우에는 비과세된다.

① 취학이나 질병요양 또는 근무상 형편으로 세대원 전원이 다른 시·군으로 주거를 이전하게 되어 1년 이상 거주한 주택을 양도하는 경우, 즉 유치원과 초등학교, 중학교를 제외한 「초중등교육법」에 의한 학교(고등학교 이상을 말함), 「고등교육법」에 의한 학교(각종 대학교)에 취학하는 경우 그리고 1년 이상 치료나 요양을 필요로 하는 질병치료와 요양을 위해 이사하는 경우, 직장의 변경이나 전근 등의 사유로 이사하는 경우가 이에 해당된다.

② 법률에 의한 수용 또는 협의매수인 경우(사업인정고시일 전에 취득한 주택 및 부수토지에 한함) 거주 및 보유기간 제한이 없으나 양도일 또는 수용일로부터 5년 이내에 양도해야 한다. 그리고 해외이주, 1년 이상 세대원 전원이 출국하는 경우(취학이나 근무상 형편 등으로)에도 출국일로부터 2년 이내에 양도해야 한다.

---

1 **조정대상지역** 이전 3개월간 주택가격 상승률이 소비자물가 상승률의 1.3배를 초과한 지역을 말하며, 이 지역에서 1주택자가 추가로 주택담보대출 시 2년 내 기존주택을 처분하고, 신규주택에 전입해야 대출이 가능하다(조정대상지역은 서울시 4개 구에 한함. 2023년 1월 5일 기준).

③ 「민간임대주택에관한특별법」 및 「공공주택특별법」에 따른 건설임대주택이나 공공매입임대주택을 취득해 양도하는 경우, 이 주택을 임차한 날로부터 양도일까지 세대 전원(취학 등 구성원 제외)의 거주기간이 5년 이상이라면 비과세된다.

1주택 소유자가 다른 주택을 취득하여 직전 임대차계약 대비 임대보증금 또는 임대료가 5% 이내인 계약 체결(2021.12.20~2022.12.31) 후 1년 6개월 이상 임대한 주택(상생임대주택)은 1년을 거주한 것으로 간주하여 거주 요건을 판단한다.

세대 요건을 충족해야 한다

1세대란 거주자[2]와 그 배우자, 그들과 동일한 주소 또는 거소에서 생계를 함께하는 가족과 함께 구성하는 집단이다. 양자의 직계존·비속(그 배우자 포함)과 형제자매를 포함하며, 취학·질병요양·근무상 또는 사업상의 형편으로 본래의 주소나 거소를 일시퇴거한 사람까지 포함한다.

양도 당시의 시가가 12억 원을 넘지 않아야 한다

마지막으로, 양도 당시의 시가가 고가주택 기준금액인 12억 원을 넘지

않아야 한다. 주택의 양도 당시 주택·부수토지를 합한 시가가 12억 원을 초과하거나 주택의 일부분을 양도한 금액이 전체로 환산했을 때 12억 원을 초과하는 경우에는 총양도소득 중 12억 원에 해당하는 양도소득까지는 비과세이지만 이를 초과하는 양도소득분은 과세한다.

(사례) Q씨는 3년 전 5억 원에 취득한 아파트(1세대 1주택에 해당)에서 계속 살다가 15억 원(고가주택)에 팔았는데, 그 과정에서 필요경비가 3,000만 원 발생했다. 이때 과세 대상소득을 계산해보자.

① 총 양도차익 = 15억 원(양도가격) − 5억 원(취득가격) − 3,000만 원(필요경비) = 9억 7,000만 원

② 장기보유특별공제 = 9억 7,000만 원 × 24%(3년 보유 및 3년 이상 거주 시에만 적용) = 2억 3,280만 원

③ 양도소득금액 = 9억 7,000만 원(양도차익) − 2억 3,280만 원(장기보유특별공제) = 7억 3,720만 원

④ 12억 원 초과분 비율 = [15억 원(양도가액) − 12억 원] ÷ 15억 원(양도가액) = 0.2

따라서 양도소득세 과세 대상소득금액은 1억 4,744만 원(= 7억 3,720만 원 × 0.2)이 된다. Q씨는 결국 12억 원 초과분에 해당하는 양도소득금액에 대해 양도소득세 38,817,900원(지방소득세 포함)을 내야 한다.

양도소득세 = [{1억 4,744만 원 - 250만 원(기본공제)} × 35%(누진세율) - 1,544만 원(35% 구간 누진공제액)] × 1.1(지방소득세) = 38,817,900원

실제 용도에 따라 주택 여부를 판단하는 오피스텔

(사례) R씨는 현재 서울 소재에 자신의 아파트를 취득해 4년 이상 거주하고 있다. 아파트의 시가는 5억 원, 그에 따른 과세표준은 1억 5,000만 원이다. 또 2년 전에 오피스텔을 분양받아 세를 놓고 있었다. 그러다 최근 아이들이 모두 출가하여 R씨는 아파트를 처분하고 당분간 오피스텔에서 거주할 생각이다. 그런데 이 오피스텔이 주택에 해당되면 1세대 2주택이 되어 아파트 양도 시 비과세가 되지 않는다고 해서 걱정이다.

세법에서 오피스텔은 실제 사용 용도에 따라 주택 또는 사무용건물로 구분한다. 다시 말해, 아파트를 처분하는 시점에 오피스텔을 주거용으로 임대해주었다면 R씨는 1세대 2주택자에 해당되지만, 사무실로 임대해주었다면 주택은 아파트 1채뿐인 것이다.

오피스텔이 주거용인지, 업무용인지에 따라 세금 차이가 크다. 오피스텔을 주거용으로 임대한 경우 양도하는 아파트는 1세대 2주택에 해당되어 양도소득세가 4,077만 원(지방소득세 포함)이 나온다. 하지만 오피스텔을 사무용으로 임대 중인 상황이라면 아파트는 1세대 1주택 비과세 요건을 충족해 비과세된다. 따라서 1세

대 2주택 중과세를 피하려면 아파트를 처분하기 전에 오피스텔을 사무실로 임대하는 것이 좋다.

하지만 아파트나 단독주택처럼 애초에 주택으로 지어진 경우에는 설사 그 아파트를 사무용으로 쓴다 하더라도 주택으로 간주한다는 점을 알아두기 바란다. 이처럼 오피스텔을 다른 주택과 달리 취급하는 이유는 오피스텔은「건축법」상 주택이 아니라 사무실이기 때문이다.

또 한 가지 알아두어야 할 것은 오피스텔이 건축물대장에 주택이라 기재되어 있다 하더라도 폐가 상태로 아무도 살지 않는다면 이는 주택으로 보지 않으며, 양도 시점에 철거하면 주택이 아니라 토지가 되므로 1세대 2주택자에서 벗어나게 된다는 점이다.

이렇게 1주택자가 주택을 양도할 때 경험하는 상황은 매우 다양하다. 각각의 상황에 따라 세금 차이가 매우 크므로 부동산을 양도하기 전에 이러한 사항을 꼼꼼히 점검한 후에 계약서를 작성하거나 등기신청을 해야 한다. 특히 등기신청 행위는 공부상에 권리관계가 표시되어 이후에 번복이 불가능하므로 유의해야 한다.

| 양도소득세 |

1세대 다주택자의
절세 방법

089

※ 2022년 5월 10일부터 2024년 5월 9일까지 조정지역 소재 다주택자에 대한 양도소득세 중과를 한시적으로 배제하고, 1세대 1주택자 비과세 보유 및 거주 요건, 일시적 2주택 요건도 완화된다. 따라서 본문 354~359쪽과 360~366쪽 중과세 관련 내용도 한시적으로 적용하지 않으니 유의하자.

1세대 다주택자가 1년 이상 보유한 주택을 양도할 때는 서울 등 조정대상지역 주택이 아니라면 양도소득에 대해 원칙적으로 기본세율로 과세한다. 이 경우 주택 수를 계산할 때 주거용건물(단독주택, 아파트·빌라, 상가주택, 주거용으로 사용되는 오피스텔)은 물론 조합원입주권[1]과 분양권(2021년 이후 취득분부터)도 포함된다. 1세대 다주택자가 주택 양도 시 받는 세무상 불이익은 다음과 같다(다만, 다주택자에 대한 중과세는 2024년 5월 9일까지 시한부 유예되어 있으므로, 기본세율을 적용한다. 다음은 중과세될 경우의 사례다.).

1세대 다주택자의 양도소득세 계산

2주택 소유자로서 조정지역 소재 2주택 중 1주택 양도 시 기본세율에 10%를, 3주택 이상(조정지역 소재 2주택 포함)인 자는 20%를 가산해 중과세한

---

1   **조합원입주권** 재건축·재개발 조합원이 취득하는 입주권 또는 조합원으로부터 취득한 입주권을 말한다. 조합원이 아닌 자에게 분양하는 분양권도 주택으로 본다.

다. 또 1세대 다주택자는 3년 이상 보유 시 적용되는 장기보유특별공제에 서도 불리하다. 우선 다주택 소유자의 조정지역 소재 주택 양도의 경우에 는 장기보유특별공제가 배제된다. 조정지역 소재 주택이라도 1세대 1주택 으로 3년 이상 보유하면 연간 8%씩 양도차익의 최소 24%에서 최대 80%를 공제받는다. 물론 조정대상지역이 아닌 1세대 다주택이면 3년 이상 보유 시 연간 2%씩, 최소 6%에서 최대 30%(15년 이상 보유 시)까지 장기보유특별공제 를 받을 수 있다.

(사례) S씨는 서울의 아파트를 8억 원에 취득해 3년 보유 및 거주 후에 10억 원에 팔았다. S씨가 1주택자인 경우와 다주택지인 경우 세금은 어떻 게 달라질까?

다음 표로 비교해보면 세법상의 제재로 인해 세금효과가 얼마나 차이 나는지 알 수 있다.

▼ 1주택자와 다주택자의 양도소득세 비교

구분	1주택자 (12억 원 초과분에 기본세율)	2주택자 (조정지역 포함) (기본세율 + 20%)	3주택자 (조정지역 포함) (기본세율 + 30%)
양도차익	1,538만 원	2억 원	2억 원
장기보유특별공제	369만 원	–	–
양도소득	1,169만 원	2억 원	2억 원
양도소득세 (지방소득세 포함)	771,692원	104,665,000원	126,390,000원
실질수익률	18.1%	8.7%	6.7%

2주택 이상이면 장기보유특별공제율이 연간 8% (24~80% 한도)가 아니라 연간 2%(6~30% 한도)씩 공제되거나 공제 자체가 되지 않아 세금 차이가 매우 커진다. 따라서 1세대 다주택자는 어떻게 절세할 것인지가 중요하다.

1세대 2주택이라도 양도소득세가 비과세되는 경우

1세대 2주택자라도 예외적으로 양도소득세가 비과세되는 경우가 있다. 1세대 2주택을 사실상 1세대 1주택으로 보는 경우로, 크게 일곱 가지로 구분할 수 있다.

첫째, 대체취득, 부모님 등 동거봉양합가, 혼인합가로 인한 일시적인 2주택인 경우다.

① 대체주택 취득을 위한 경우: 1세대 1주택자가 그 주택을 양도하기 전에 그 주택 취득 후 1년이 지나 새 주택(조합원입주권, 분양권 포함)을 취득해 2주택이 된 경우, 새로운 주택을 취득한 날로부터 3년 이내에 기존주택을 양도할 때(한국자산관리공사에 매각의뢰, 법원경매, 공매 중인 경우 3년 이후에도 비과세 가능) 1세대 1주택으로 보아 비과세하거나 2주택 중과세 대상에서 배제한다.

② 부모님 등 동거봉양합가를 위한 경우: 1주택(또는 1조합원입주권 또는 1주택과 1조합원입주권, 1분양권 포함)을 보유하고 1세대를 구성하는 자가 1주택(또는 1조합원입주권 또는 1주택과 1조합원입주권 1분양권 포함)을 보유 중인 60세 이상 직계존속(배우자의 직계존속을 포함하며, 어느 한 사람이 60세 미만인 경우도 가능)을 동거봉양하기 위해 또는 중증질환 등이 발생한

직계존속의 간병을 목적으로 세대를 합침으로써 1세대 2주택이 된 경우 세대합가일로부터 10년 이내에 먼저 양도하는 주택은 1세대 1주택으로 보아 비과세하거나 2주택자 중과세 대상에서 제외한다.

③ 혼인합가를 위한 경우: 1주택 보유자가 또 다른 1주택 보유자와 혼인해(60세 이상 직계존속 동거봉양에 따른 경우 포함) 1세대 2주택자가 된 경우 혼인일로부터 5년 이내에 먼저 양도하는 주택은 1세대 1주택으로 보아 비과세하거나 2주택자 중과세 대상에서 제외한다.

둘째, 상속주택을 포함해 2주택이 된 경우다. 상속받은 주택(조합원입주권을 상속받아 사업시행 완료 후 취득한 신축주택을 포함하며, 피상속인이 상속개시 당시 2채 이상 소유한 경우 이 중 소유기간이 가장 긴 주택 1채) 1채와 상속개시 당시 보유하던 일반주택 1채 등 2주택 소유자가 일반주택을 양도하는 경우 1세대 1주택을 소유한 것으로 보아 비과세하거나 2주택자 중과세 대상에서 제외한다.

셋째, 문화재에 해당하는 주택 1채와 일반주택 1채를 보유한 1세대가 일반주택을 양도할 때는 비과세하거나 중과세 대상에서 제외한다.

넷째, 농어촌주택을 포함해 2주택이 된 경우다. 농어촌주택[2]과 일반주택을 국내에 각각 1채씩 소유 중인 1세대가 일반주택을 양도하는 경우 1주택자로 보아 비과세 여부를 판단한다. 다만, 귀농주택[3]에 대해서는 취득일

---

2 **농어촌주택** 수도권 외 읍·면 지역에 소재하는 주택을 말한다. 상속받았거나 이농으로 이사한 주택, 귀농을 위해 취득한 주택으로 취득 시가 2억 원(한옥은 4억 원) 이내, 대지면적 660㎡ 이내, 3년 이상 보유한 경우에 해당된다(태안군, 영암·해남군, 강화군, 연천군, 옹진군 소재 주택 포함.).

3 **귀농주택** 영농 또는 영어에 종사하기 위해 취득·거주하는 주택으로 고가주택이 아니고, 대지면적이 660㎡ 이내이며, 1,000㎡ 이상 농지 소유자 또는 그 배우자가 해당 소재지에 취득한 것 등의 요건을 갖춘 주택을 말한다.

로부터 5년 이내, 이농주택[4]은 취득 후 5년 이상 거주하고 일반주택을 양도하는 경우에만 비과세 혜택을 적용한다.

다섯째, 취학, 근무상의 형편, 질병의 요양, 기타 부득이한 사유로 취득한 수도권 밖에 소재하는 주택 1채와 일반주택 1채를 소유 중인 1세대가 부득이한 사유가 해소된 날로부터 3년 이내에 일반주택을 양도하는 경우 1세대 1주택으로 보아 비과세하거나 다주택자 중과세에서 배제한다.

여섯째, 신축주택·미분양주택 및 1세대 1주택자 보유 주택 취득 시 한시적으로 감면해준다. 누구라도 시가 6억 원 이하 또는 국민주택규모 이하 신축·미분양주택 또는 1세대 1주택자가 보유한 주택을 2013년 4월 1일부터 2013년 12월 31일까지 매매계약을 체결하고 계약금을 납부해 취득한 경우 5년간 발생한 양도소득을 100% 공제해준다. 또 주택 수 계산에서도 배제한다.

일곱째, 장기임대주택 또는 장기가정어린이집[5]과 그 밖의 주택을 보유하다 2년 이상 거주한 주택을 양도한 경우 비과세한다. 단, 장기임대주택의 경우 2019년 취득분부터는 생애 한 차례 최초 거주주택에 대해서만 비과세를 적용한다.

---

4 **이농주택** 영농 또는 영어 종사자가 업을 바꿔 다른 시·구·읍·면으로 전출함에 따라 거주하지 못하는 이농의 소유 주택을 말한다.

5 **장기가정어린이집** 세대원이 5년 이상 운영한 가정어린이집(시·군·구 인가를 받아 사업자등록을 한 경우)으로서 운영 중단 후 6개월이 경과하지 않은 곳을 말한다.

1세대 2주택자의 절세 전략

1세대 2주택에 해당하면 우선 비과세 방안을 찾는 것이 좋다.

(사례) T씨는 자녀들이 크면서 4년 동안 거주하던 자기 소유 아파트가 비좁아져 좀 더 큰 평수의 아파트를 구입했다. 그런데 기존에 살던 아파트를 팔려고 내놓았는데, 팔리지 않아 고민 중이다. 어떻게 해야 할까?

① 양도 시기를 잘 선택한다

앞서 일시적인 2주택은 비과세되거나 중과세 대상에서 제외된다고 했는데, 거기에는 모두 조건이 있었다. 대체주택 취득 시에는 3년 이내(신·구주택 모두 조정지역이면 1년 이내)에 기존주택을 처분해야 하고, 직계존속 동거봉양 또는 혼인으로 인한 세대합가 시에는 세대합가일 또는 혼인일로부터 10년 또는 5년 이내에 기존주택을 처분해야 한다. 이 시기를 놓치면 1세대 2주택자로 중과세될 수 있다.

그런데 기한 내에 처분하려고 매물로 내놓았는데도 매수자가 없어 시기를 놓칠 수도 있다. 이때는 기한이 되기 전에 한국자산관리공사에 매각을 의뢰하거나 법원경매 또는 공매가 진행 중이라면, 기한 후에 처분하더라도 비과세를 적용받거나 중과세를 회피할 수 있다.

② 양도보다는 증여를 고려한다

양도 시 세금과 증여 시 세금을 비교해보고 처분 방법을 검토해야 한다. 최대한 세금이 적은 쪽으로 현명하게 선택하자.

③ 양도 순서를 변경한다

양도소득세는 양도소득이 있을 때 부과되는 세금이므로 2주택 중에서 양도차익이 적은 주택을 먼저 양도하고, 남은 주택은 1세대 1주택 비과세 적용을 받는 방안을 고려한다.

④ 용도 변경을 고려한다

오피스텔 같은 경우에는 사무용으로 임대한 후 양도하거나 상가주택의 경우 사무실로 용도 변경한 후 양도하면 중과세를 피할 수 있다.

| 양도소득세 |
임대주택 절세 방법

임대주택 양도에 따른 양도소득세는 원칙적으로 과세된다. 하지만 서울 등 조정지역에 소재하더라도 일정한 요건을 충족하면 중과세에서 제외되고, 경우에 따라서는 임대주택 양도소득세를 면제받는 경우도 있으므로 잘 살펴볼 필요가 있다.

원칙적으로 임대주택은 양도 당시 2주택 이상에 해당할 경우 조정대상지역에 있으면 중과세되며, 그렇지 않을 경우에는 기본세율을 적용해 양도소득세를 계산한다.

하지만 다음과 같이 일정한 요건을 충족하는 임대주택에 대해서는 양도소득세 감면 등의 혜택이 주어지므로 유의해야 한다.

장기임대주택에 대한 양도소득세 특례

국민주택규모 이하 임대주택을 5채 이상 임대하고 있는 거주자가 해당 임대주택을 2000년 12월 31일 이전에 임대개시해 5년 이상 임대한 후(5채 이상 임대한 시점부터 기간 계산) 양도하는 경우에는 양도소득세를 50% 감면한다. 다만, 「민간임대주택에관한특별법」 또는 「공공주택특별법」에 따른 건설임대주택 중 5년 이상 임대한 임대주택과 같은 법에 따른 매입임대주택 중 1995년 1월 1일 이후 취득 및 임대를 개시해 5년 이상 임대한 임대주택(취득 당시 입주된 사실이 없는 주택만 해당) 및 10년 이상 임대한 임대주택의 경우에는 양도소득세를 면제한다(2018년 9·13 부동산 대책 발표 후 새로 취득하는 주택부터는 임대개시 시 공시가격 기준 수도권 6억 원, 비수도권 3억 원 이하 주택에 한해 적용).

신축임대주택에 대한 양도소득세 감면

국민주택[1]으로서 1채 이상의 신축임대주택을 포함해 2채 이상을 5년 이상 임대한 거주자가 해당 주택(해당 주택 연면적의 2배 이내 토지 포함)을 양도하는 경우에도 양도소득세를 면제한다.

① 「임대주택법」에 따른 건설임대주택으로 1999년 8월 20일부터 2001년 12월 31일까지의 기간 중에 신축된 주택이거나, 1999년 8월 19일 이전 신축된 공동주택으로 1999년 8월 20일 현재 입주된 사실이 없는 주택
② 「임대주택법」에 따른 매입임대주택으로 1999년 8월 20일부터 2001년 12월 31일 중 매매계약을 체결하고 계약금을 지급해 임대를 개시한 임대주택이거나, 1999년 8월 20일 이후 신축 또는

---

[1] 국민주택 1986년 1월 1일부터 2000년 12월 31일 중 신축된 주택 또는 1985년 12월 31일 이전 신축된 공동주택으로 1986년 1월 1일 현재 입주 사실이 없는 전용면적 85㎡ 이하 주택을 말한다.

1999년 8월 19일 이전에 신축되어 1999년 8월 20일 현재 입주된 사실이 없는 주택

장기일반민간임대주택에 대한 양도소득세 감면 또는 장기보유특별공제 특례

거주자가 「민간임대주택에관한특별법」에 따른 공공지원민간임대주택 또는 장기일반민간임대주택을 2022년 말까지 등록하고, 임대보증금 및 임대료 인상을 5% 이내로 제한하며, 약정한 임대료 등을 증액한 경우 1년 이내에 증액청구를 하지 않고, 임대의무기간 8년 이상 임대 요건을 충족한 경우 다음 특례를 적용한다.

▼ 장기일반민간임대주택의 특례

구분	특례
10년 이상 임대	장기보유공제율 70%
8년 이상 임대	장기보유특별공제율 50%

또 민간(공공)건설(매입)임대주택으로 등록해 6년 이상 임대 시에는 장기보유특별공제율 연 2%를 추가공제한다.

상가임대료를 인하한 임대사업자에 대한 세액공제

2021년 6월 이전에 소상공인이 임차한 상가건물의 임대료를 2023년 12월 31일까지 인하한 임대사업자에게는 인하액의 70%(기준소득금액이 1억

원을 초과하는 경우는 50%)를 소득세 및 법인세에서 세액공제한다. 단, 세액공제를 받으려면 다음과 같은 요건을 갖추어야 한다.

① 해당 소상공임차인이 사업자등록을 하고 2021년 6월 말 이전부터 임차할 것
② 임대인과 특수관계가 아닐 것
③ 도박게임관련업, 금융·보험업, 부동산관련업, 공공행정업, 교육기관, 사행시설운영업, 협회 및 단체, 국제 및 외국기관에 해당하지 않을 것
④ 연말까지 당초 계약보다 임대료 또는 보증금을 인상하지 않았을 것

소형주택임대사업자에 대한 세액감면

세법 및 주택 관련 법에 따른 사업자등록과 임대사업자등록을 한 공공임대주택 및 국민주택규모로 주택 및 부수토지 기준시가 합계액이 임대개시일 당시 6억 원 이하이고, 임대보증금 또는 임대료 증가율이 5% 이내인 경우 1호 임대이면 소득세·법인세의 30%(장기·공공은 75%), 2호 이상은 20%(장기는 50%)를 감면한다.

이상의 내용은 조금 복잡하지만, 이로 인한 세금효과가 매우 크므로 주택임대 시 세심한 주의가 필요하다.

| 양도소득세 |

겸용주택자의 절세 방법

주거용과 비주거용이 함께 있는 겸용주택

겸용주택[1]을 양도하면 주택 양도와 일반건물 양도가 동시에 발생하게 되는데, 양도세의 세율이나 장기보유특별공제 등의 적용 방식이 다르므로 유의해야 한다.

주택을 양도할 때는 양도소득세 비과세부터 양도소득세 중과세까지 여러 가지 경우에 해당될 수 있는 반면, 일반건물 양도 시에는 기본세율(단기 양도나 미등기 양도는 예외)로 과세된다. 만약 양도소득세 비과세에 해당하는 주택이라면 주택 부분의 면적 비율을 높이는 것이 유리하고, 그 반대라면 주택 부분의 면적을 줄이는 것이 유리하다.

겸용주택에 대한 주택 여부 판단은 다음과 같이 한다. 먼저 주택면적이 주택 외

---

1 **겸용주택** 주거용 부분과 비주거용 부분이 함께 있는 건물로, 주택의 일부 또는 동일 지번상에 점포 등 다른 목적의 건물이 설치되어 있는 주택을 말한다.

면적보다 클 때는 건물 전체를 주택으로 보고, 토지도 전부 주택부수토지로 본다. 다만, 주택부수토지는 전체 건물 정착면적 합계의 5배(도시지역 외 지역은 10배)를 한도로 하며, 이를 넘어가면 비사업용토지에 해당한다.

만약 주택면적이 주택 외 면적보다 작거나 같을 때는 건물은 주택과 주택 외 부분으로 구분해 주택 부분만 주택으로 본다. 이때 토지도 주택면적과 주택 외 면적으로 안분하여 계산한다. 주택부수토지의 한도는 위와 동일하다. 여기서 주택이란, 공부상 용도 또는 사업자등록 여부와 관계없이 사실상 상시 주거용으로 사용하는 건물을 말한다. 실질에 따르는 것이다.

건물의 해당 부분이 주택에 속하는지 주택 외 부분에 속하는지를 판단할 때는 해당 부분의 실제 용도에 따라 구분한다. 하지만 실제 용도가 불분명하면 공부상의 용도에 의해 구분하고, 이도 불분명하면 공용으로 보아 안분한다. 지하실이나 계단, 화장실, 복도 등이 이에 해당한다. 예를 들어 지하실이 서재로 쓰인다면 주택 부분으로 계산해야 하고, 상가의 창고로 쓰인다면 주택 외 부분으로 계산해야 한다. 이도 저도 아니라면 공부상의 것 또는 공용으로 보아 안분하면 된다.

겸용주택의 절세 팁

보유 중인 겸용주택이 1세대 1주택에 해당한다면 이를 양도하기 전에 건물 전체 면적에서 주택 부분 면적 비율이 50%를 초과하도록 용도 변경을 하거나 복도, 화장실, 지하실 등의 실질용도를 주거용으로 전용하도록 하면 절세에 도움이 된다. 반면, 1세대 다주택에 해당한다면 주택 부분 면적보다 주택 외 부분 면적이 커지도록 용도 전환을 해두는 것이 유리하다.

겸용주택의 1세대 1주택 비과세 규정을 적용할 때 주택의 보유기간은 사실상 주거용으로 사용한 날부터 계산한다. 이때 '사실상 주거용으로 사용한 날'에 대해 판단할 때는 다음 증빙을 갖추어 소명하면 된다.

전화가입증명원이나 공공요금·관리비 납부영수증, 입주자관리카드, 신자증명원, 노인정회원대장, 병원진료기록, 금융거래내역서, 자녀취학증명원, 임대차계약서, 생필품구입 영수증, 우유대금 영수증, 신문대금 영수증, 사회활동기록, 수령우편물, 통·반장 확인서, 케이블설치나 사용요금명세서, 가스설치대금 영수증, 이삿짐센터확인서나 영수증, 거주자우선주차장사용 영수증 등

예를 들어 1년 이상 거주하던 주택을 점포로 용도 변경해 3년간 사무용으로 사용한 후, 이를 다시 주택으로 용도 변경해 2년 이상 거주했다고 가정해보자. 그 후 이 주택을 양도한다면 이 주택의 거주기간과 보유기간은 이 건물의 취득일부터 양도일까지의 기간 중 주택으로 사용한 기간을 통산(1년 +2년 = 3년)한다.

| 양도소득세 |
토지 양도 시 절세 방법

사례) U씨는 고향에 상속받은 임야가 있는데, 이를 양도하려고 한다. 그런데 이 땅이 비사업용토지인지, 아닌지에 따라 양도소득세 차이가 크다는 말을 듣고 고민 중이다.

「소득세법」상 토지는 주택부수토지와 사업용토지, 비사업용토지로 구분해 과세한다. 주택부수토지란, 건물 정착면적의 10배(도시지역은 5배) 이내 토지로, 원칙적으로 주택의 일부로 취급해 과세한다. 하지만 별장부속토지와 기준면적을 초과하는 주택부수토지는 다른 용도로 사용되지 않으면 나대지(裸垈地, 지상에 건축물이나 구축물이 없는 대지)로 보아 세법상 비사업용토지가되고, 기본세율에 10%를 가산해 중과세한다.

사업용토지의 종류

사업용토지는 다음과 같은 토지를 말한다.

- 개인이 토지 소재지나 그 바로 옆 시·군·구 또는 농지로부터 직선 거리 30km 이내에 살면서(주민등록 등재 여부 무관) 농사짓는 농지, 농업을 주업으로 하는 법인 소유 농지
- 개인 소유자가 임야 소재지에 살거나 임업 또는 축산업이 주업인 법인이 소유한 임야와 목장용지
- 양도일까지의 토지 보유기간 중 60% 이상(또는 5년 중 3년 이상, 3년 중 2년 이상) 직접 사업에 사용한 토지

비사업용토지의 양도소득세

비사업용토지는 주택부수토지나 사업용토지가 아닌 토지를 말한다. 비사업용토지를 양도할 때는 양도소득세가 중과세된다.

▼ 사업용토지와 조정지역 내 비사업용토지의 양도세 세율

구분	세율[1]	조정지역 내 보유기간별 중과세율		
		1년 미만	1년 이상~2년 미만	2년 이상
비사업용토지[2]	16~55%	50%	40~65%	26~65%
사업용토지	6~45%			

1) 모든 세율은 누진세율 기준
2) 2009. 3. 16~2012. 12. 31에 취득한 비사업용토지 양도 시에는 기본세율 적용

따라서 토지를 양도할 때는 그 토지가 비사업용인지 사업용인지를 먼저

검토하고, 비사업용토지라면 절세 방법이 없는지 세무전문가와 상의할 필
요가 있다.

비사업용토지가 아닌 경우

앞서 설명한 사업용토지 기준에 부합하지 않으면 비사업용토지다. 하지
만 다음 중 어느 하나에 해당하는 토지는 비사업용으로 보지 않으므로 잘
기억해두는 것이 좋다.

- 직계존속이 8년 이상 토지 소재지에 거주하면서 직접 경작한 농지·
  임야·목장용지로, 이를 해당 직계존속으로부터 상속받거나 증여받
  은 토지. 단, 양도 당시 도시지역(녹지지역, 개발제한구역은 제외) 안의 토
  지는 제외
- 주말·체험농장용으로 소유하는 세대별로 1,000㎡ 이내 농지
- 2005년 12월 31일 이전에 종중명의[1]로 취득한 토지
- 상속받은 농지로서 상속개시일로부터 3년이 경과하지 않은 농지
- 공익사업을 위해 법률에 따라 협의매수 또는 수용되는 토지로서 사
  업인정고시일이 2006년 12월 31일 이전인 토지 또는 취득일(상속받
  은 토지는 피상속인이 해당 토지를 취득한 날)이 사업인정고시일로부터 5년
  이전인 토지
- 기타 공익·기업의 구조조정 또는 불가피한 사유로 인한 법령상 제

1　**종중명의** 공동 조상을 가진 가족단체(종중)를 권리자 이름으로 표시하는 것을 말한다.

한, 토지의 현황·취득 사유 또는 이용 상황 등을 감안해 기획재정부령으로 정하는 부득이한 사유에 해당하는 토지

- 별장(건물)과 그 부속토지
- 농지 등 시 이상의 지역 내 주거·상업·공업지역(녹지 및 개발 제한 구역 제외) 편입일로부터 3년 이내인 토지

U씨는 다행히 자신의 토지가 비사업용토지가 아니라는 것을 확인하고 한시름 놓았지만, 상속받은 토지인 만큼 5년이 경과하기 전에 팔아야 하므로 올해 안에 처분하기로 했다.

비사업용토지의 절세 방법

이처럼 비사업용토지 양도소득세 중과세 대상에서 제외되는 토지라 하더라도 일정 기간 이내에 처분해야만 하는 경우가 있으므로 이 점을 유의해야 한다.

우선 사업용토지가 아니지만, 비사업용토지로 보지 않는 토지에 속하는지 검토한다. 비사업용토지에서 제외하는 예외는 매우 많다. 만약 비사업용토지라면 사업용토지로 전환한 후 양도한다. 비사업용토지라도 건물을 짓거나 직접 사업에 사용하면 중과세에서 벗어날 수 있다. 하지만 이 경우에도 보유기간 전체의 60%(또는 5년 중 3년 이상, 3년 중 2년 이상) 이상을 사업에 사용해야 한다. 특히 주차장업에 이용되는 토지가 사업용토지로 인정되려면 주차장 매출액이 토지가액의 3% 이상 되어야 한다.

해당 토지의 사업용 여부에 대한 판단은 쉽지 않기 때문에 우선은 세무

전문가와 상의해 검토하는 것이 중요하다. 비사업용토지가 아닌데 잘못 적용해 중과세를 당하는 경우 또는 사업용으로 전환이 가능한데도 비사업용으로 양도소득세를 계산해 신고하는 바람에 억울한 세금을 납부하는 경우가 적지 않다.

자경한 농업, 어업, 산림업용토지에 대한 양도소득세 감면

사업용토지 양도 시 양도소득세를 감면하는 경우를 살펴보자.

① 농업용토지의 양도소득세 감면 요건

우선 8년 이상 자경한 농지(축사용토지 포함)를 양도하는 경우 양도소득세를 100% 감면하는데, 그 요건은 다음과 같다(경영이양직접불보조금[2] 대상농지를 3년 이상 자경한 후 농업법인에 양도하는 경우에도 해당).

- 상속받은 경우 피상속인이 경작한 기간을 포함하여 상속인이 1년 이상 경작한 경우에는 합산해 계산하고, 그렇지 않은 경우에는 상속받은 날로부터 3년 이내에 양도할 경우 해당
- 농지 소유 농업인이 농지가 소재하는 시·군·구 및 연접 시·군·구 또는 직선거리 30km 이내에 거주할 것
- 해당 거주자가 그 소유 농지에서 농작물의 경작 또는 다년생식물의

---

2 **경영이양직접불보조금** 고령은퇴농가의 소득 안정을 도모하고 전업농 중심의 영농 규모화 촉진을 위해 조기에 경영이양한 농업인에게 지급하는 경영이양소득보조금이다.

378

재배에 상시 종사하고, 그 소유 농지에서 농작업의 50% 이상을 자기의 노동력에 의해 경작 또는 재배할 것.

다만, 해당 토지가 주거지역 등에 편입되거나 「도시개발법」 또는 그 밖의 법률에 따라 환지처분 전에 농지 외 토지로 환지예정지 지정을 받은 경우 그 날까지 발생한 소득에 대해서만 감면한다.

② 어업용토지의 양도소득세 감면 요건

다음과 같이 8년 이상 직접 어업에 사용한 어업용토지 등을 양도한 경우에도 양도소득세를 100% 감면한다.

- 「수산업·어촌발전기본법」에 따른 어업인이 사용할 것
- 해당 어업인이 토지가 소재하는 시·군·구 및 연접 시·군·구 또는 직선거리 30km 이내 지역에 거주할 것
- 육상양식어업 및 수산종자생산업에 직접 사용하는 토지 및 건물에서 상시 종사하거나 어작업의 50% 이상을 자기노동력에 의해 수행할 것
- 사업소득금액과 총급여액 합계액이 3,700만 원 이상인 과세기간은 자영기간에서 제외

③ 산림업용토지의 양도소득세 감면 요건

다음과 같이 10년 이상 자경한 산림지를 양도한 경우 자경기간별로 일정률의 양도소득세를 감면한다.

- 「임업및산촌진흥촉진에관한법률시행령」에 따른 임업인이 사용할 것
- 해당 임업인이 산림지가 소재하는 시·군·구 및 연접 시·군·구 또는 직선거리 30km 이내 지역에 거주할 것
- 「산지관리법」에 따른 보전산지일 것
- 산림지에서 임업에 상시 종사하거나 임작업의 50% 이상을 자기노동력에 의해 수행할 것
- 사업소득금액과 총급여액 합계액이 3,700만 원 이상인 과세기간은 자영기간에서 제외

감면율은 다음 표와 같다. 이상과 같은 감면은 연간 1억 원, 5년간 2억 원을 한도로 한다.

▼ 산림지 자경기간별 양도소득세 감면율

구분	10년 이상 ~ 20년 미만	20년 이상 ~ 30년 미만	30년 이상 ~ 40년 미만	40년 이상 ~ 50년 미만	50년 이상
감면율	10%	20%	30%	40%	50%

한편 2년 이상 보유한 산지를 2025년까지 국가에 양도하는 경우에는 양도소득세의 10%를 감면한다.

그린벨트지역 내 토지 양도소득세 감면

그린벨트(개발제한구역) 내 토지를 매수청구 또는 협의매수로 양도하는 경우 그린벨트 지정일 이전에 취득한 토지는 40%, 그 이후에 취득하여 20년

이상 보유한 경우에는 25%를 감면한다.

특정 시기에 취득한 토지 중과세 배제

비사업용토지라도 2009년 3월 16일부터 2012년 12월 31일 사이에 취득한 토지를 양도할 때 발생한 양도소득에 대해서는 기본세율(6~45%)을 적용한다.

| 양도소득세 |
주택 양도 시기 조절로 세테크하자

종종 공직자의 세금탈루가 사회 문제가 되는데, 그중 하나는 매매 시기 조절에 의한 세금탈루다. 즉, 이미 잔금을 청산하고 거래가 완료되었음에도 공부상의 소유권 등기이전을 한참 후에 함으로써 세법상의 요건을 사후적으로 갖추는 편법이다.

이러한 편법이 아니라면 양도 시기 조절은 절세를 위한 세테크 방법 중하나로 반드시 고려해야 한다. 양도 시기에 따라 거액의 세금 차이가 발생할 수 있기 때문이다.

양도 시기에 따른 세금 차이

양도소득세 계산 시 양도 시기에 따라 세금이 달라질 수 있는 항목은 크게 세 가지다. 비과세 요건인 보유기간 충족, 장기보유특별공제 적용 시 보유기간, 양도소득세율 적용 시 보유기간이 바로 그것이다. 이 요건을 충족하는지 여부에 따라 단 하루 차이로도 세금 차이가 크게 날 수 있으므로 양도 시기를 언제로 할 것인지 정할 때 세심한 주의가 필요하다.

양도 시기에 영향을 미칠 수 있는 항목을 표로 살펴보자.

▼ 양도 시기에 따른 차이

구분	차이
비과세 요건	취득일 ~ 양도일까지 보유기간 2년 이상[1]
장기보유특별공제율	• 1세대 1주택: 연간 8%(보유기간 4% + 거주기간 4%)(보유기간 3년 이상일 때 적용) • 기타 토지·건물: 연간 2% • 조정지역 2주택 이상: 배제
양도소득세율[2]	• 주택 및 조합원입주권: 2년 이상 기본세율, 2년 미만 60%, 1년 미만 70% • 기타 부동산: 2년 이상 기본세율, 1년 미만 50%, 2년 미만 40%
지방소득세율	• 2년 이상: 0.6~4.5% • 1년 이상 ~ 2년 미만: 6% • 1년 미만: 7%

1) 조정지역 소재 주택은 보유기간 중 거주기간이 2년 이상이어야 비과세
2) 2주택 소유자의 조정지역 소재 주택 양도 시 위 세율 + 20%, 3주택 이상 해당 주택 양도 시 위 세율 + 30%(2024년 5월 9일까지 한시적으로 중과세 유예)

취득 및 양도 시기

그렇다면 양도일(또는 취득일)은 언제일까? 양도 시기와 취득 시기는 동전의 양면과 같으므로 양도 시기가 언제인지 좀 더 구체적으로 살펴보자. 양도 시기는 원칙적으로 대금을 청산한 날이 기준이지만, 다음 표에 해당할 경우 각 시기에 따른다.

▼ 취득 및 양도 시기 결정

구분	취득 및 양도 시기
대금청산일이 불분명한 경우	등기·등록접수인 또는 명의개서일
대금을 청산하기 전에 소유권이전등기를 한 경우	등기·등록접수일
장기할부조건부 매매의 경우	등기접수일, 인도일, 사용수익일 중 빠른 날
자기가 건설한 건축물인 경우	완공일(사용검사필증교부일, 사용승인일, 사실상사용일 중 빠른 날)
상속받은 자산	상속개시일(= 사망일)
증여받은 자산	증여일
대금청산일 이후 완성(확정)된 자산	자산의 완성(확정)일
환지처분된 경우	환지처분공고일 다음날
시효취득 부동산	부동산점유 개시일
1986년 이전에 취득한 주식 등의 취득 시기	1986년 1월 1일 취득한 것으로 의제
1985년 이전에 취득한 부동산·기타 자산	1985년 1월 1일 취득한 것으로 의제

| 양도소득세 |

상속받은 주택의
양도세 세테크

상속받은 주택(또는 조합원입주권)을 양도할 때는 매매에 의해 유상으로 취득한 주택을 양도할 때와 양도소득세 계산 시 취급 방식이 다르므로 주의를 기울여야 한다. 상속받은 주택의 양도소득세 계산 시 짚고 넘어가야 할 사항들을 살펴보자.

일반적으로 상속주택이 아닌 주택을 여러 사람이 공동으로 소유하는 경우 주택 수를 계산할 때 공동 소유자 각자가 그 주택을 소유한 것으로 본다. 따라서 공동 소유 주택 외에 1주택을 소유한 경우에는 1세대 1주택 비과세 특례를 적용받지 못하는 것이 원칙이다.

상속주택과 일반주택은 다르다

하지만 상속주택은 달리 취급한다. 즉, 상속인들이 하나의 주택을 공동으로 상속받은 경우 주택 수를 계산할 때 상속지분이 큰 사람의 주택으로 계산한다. 만약 상속지분이 큰 사람이 둘 이상일 때는 해당 주택에 거주하는 자가 소유한 것으로, 모두 해당 주택에 거주하고 있을 때는 그중 연장자가 해당 주택을 소유한 것으로 보아 주택 수를 계산한다.

이렇게 해서 상속받은 주택(피상속인이 상속개시 당시 2채 이상의 주택을 소유한 경우 피상속인 소유기간이 가장 긴 주택만 해당)과 상속개시 당시 보유하던 일반주택을 각각 1채씩 소유하다가 일반주택을 양도할 때는 해당 일반주택 1채만 소유한 것으로 보아 비과세 여부를 판단한다. 물론 상속받은 주택을 양도할 경우에는 과세하는데, 세율 적용 시 보유기간은 피상속인의 취득일부터 계산하며 일반주택과 같이 취급한다.

▼ 상속받은 주택의 양도세

구분	일반주택 양도 시	상속주택 양도 시
상속주택 1채 + 상속개시 당시 일반주택 1채 (또는 조합원입주권 1개)	1세대 1주택으로 보아 비과세 여부 판단	상속주택 중 1채만 기본세율로 과세. 단, 세율 적용 시 보유기간은 피상속인의 취득일부터 기산함
상속주택 1채 + 상속개시 당시 일시적 2주택 (또는 조합원입주권 1개)	상속개시 당시 기존주택을 새 일반주택 취득 후 3년 이내(조정대상지역 소재 주택은 1년 이내) 양도 시 비과세 가능	

상속주택의 취득가액

상속주택 양도 시 취득가액은 상속세 결정가액이다. 아파트는 매매사례가격으로, 단독주택은 국세청 기준시가로 하는 경우가 많다. 상속세는 자진신고에 의해서가 아니라 세무서의 결정에 의해 과세표준과 세액이 확정되는데, 이때 주택의 결정가액이 취득가액인 셈이다.

시가 기준으로 상속주택의 가액이 결정되는 경우는 상속개시일 전후 6개월 이내 둘 이상의 감정평가기관(기준시가 10억 원 이하 부동산은 하나 이상의 감정평가기관)에 의한 감정가액으로 신고하는 등 가액을 확인할 수 있는 경우, 매매사례가액 등을 상속주택가격으로 세무서가 결정하는 경우 등이다. 그리고 시가가 확인되지 않을 경우 공시가격으로 결정하는 경우도 많다는 것을 알아둘 필요가 있다. 따라서 상속주택 양도 시 취득가액은 상속세 결정가액을 확인해 양도소득세를 계산해야 실수가 없다.

만약 상속세 산출세액이 없더라도 향후 양도소득세를 줄이기 위해 상속주택을 시가 기준으로 신고하려면 감정평가비용을 들여 2개의 감정평가기관으로부터 감정을 받아 이를 평균한 금액으로 신고하는 것이 좋다.

| 사업소득세 – 부동산임대업 |

임대용부동산의 매력과 관련 세금

부동산으로 잡는 두 마리 토끼, 임대소득과 양도차익

임대용부동산의 매력은 두 종류의 소득을 동시에 얻을 수 있다는 것이다. 임대용부동산을 보유하는 동안에는 임대에 따른 임대소득을 얻을 수 있고, 부동산을 처분할 때는 그 사이 오른 부동산 가치로 양도차익(투자소득)을 기대할 수 있다. 물론 모든 임대용부동산이 수익성이 좋은 것은 아니다. 입지 조건과 미래 개발 전망에 따라 편차가 크다.

사람들은 부동산임대업[1]소득을 불로소득으로 보는 경향이 있다. 목 좋은 곳에 번듯하게 서 있는 건물을 보면 '저런 건물 하나만 갖고 있으면 평생 편하게 살 수 있을 텐데…'라고 생각하는 것

---

1   **부동산임대업** 부동산 또는 부동산상의 권리(지상권 등), 광업권 또는 채굴권 등을 대여하는 업을 말한다. 부동산임대는 보통 전세권 등 권리를 설정하고 그 대가를 받거나 임대차계약 등으로 물건 또는 권리를 사용하게 하고, 그 대가를 받는 방법이 있다. 주택임대가 아니거나 주택이라도 특례 적용을 받으려면 지방자치단체에 부동산임대업 등록, 세무서에 사업자등록을 하도록 하고 있다.

도 이 때문이다.

부모에게 물려받은 건물을 관리도 제대로 하지 않으면서 임대료만 받아가는 경우는 불로소득이라고 해도 할 말이 없다. 하지만 평생 피땀 흘려 번 돈으로 건물을 장만했거나 임차인들에게 최상의 임대 서비스를 제공하면서 열심히 살아가는 임대업자들까지 불로소득자라고 비난하는 것은 적절하지 않다.

부동산임대업은 결코 편하고 녹록한 업종이 아니다. 임차인 보호·유치를 위해 철저한 건물 안전 점검, 보험 처리, 시설 유지·보수 등 관리를 해야 하며, 시대와 환경 변화에 걸맞게 적절하게 리모델링도 해야 한다. 건물주들이 겪는 가장 큰 어려움은 임대료나 관리비 등이 밀리며 발생하는 임차인과의 갈등이다. 또 목 좋은 곳이 아니면 공실이 발생하여 임대업도 수익을 내기가 쉽지 않다.

부동산임대업과 세금

임대용부동산을 취득할 때는 임대수익이 적정하게 발생할지, 향후 부동산가격이 상승할 전망이 있는지 등을 따져봐야 한다. 임대수익 계산 시 반드시 고려해야 하는 요소는 세금이며, 어떻게 하면 절세할 수 있을지 고민해야 한다. 부동산임대업자가 부담하는 세금의 종류는 다음 표와 같다.

구분	부동산 취득 시	부동산 임대 시	부동산 보유 시	부동산 처분 시
괴세 대상	취득가액	임대소득	공시가격	• 양도소득 • 양도가액
세금	• 취득세 • 건물부가가치세[1]	• 부가가치세 • 종합소득세	• 재산세 • 종합부동산세	• 양도소득세 • 건물부가가치세

1) 건물부가가치세는 건물분 시가의 10%. 취득 시 부담하는 건물부가가치세는 매입세액공제를 받을 수 있음

부동산임대업자가 부담하는 세금은 부동산을 취득할 때 발생하는 취득세와 건물부가가치세, 부동산을 임대할 때 발생하는 임대료에 대한 소득세와 부가가치세, 부동산을 보유할 때 발생하는 재산세와 종합부동산세, 부동산을 처분할 때 발생하는 건물부가가치세와 양도소득세로 구분된다. 부동산은 가액이 크기 때문에 소홀히 관리하면 큰 세금이 발생할 수 있으므로 주의해야 한다.

| 사업소득세 – 부동산임대업 |

주거용과 비주거용 임대소득의 세금이 다르다

세법상 부동산임대업소득으로 보는 소득에는 여러 종류가 있다. 부동산 (건물, 토지 등)의 대여(임대), 부동산상의 권리(기타소득에 해당하는 지상권·지역권 등의 대여를 제외한 임차권 등)의 대여, 공장(광업)재단의 대여, 채굴권의 대여 등에 의한 소득이 있다. 여기서는 이 가운데 부동산의 대여에 해당하는 주거용건물과 비주거용건물(오피스텔 포함)의 임대소득으로 범위를 한정해 살펴보자.

주거용과 비주거용은 임대수익에 대한 부가가치세가 다르다

주거용부동산, 즉 주택과 주택건물연면적 또는 주택정착면적의 5배의 부수토지(수도권 내 주거·상업·공업지역인 경우 2년 미만 보유 시 3배, 도시지역 밖은 10배까지의 토지) 임대에 대해서는 부가가치세를 면제하고 있지만, 이를 초과하는 토지의 임대 또는 비주거용부동산의 임대에 대해서는 월세뿐 아니라 보증금에도 해당 보증금에 정기예금 이자율을 곱한 금액을 부가가치세로 부과한다. 단, 주상복합건물인 경우 주택면적이 비주거용건물면적보다 크면 전부 주택으로 간주해 부가가치세를 면제하고, 반대의 경우에는 주택과 비주거용을 구분해 비주거용부동산 임대에만 부가가치세를 과세한다.

주거용과 비주거용은 소득세 적용이 다르다

소득세 적용도 다르다. 먼저 주택임대소득에 대해서는 해당 주택이 고가주택(과세기간 종료일 또는 양도일 현재 기준시가 12억 원 초과) 또는 해외 소재 임대주택이 아닌 이상 부부 소유 주택이 2채 이상으로 주택임대소득이 월세 방식으로 발생하는 경우에만 소득세를 과세하는 것이 원칙이다. 다만, 연간 총주택임대수입금액이 2,000만 원 이하인 소규모 주택은 분리과세한다. 또한 분리과세 주택임대소득만 있는 경우에는 사업자등록을 하지 않으면 주택임대수입금액의 2%를 가산세로 부담한다.

소규모주택임대소득 분리과세 세액산출 방식은 다음과 같다.

소규모주택임대소득 분리과세 세액산출 = [분리과세 주택임대수입금액 × {1 - 필요경비율(50%)} - 200만 원(주택임대소득 제외한 종합소득금액 2,000만 원 이하인 경우)] × 14%(단일세율)

※ 등록임대주택의 경우 필요경비율 60%, 기본공제 400만 원 적용

전세(반전세 포함)주택임대라 하더라도 3채 이상인 경우(전용면적 40㎡ 이하, 기준시가 2억 원 이하 주택 제외)에는 보증금 3억 원 초과분의 60% 금액에 정기예금 이자율을 곱한 금액에서 해당 보증금을 이용한 금융수익(이자소득 또는 배

당소득 등)을 차감한 금액을 간주임대료[1]소득으로 하여 소득세를 과세한다.

또 주거용부동산임대사업에서 발생한 결손금 또는 이월결손금에 대해서는 다른 종합소득금액에서 공제할 수 있으므로 주택 임대사업자가 더 유리하다. 원칙적으로 부동산임대사업에서 발생한 결손금이나 이월결손금은 부동산임대소득에서만 공제받을 수 있으나 주택임대소득결손금(이월결손금)은 종합소득합산과세를 하는 경우 다른 종합소득에서 공제할 수 있다.

상가건물 임대료 인하한 임대사업자를 위한 세금 혜택

「상가건물임대차보호법」에 따른 상가건물을 2021년 6월 30일 이전부터 2023년 12월 31일까지 소상공인에게 임대하고, 임대료를 인하해준 경우 인하액의 70%(기준소득금액 1억 원 초과 시 50%)를 세액에서 공제한다.

---

1   간주임대료(看做賃貸料, Deemed Rent) 사업자가 부동산을 임대하고, 월정임대료와는 별도로 전세금 또는 임대보증금을 받는 경우 전세금 등에 정기예금 이자율을 곱하는 방식으로 계산한 금액을 말한다. 간주임대료는 「부가가치세법」과 「소득세법」에서 그 계산 방식이 다르다. 간주임대료의 부가가치세는 보증금 전액에 정기예금 이자율을 곱해 계산하는 반면, 간주임대료의 소득세는 주거용은 3주택 이상이고 보증금 합계가 3억 원 초과인 경우에만 보증금 중 일정 금액을 공제한 금액을 대상으로 한다. 비주거용인 경우에는 보증금 전액에 대해 정기예금 이자율을 곱한 금액에서 보증금을 이용한 금융수익을 차감한 금액에 소득세를 과세한다.

▼ 주거용과 비주거용부동산 임대 시 세금 차이

구분	부가가치세	소득세
주거용부동산 임대	면세	• 1세대 1주택 임대소득 비과세(기준시가 12억 원 초과 고가주택 및 해외 소재 임대주택 제외) • 부부합산 주택 2채 이상 중 1채 이상 월세임대소득 과세 • 전세보증금 임대라도 3채 이상(전용면적 40㎡ 이하) • 기준시가 2억 원 이하 주택 수 제외이고, 보증금 합계 3억 원 초과 시 초과금액의 60%에 대해 간주임대료 과세(연 1.8%) • 주택임대소득 결손금(이월결손금)을 종합소득합산 과세 시 다른 소득에서 공제 가능 • 세액감면(소형임대주택[1] 30%, 준공공임대주택[2] 75%)
비주거용부동산 임대	과세(월임대료와 보증금에 대한 간주임대료)	• 월세임대료와 임차보증금 전액에 대한 간주임대료 소득 과세 • 비주거용부동산임대사업 결손금(이월결손금)이 발생해도 다른 종합소득에서 공제 불가 • 상가건물을 소상공인에게 임대하고 임대료를 인하한 경우 세액공제

1) 전용면적 85㎡ 이하 임대개시일 현재 기준시가 6억 원 이하로 8년 이상 임대하고, 임대보증금과 임대료를 연 5% 이내로 인상하는 주택 1호일 때는 30%, 2호 이상 임대 시는 20% 감면
2) 민간임대사업자가 8년 이상 임대하는 전용면적 85㎡ 이하 2호 이상 임대주택

| 사업소득세 – 부동산임대업 |

임대용부동산의
보유세 절세

재산세와 종합부동산세

보유세는 재산세와 종합부동산세로 나눌 수 있다. 재산세는 매년 6월 1일 현재 토지와 건축물, 주택을 소유한 자에게 부과하는 세금으로, 지방세(지방자치단체에 귀속되는 세금)에 속한다. 토지와 건축물은 시가표준액의 50~90% 상당액, 주택은 시가표준액의 40~80% 상당액을 과세표준으로 하여 여기에 세율(건축물에 대해서는 과세표준의 0.25%, 건축물부속토지에 대해서는 2억 원, 10억 원을 기준금액으로 하여 0.2%, 0.3%, 0.4% 초과누진세율)을 곱해 산출한다.

종합부동산세는 매년 6월 1일 현재 부동산 공시가격의 합계금액이 일정 금액(종합합산과세 대상은 5억 원, 별도합산과세 대상은 80억 원)을 초과하는 토지 또는 공시가격의 합계금액이 9억 원을 초과하는 주택(단독명의 1세대 1주택자는 12억 원 초과)을 소유한 자에게 부과하는 세금으로, 국세에 속한다. 종합부동산세 계산은 토지와 주택을 각각 별개로 하여 각 공시가격 합계금액의 60~100% 상당액을 과세표준으로 하고 일정한 세율을 곱해 산출한다. 종합부동산세 세율은 초과누진세율로 주택의 경우 과세표준 기준금액 6억 원, 12억 원, 25억 원, 50억 원, 94억 원 구간별로 2주택 이하와 3주택 이상으로 나누어 각각 0.6~3%, 1.2~6%의 초과누진세율을 적용한다.

종합부동산세를 내지 않는 임대주택

「공공주택특별법」에 따른 공공주택사업자 또는 「민간임대주택에관한특별법」에 따른 임대사업자로서 주택임대업 사업자등록을 한 뒤 과세기준일 현재 임대하고 있는 다음과 같은 임대주택은 합산배제임대주택으로 종합부동산세 과세 대상에서 제외한다.

① 임대 개시년도 공시가격 9억 원 이하, 전용면적 149㎡ 이하 2호 이상 주택을 임대하여 5년 이상 계속하여 임대하면서 임대료 등의 증가율이 연 5%를 초과하지 않을 것

② 임대개시일 등 기준일에 공시가격이 6억 원(수도권 밖 3억 원) 이하이고, 5년 이상 임대하면서 임대료 등의 증가율이 연 5%를 초과하지 않을 것

③ 임대사업자의 지위에서 2005년 1월 5일 이전부터 임대하고 있던 2호 이상의 임대주택으로서 국민주택규모 이하(2005년 과세기준일의 공시가격 3억 원 이하)이고 5년 이상 계속 임대하는 것

④ 민간건설임대주택으로서 전용면적 149㎡ 이하, 합산배제신고를 한 연도의 과세기준일 현재 공시가격이 9억 원 이하이고, 사용승인일 등으로부터 과세기준일 현재까지의 기간 동안 임대된 사실이 없고, 그 임대되지 아니한 기간이 2년 이내일 것

⑤ 법에 따른 부동산투자회사 또는 부동산간접투자기구[1]가 2008년 1월 1일부터 2008년 12월 31일까지 취득 및 임대하는 매입임대주택으로서 수도권 밖에 소재하고, 전용면적이 149㎡ 이하로서 2008년도 과세기준일의 공시가격이 6억 원 이하, 10년 이상 계속하여 임대하는 것일 것

⑥ 수도권 밖 미분양매입임대주택(미분양주택으로서 2008년 6월 11일부터 2009년 6월 30일까지 최초로 분양계약을 체결하고 계약금을 납부한 주택에 한정한다)으로서 매입임대주택과 미분양매입임대주택을 합산하여 5호 이상으로 5년 이상 계속하여 임대하는 것일 것(전용면적 149㎡ 이하, 주택임대를 개시한 날 또는 최초로 합산배제신고를 한 연도의 과세기준일의 공시가격이 3억 원 이하일 것. 다만 2020년 7월 11일 이후 임대사업등록을 신청한 단기민간임대주택과 장기일반민간임대주택 중 민간매입임대아파트 그리고 공공지원민간임대주택 또는 장기일반민간임대주택으로 변경 신고한 주택은 제외)

⑦ 건설임대주택 중 공공지원민간임대주택 또는 장기일반민간임대주택 2호 이상으로 전용면적 149㎡ 이하, 주택의 임대를 개시한 날 또는 최초로 제9항에 따른 합산배제신고를 한 연도의 과세기준일의 공시가격이 9억 원 이하일 것, 10년 이상 계속하여 임대하는 것일 것, 임대료 등의 증가율이 100분의 5를 초과하지 않을 것

⑧ 기타 법에서 정한 임대주택

---

1 **부동산간접투자기구** '리츠펀드'로, 다수의 투자자로부터 자금을 모집해 그 자금으로 부동산투자를 행하는 펀드를 말한다.

공시가격의 과대평가를 주의하자

재산세나 종합부동산세는 지방자치단체나 정부에서 부과해 고지하는 세금으로, 공시가격을 기준으로 과세되므로 공시가격이 과대평가된 경우 이의신청을 통해 정상화해야 세금 부담을 줄일 수 있다.

또 부동산을 취득 또는 처분할 때는 6월 1일을 기준으로 과세하므로 취득은 6월 2일 이후, 처분은 5월 31일 이전에 하면 그해의 재산세나 종부세를 줄일 수 있으니 참고로 알아두자.

**Common Sense Dictionary
of Reducing Tax**

4

넷째
마당

부자들만 아는 상속,
증여세 세테크

| 상속세 |

상속과 상속세
필수 지식

　수도권 등 일부 지역 아파트값이 오르면서 상속세[1]가 남의 일이 아니게 되었다. 상속세는 피상속인, 즉 사망한 사람의 재산이 적어도 5억 원 이상(배우자가 있는 경우에는 10억 원)일 때 나오므로 대도시 아파트 한 채만 상속받아도 상속세가 나올 수 있다.

　상속세는 상속에 의해 부를 무상으로 이전할 때 그에 따르는 사회적 책임을 지도록 하는 장치다. 상속재산의 형성에 법·제도 및 인간관계 등 사회적 환경이 중요한 기여를 하기 때문이다. 상속재산에 부과하는 세금은 사회가 재산 형성에 기여한 부분의 환원이라고 할 수 있다. 특히 큰 재산이 제약 없이 세습되면 경제적 불평등이나 신흥 계급이 생겨나고, 사회 갈등의 원인이 될 수도 있다. 따라서 상속이나 증여와 같이 일신에 속하는 재산을 무상으로 이전하는 데는 사회적 환원장치가 필요하다.

1　**상속세** 상속개시(피상속인의 사망 또는 실종)라는 사실에 따라 피상속인으로부터 상속인에게 이전하는 재산에 대해 그 재산가액을 과세표준으로 하여 상속인에게 과세하는 조세. 현행 상속세는 피상속인의 유산액을 과세표준으로 하여 과세하는 유산세 체계를 채택하고 있으며, 불로취득 재산이라는 점에서 고율의 누진세를 적용하고 있다.

하지만 우리나라 재벌들의 상속세에 대한 태도는 사회적 책임과는 거리가 먼 것처럼 보인다. 부라는 것이 사회적 정당성을 갖고 그에 걸맞게 부를 누리려면 그것의 축적 과정 또한 정당성을 가져야 한다. 그래야 부자들도 사회적으로 존경받고, 정당한 노력을 통해 부를 일구려는 사회적 지향도 커져 모두가 건강한 공동체로 발전해나갈 것이다.

상속의 두 가지 방법

상속이란, 피상속인(사망 또는 실종된 사람)의 재산을 무상으로 상속인에게 이전하는 법률 행위를 말한다. 유증[2] 또는 사인증여[3]를 포함하고, 상속이 일어나는 시점은 사망일 또는 실종선고일로 본다.

상속재산을 분배하는 데는 '유언상속 방식'과 '법정상속 방식'이 있는데, 유언상속이 우선하고, 유언이 없는 경우에는 「민법」에 의한 상속 순서에 따른다. 그런데 유언상속은 자필증서, 녹음, 공정증서, 비밀증서 등 엄격한 법적 요건을 갖춘 경우에 한해 인정된다.

---

2 **유증** 유산의 전부 또는 일부를 타인에게 무상으로 주는 행위를 말한다.

3 **사인증여** 증여자 생전에 증여계약을 맺고 그 효력은 사망 후에 발생하는 증여를 말한다.

상속 순위를 알아두자

세법에서는 법률적으로 효력 있는 상속을 전제로 하여 상속세를 계산한다. 「민법」에 따른 상속 순위는 상속세 여부와 무관하게 알아둘 필요가 있다. 상속과 관련된 이해당사자들의 최소한의 법적 권리관계를 나타내기 때문이다.

우선 피상속인의 배우자는 다른 상속인과 순위에서 독립적으로 취급된다. 배우자는 법정상속 1순위·2순위와 공동상속인이 된다. 즉, 1순위자가 있을 때는 1순위자와 공동으로, 1순위자가 없고 2순위자가 있을 때는 2순위자와 공동으로 상속한다. 1순위자와 2순위자가 없을 때는 배우자가 단독 상속한다. 1순위자는 직계비속(자녀, 손자녀 등)을 말하고, 2순위자는 직계존속(부모, 조부모 등)을 말한다. 3순위자는 형제자매로서 배우자 또는 1, 2순위가 없을 때의 상속인이다. 4순위는 3순위까지 없을 때 4촌 이내 방계혈족이 상속인이 된다.

같은 순위의 상속인이 여러 명일 때(예를 들어 자녀와 손자녀가 모두 있을 때)는 촌수가 가장 가까운 상속인(위 사례에서는 자녀)이 우선순위를 가지며, 자녀 촌수가 같은 상속인들은 공동상속인이 된다. 다시 말해, 직계비속으로 자녀 2인과 손자녀 2인이 있다면 자녀 2인이 공동상속인이 되고, 손자녀 2인은 법정상속인이 되지 못한다. 태아는 상속 순위상 이미 태어난 것으로 본다.

상속재산지분 결정의 원칙

상속재산을 어떻게 나눌 것인지는 다음과 같은 원칙을 따른다.

유언상속일 때는 상속지분을 유언으로 지정할 수 있다. 다만, 유언이 지나치게 감정적으로 치우쳐 상속재산이 특정인에게 편중되는 것을 막기 위해 유류분[4]제도를 두고 있다. 즉, 유언상속이라 하더라도 피상속인의 배우자나 직계비속은 최소한 법정상속분의 1/2, 피상속인의 직계존속이나 형제자매는 법정상속분의 1/3을 받을 수 있다.

법정상속의 경우에는 같은 순위의 상속인은 모두 동일한 지분으로 상속하되, 배우자는 그들보다 50%를 가산한다.

▼ 상속재산지분 결정

상속인	법정상속분	상속 비율	상속재산(총 10억 원일 때)
자녀 1인과 배우자만 있을 때	자녀 1	2/5	4억 원
	배우자 1.5	3/5	6억 원
자녀 4인과 배우자만 있을 때	자녀 각 1	각 2/11	각 1억 8,100만 원
	배우자 1.5	3/11	2억 7,300만 원
부모와 배우자만 있을 때	부모 각 1	각 2/7	각 2억 8,570만 원
	배우자 1.5	3/7	4억 2,857만 원

상속인의 권리의무

상속인은 상속이 개시된 때부터 피상속인의 일신에 전속한 것이 아닌 모든 재산에 관한 포괄적 권리의무를 승계한다. 공동상속인 중에 피상속인으로부터 재산의 증여 또는 유증을 받은 자가 있는 경우 그 수증재산이 자기의 상속분에 미달할 때는 그 부족분의 한도에서 상속분이 있다.

4 　유류분(遺留分) 상속재산 가운데 상속을 받은 사람이 마음대로 처리하지 못하고 일정한 상속인을 위해 법률상 반드시 남겨두어야 하는 일정 부분을 말한다.

상속인은 상속개시가 있다는 것을 알게 된 날부터 3개월 이내에 단순승인이나 한정승인 또는 포기를 할 수 있다. 물론 상속의 승인 또는 포기기한은 이해관계인이나 검사의 청구에 의해 연장할 수 있다.

- 단순승인: 상속받을 때 피상속인의 권리의무를 무제한으로 승계할 것을 승인하는 의사표시
- 한정승인: 상속받은 재산의 한도 내에서 피상속인의 채무를 변제할 것을 조건으로 하는 상속인의 의사표시

이와 같은 상속과 관련된 지식은 상속세 계산을 떠나 상속 문제가 발생했을 때 상속재산을 처리하는 최소한의 법적 기준이므로 알아둘 필요가 있다. 상속세는 상속재산에 대한 법적 기준에 근거해 계산하므로 위 원칙을 적용하면서 계산 절차를 진행하면 된다.

| 상속세 |

상속세는
어떻게 계산할까?

상속재산 중에는 상속세의 과세 대상이 되는 재산과 그렇지 않은 재산이 있다. 특히 상속세를 계산할 때는 상속 전에 증여하거나 처분한 자산도 상속재산에 포함될 수 있으므로 상속을 전후로 재산의 처분 또는 증여를 할 때는 특별히 주의해야 한다.

(사례) 외아들인 V씨는 홀로 된 부친을 부양해왔는데, 2020년에 3억 원의 아파트를 증여받으면서 증여세로 4,700만 원을 신고·납부했다. 2023년 부친이 지병으로 사망해 장례(총장례비 700만 원)를 치르고 유산을 정리해보니, 부친 명의의 단독주택 1채(공시가격 5억 원)와 예금·금융상품 1억 원이 있었다. 그리고 부친이 불입한 보험에 따라 사망보험금 2억 원을 수령했다. 이 경우 V씨가 신고·납부해야 할 상속세는 얼마일까?

상속세 계산구조를 살펴보면서 상속세 계산 시 유의할 점을 점검해보자.

▼ 상속세 계산구조

계산구조	내용
총상속재산	• 본래의 상속재산 + 상속 전 증여재산 + 상속개시 전 처분재산 등
(−) 비과세재산	• 국가·지방자치단체 등에 기부한 자산과 제사용 재산
(−) 상속세불산입재산	• 공익법인 등에 출연한 재산
(−) 공과금, 장례비용, 채무	• 장례비용 1,500만 원 한도(납골비용 500만 원 포함)
(+) 증여재산가산액	• 10년(또는 5년) 이내 증여한 재산
(=) 상속세 과세가액	
(−) 상속공제	• 인적공제 최저 5억 원(배우자 생존 시 10억 원, 동거주택상속공제) 등
(=) 과세표준	
(×) 세율	• 1억 원, 5억 원, 10억 원, 30억 원 기준으로 10%, 20%, 30%, 40%, 50% 누진세율
(=) 산출세액	
(+) 세대생략할증세 (30% 또는 40%)	• 자녀 아닌 직계비속에게 직접 상속하는 재산에 대해 신고기한 내 신고 시 3% 공제 등
(−) 세액공제	
(=) 납부할 세액	

상속세 계산 시 유의할 점

첫째, 상속재산은 상속 당시 피상속인(사망자 등)이 소유한 본래의 재산에 사망에 따른 보험금, 퇴직금, 신탁재산이 가산된다. 특히, 상속 전 2년 이내에 자산을 처분하거나 채무를 부담한 경우에도 그 용도가 명백하지 않으면 상속재산에 포함될 수 있다. 따라서 상속개시 전에는 가능하면 자산을 처분하거나 채무를 부담할 때 처분금액 또는 채무금액을 어디에 사용했는지 객관적인 근거를 갖추어놓아야 한다.

세법은 상속개시 전 1년 이내에 처분한 자산 또는 채무금액의 합계가

2억 원 이상이거나 2년 이내에 처분한 자산 또는 채무금액의 합계가 5억 원 이상인 경우 상속재산으로 추정한다. 또한 상속개시 전 일정 기간 내에 증여한 자산도 상속재산에 합산한다. 상속인에게 10년 이내에 증여한 자산과 비상속인에게 5년 이내에 증여한 자산이 이에 포함된다. 증여과세특례(창업자금, 가업승계) 금액은 기한 제한 없이 합산한다. 물론 증여재산가액은 증여 당시의 가액을 합산하며, 이미 납부한 증여세는 상속세에서 공제한다.

둘째, 국가나 지방자치단체 등에 기부하거나 공익법인에 출연한 재산은 상속세 과세 대상이 아니다.

셋째, 피상속인에게 납부의무가 있는 공과금과 장례비용(1,000만 원 한도), 납골비용(500만 원 한도), 객관적으로 입증된 채무는 상속재산에서 차감한다.

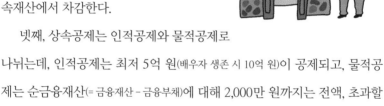

넷째, 상속공제는 인적공제와 물적공제로 나뉘는데, 인적공제는 최저 5억 원(배우자 생존 시 10억 원)이 공제되고, 물적공제는 순금융재산(= 금융재산 – 금융부채)에 대해 2,000만 원까지는 전액, 초과할 경우에는 해당 금액의 20%에 대해 최고 2억 원까지 공제해준다. 또 가업·영농 상속공제와 동거주택 상속공제도 있다.

다섯째, 상속세율은 과세구간에 따라 다음과 같이 누진세율을 적용한다.

▼ 상속세 적용세율

과세표준	적용세율
1억 원 이하	과세표준의 10%
1억 원 초과~5억 원 이하	1,000만 원 + 1억 원 초과금액의 20%
5억 원 초과~10억 원 이하	9,000만 원 + 5억 원 초과금액의 30%

10억 원 초과~30억 원 이하	2억 4,000만 원 + 10억 원 초과금액의 40%
30억 원 초과	10억 4,000만 원 + 30억 원 초과금액의 50%

여섯째, 자녀가 아닌 직계비속에게 상속할 경우, '세대를 건너뛴 상속'이라 해서 원래의 상속세 산출세액에 해당 상속재산이 총상속재산에서 차지하는 비율을 곱한 뒤 해당 세액의 30%(해당 상속재산이 20억 원을 초과할 때는 40%)를 가산한다.

일곱째, 세금이 1,000만 원이 넘을 때는 분납을, 2,000만 원이 넘을 때는 연부연납[1]이나 물납을 신청할 수 있다. 분납은 신고·납부기한으로부터 2개월 이내에 2차례에 나누어 납부할 수 있고, 연부연납은 10년(기업상속재산이 50% 이상일 때는 20년) 동안 나누어 낼 수 있다. 단, 연부연납금액은 연간 1,000만 원을 초과해야 하며, 연납에 따른 가산금[2]을 납부해야 한다.

이상의 내용을 고려하여 V씨의 상속세를 계산해보자. V씨 본래의 상속재산은 6억 원이지만, 여기에 보험금 2억 원과 10년 이내 증여재산인 3억 원을 합한 11억 원이 상속재산이 된다. V씨는 제1순위 상속인으로서 인적공제로 최저 5억 원을 공제받을 수 있고, 상속재산 중 금융자산(금융상품과 보험금)이 있어 금융자산공제(3억 원의 20%)를 6,000만 원 받을 수 있다.

---

1 **연부연납** 상속세 또는 증여세를 수년에 걸쳐 분납하는 방법을 말한다. 연부연납은 상속세 또는 증여세 납부세액이 2,000만 원을 초과할 경우에 신청할 수 있는데, 이에 대해서는 납세담보를 제공해야 한다. 납세담보 물건이 될 수 있는 것은 금전, 국채·공채, 세무서장이 인정한 유가증권, 납세보증보험증권, 세무서장이 인정한 보증인의 납세보증서 등이다.

2 **가산금** 최초 1회분 납부 시에는 총납부세액에 대해, 그 이후 연부연납하는 각 회분의 분할납부세액에 시중은행 1년 만기 정기예금 평균수신금리를 고려해 기획재정부에서 정하는 이자율을 곱한 금액이다.

결국 상속세 과세표준은 5억 3,300만 원(= 11억 원 - 700만 원 - 5억 원 - 6,000만 원)이다. 누진세율 30%를 적용해 산출세액을 계산하면 9,900만 원인데, 사전증여재산 관련 증여세(4,700만 원)는 공제를 해주므로 V씨가 실제 납부할 상속세는 5,200만 원이다. 상속세가 1,000만 원이 넘으므로 V씨는 상속세신고·납부기한으로부터 2개월 이내에 2,600만 원씩 분납할 수 있다.

| 상속세 |

어떤 자산으로
상속받아야 유리할까?

　같은 상속재산이라도 절세가 가능한 재산과 그렇지 않은 재산이 있다. 예금[1]이나 보험금, 상장주식과 같이 상속개시 시점의 시가를 객관적으로 확인할 수 있는 재산이 있는가 하면, 부동산처럼 거래가 빈번하지 않아 객관적인 시가를 확인하기 어려운 재산이 있기 때문이다.

　부동산도 처분해 환가하면 시가가 확인되고 예금재산으로 바뀌게 되므로 어떤 형태의 재산으로 상속하는지는 상속세 세테크에서 상당히 중요한 이슈 중 하나다. 물론 부동산도 시가평가가 원칙이다. 시가 확인이 가능한 아파트 등과 시가 확인이 어려운 건물이나 토지 등의 부동산으로 구분해 살펴보자.

1　**예금의 시가** 예금이나 적금은 예입 총액에 미수이자를 합한 금액에서 원천징수세액 상당액을 차감한 가액이 시가가 된다.

세법에서 정하고 있는 재산의 평가 방법

「상속세및증여세법」은 자산 평가 원칙을 다음과 같이 정한다.

원칙적으로 상속개시일 현재의 시가에 따른다. 단, 상속재산에 가산하는 증여재산의 가액은 증여일 현재의 시가에 따른다. 여기서 시가란, 불특정다수인 사이에 자유로이 거래가 이루어지는 경우 통상적으로 성립된다고 인정되는 가액을 말하며, 상속개시일 전후 6개월 이내 기간(증여재산은 3개월 이내) 중 매매·감정·수용·경매 또는 공매가 있는 경우 다음 표의 세 가지 방식에 의한 가액을 포함한다.

▼ 시가로 인정되는 가액(상속재산 평가 기준일 전후 6개월 이내)

구분	시가 인정 가액
매매거래가 있는 경우	거래가액(단, 특수관계자와의 거래 등 부당혐의 거래는 제외)
해당 자산에 대해 둘 이상의 감정평가액이 있는 경우	감정가액의 평균액(둘 이상의 감정기관에 의한 감정가액[1]으로 상속·증여세 납부 목적에 부적합한 감정가액 제외)
해당 자산에 대해 수용·경매·공매가 진행된 경우	보상가액·경매가액 또는 공매가액

1) 기준시가 10억 원 이하 부동산인 경우 하나의 감정기관 감정가액도 시가로 인정

예외적으로 시가를 확인하기 어려울 때는 해당 자산의 종류, 규모, 거래 상황 등을 고려해 정하는 기준시가 등 보충적 평가 방법[2]으로 평가한 가액으로 하며, 저당권 등이 설정된 재산은 평가기준일 당시 세법상의 해당 자산 평가액과 해당 자산 담보채권액 중 큰 금액으로 한다.

일반적으로 부동산의 경우 기준시가는 시가의 50~80% 수준에 불과하

---

2 **보충적 평가 방법** 시가를 확인하기 어려운 자산을 평가할 때 사용하는 방법을 말한다. 즉, 토지는 기준일 현재의 개별 공시지가, 건물은 국세청 기준시가를 취득가액으로 간주하는 것을 말한다.

여 상속세 계산에서 예금이나 상장주식처럼 시가가 확인되는 자산보다 유리하다. 예를 들어 시가 6억 원의 건물이 있을 경우 처분하면 시가 6억 원의 예금자산이 되어 그 평가액도 6억 원이 된다. 하지만 처분이나 경매 등 시가 확인 사실이 발생하지 않은 경우에는 기준시가로 평가하게 되는데, 기준시가가 4억 원 수준일 경우 상속재산이 2억 원이 줄어들므로 상속세 절세효과가 생긴다.

결국 상속개시 전후 6개월 이내에는 부동산 자산을 처분하거나 경매 등에 부쳐지지 않도록 해야 절세에 유리하다. 단, 금융재산에 대해서는 순금융재산의 20%(2억 원 한도. 단, 2,000만 원 이하는 전액 공제)를 상속세 과세가액에서 금융재산공제를 해주므로 서로 비교해보고 어느 쪽이 유리한지 판단해 의사결정을 하도록 한다.

예를 들어 시가 10억 원 부동산의 기준시가가 7억 원일 때와 9억 원일 때 상속세를 비교해보자. 다음 표를 보면 기준시가가 7억 원일 때는 부동산으로, 9억 원일 때는 처분해 금융자산으로 상속받는 것이 유리하다는 것을 알 수 있다.

▼ 상속 방식별 상속제 비교

구분	기준시가가 7억 원인 경우	기준시가가 9억 원인 경우
부동산으로 평가	7억 원	9억 원
처분해 예금으로 평가	10억 원 - 2억 원(금융재산공제액) = 8억 원	
효과	처분하지 않는 것이 1억 원 유리	처분하는 것이 1억 원 유리

101

의료비, 장례비로
상속세 절감이 가능하다

보통 상속개시의 원인이 되는 사망은 병원에서 진행되는 경우가 많고, 그에 따라 피상속인에 대한 의료비나 장례비 지출이 발생한다. 피상속인이 환자로서 지출한 의료비는 상속세 계산상 공제 항목이 아니지만, 장례비는 일정 한도 내에서 공제할 수 있다. 이 두 항목의 지출을 어떻게 하는지는 상속세 절세와 연관이 있으므로 세테크 관점에서 살펴보자.

피상속인의 재산으로 지출하면 상속재산이 줄어든다

일반적으로 자녀들이 장성해 소득이 있는 경우 의료비 부담을 효의 관점에서 보는 경향이 많다. 하지만 상속세 절세 측면에서 보면 환자(피상속인)의 의료비를 상속인이 부담하는 것은 상속세 부담을 늘리는 효과가 있다. 환자 자신의 의료비를 환자 자신이 부담하면 상속재산이 줄어들지만, 자녀들이 부담하면 그렇지 못하기 때문이다. 사망에 임박한 환자의 의료비는 가능하면 환자의 재산으로 지불하는 것이 좋다.

장례비는 상속인들의 의사결정에 따라 집행되는 것으로, 피상속인이 부담할 비용은 아니다. 하지만 장례비도 피상속인의 재산으로 지출하면 그만큼 상속재산이 줄어드는 효과가 있다. 피상속인이 사망한 때부터 장례일까지 장례를 치르는 데 소요된 비용은 사망에 따른 필연적인 비용이며 사회통념상 경비로 인정받고 있으므로 상속세를 계산할 때도 일정 한도 내 금액은 비용으로 공제해주고 있다.

장례비용이 500만 원 미만인 경우에는 증빙이 없더라도 500만 원을 공제해주지만, 500만 원을 초과하면 증빙에 의해 지출 사실이 확인되는 것만 공제해준다. 다만, 장례비용이 1,000만 원을 초과하는 경우에는 1,000만 원까지만 공제해준다.

장례비용에는 시신의 발굴과 안치에 직접 소요되는 비용, 묘지구입비, 공원묘지사용료, 비석·상석 등 장례를 치르는 데 직접 들어간 제반비용이 모두 포함된다고 보면 된다.

또 장례 문화 개선을 지원하기 위해 증빙을 갖출 경우 봉안시설(납골묘) 사용에 소요된 금액을 500만 원 한도로 추가 공제해주고 있다.

따라서 장례비로 공제받을 수 있는 금액은 최소 500만 원에서 최대 1,500만 원(납골비용 500만 원 포함)까지다. 500만 원을 초과하는 장례비는 증빙을 요구하므로 다소 혼잡한 상황이라도 모든 지출에 대해 명세와 증빙을 갖추는 자세가 필요하며, 그래야만 상속세를 조금이라도 줄일 수 있다.

▼ 의료비, 장례비 공제금액

구분	공제금액
사망 시부터 장례일까지 지출된 비용 (납골비용 제외)	500만 원 미만인 경우 500만 원, 1,000만 원 초과 시 1,000만 원을 한도로 공제
납골시설 사용에 지출된 비용	500만 원 초과 시 500만 원을 한도로 공제

102

상속 전후에
유의할 사항들

상속세는 상속개시일(사망일 또는 실종선고일)이 속하는 달 말일부터 6개월 이내에 피상속인의 주소지 관할세무서장에게 신고해야 한다. 상속세 세테크에서 주의할 기간은 상속 전후 6개월, 상속개시 전 2년간이다. 이 기간 동안은 재산을 처분하거나 채무 부담을 할 때 해당 금액에 대한 소명자료가 분명해야 한다.

상속일 전후 6개월 동안 부동산은 대기

우선 상속일 전후 6개월 동안은 부동산을 처분하거나, 담보로 제공하거나, 이와 관련된 감정평가를 받지 않는 것이 좋다. 만약 이 기간 안에 부동산을 처분하면 처분가액을 시가로 보게 되고, 담보로 제공하면 담보에 의한 채무가액과 기준시가 중 큰 금액을 시가로 간주하기 때문이다.

예를 들어 상속세를 신고할 때 부동산가액을 기준시가로 평가해 신고했는데, 상속일 전후 6개월 이내에 해당 부동산을 처분한다면 기준시가와 처분가액인 시가 차액에 해당되는 상속세를 추가로 물게 된다. 상속재산의 평가는 원칙적으로 시가로 하기 때문이다.

사정상 부동산을 꼭 처분해야 한다면 잔금일이나 등기접수 시점을 6개월이 지난 시점에 하도록 한다. 그래야만 시가평가에 따른 상속세 추징을 피할 수 있다.

상속개시 전 2년 이내 주의사항

상속개시 전 1년 이내에 상속재산에 해당하는 자산을 처분한 가액이 2억 원 이상이거나 2년 이내 그 가액이 5억 원 이상일 경우 처분한 금액의 사용 용도에 대해 소명자료를 갖추고 있어야 한다. 그렇지 못할 경우 사용처를 소명하지 못한 금액에서 처분재산가액의 20% 상당액과 2억 원 중 적은 금액을 차감한 금액을 상속재산으로 보아 상속세를 과세하기 때문이다.

예를 들어 상속개시 전 1년 이내에 부동산을 처분했는데, 처분가액이 5억 원이라고 가정해보자. 이 금액 중에서 3억 원을 소명하고 나머지는 사용처가 불분명하다면, 소명하지 못한 2억 원 중 상속재산가액 5억 원의 20%에 해당하는 1억 원을 차감한 잔액 1억 원을 상속재산으로 보아 상속재산을 추징한다는 뜻이다.

채무 부담도 마찬가지다. 상속개시 전 1년 이내 2억 원 이상, 2년 이내 5억 원 이상 빚을 진 경우로, 채무액의 사용처가 객관적으로 명백하지 않은 경우 사용처를 소명하지 못한 금액에서 부채의 20% 상당액과 2억 원 중 적은 금액을 뺀 금액을 상속인이 상속받은 것으로 보아 상속세를 추징할 수 있다. 다만, 사용처를 입증할 때 소명하지 못하는 금액이 부채 총액의 20% 미만(2억 원 한도)일 때, 즉 부채 총액의 80% 이상에 대해 소명하면 전체를 입증한 것으로 간주한다는 점도 알아두자.

상속개시 전 2년 이내에 자산을 처분한 금액이나 부채를 부담한 금액을 사후에 소명할 수 있도록 증빙자료를 미리미리 갖춰놓아야 한다는 뜻이다.

103

상속과 증여의
상관관계

사망을 기준으로 나뉘는 상속과 증여

상속과 증여는 재산의 무상이전이라는 점에서 성격이 동일하다. 다만, 무상이전의 계기가 사망인지 아닌지에 따라 상속과 증여로 구분될 뿐이다. 세법도 상속과 증여를 유사한 거래 행위로 보아 「상속세및증여세법」이라는 동일한 법체계 속에서 함께 다루고 있다.

상속세 측면에서 증여와 상속은 밀접하게 맞물려 있다. 우선 상속개시 전에 증여한 재산은 상속재산에 가산하도록 해 사실상 상속재산으로 간주하고 있다. 생전증여를 통해 상속재산을 줄이면 상속세를 회피할 수 있기 때문에 성격이 동일한 증여재산을 상속재산에 가산해 세금을 정산하겠다는 것이다. 이렇게 사전증여한 재산을 합산해 상속세를 계산하면 동일한 재산에 대해 증여세와 상속세를 이중으로 부담하는 문제가 발생하므로 증여세액공제제도를 두고 있다.

그렇다면 사전증여가 유리할까, 사전증여 없이 상속하는 것이 유리할까? 그 효과는 양면성이 있으므로 재산을 사전증여할 경우에는 사전에 세금효과를 검토해볼 필요가 있다.

사전증여의 부정적 측면과 긍정적 측면

사전증여의 부정적 측면은 인적공제나 물적공제 등 상속공제를 할 때 가산하는 사전증여 재산만큼 상속공제한도액이 줄어든다는 점이다. 상속공제는 배우자공제가 최저 5억 원에서 최대 30억 원까지이고, 일괄공제가 5억 원까지이므로 사전증여를 통해 본래의 상속재산이 감소하면 상속공제한도액이 10억 원 미만으로 줄어들어 불리해질 수도 있다.

긍정적 측면은 사전증여를 통해 상속세 과세표준을 줄일 수 있다는 점이다. 예를 들어 배우자가 있을 때는 배우자에 대한 증여재산공제액이 6억 원, 배우자상속공제의 최저한이 5억 원이므로 사실상 배우자에게 6억 원 수준에서 사전증여를 하면 증여세 없이 상속세 과세가액을 낮출 수 있고, 추가로 최소 5억 원을 배우자공제로 받을 수 있어 세금 면에서 더 유리할 수 있다. 단, 10년 이내 증여재산은 합산되기 때문에 10년 계획하에 진행해야 한다.

증여 방법별 절세효과 비교

사례를 통해 절세효과를 비교해보자. 50억 원의 재산을 가진 사람이 배우자와 자녀 1인에게 재산을 전액 상속했다고 가정해보자. 만약 상속 과정에서 다음 세 가지 방식으로 접근한다면, 그 절세효과는 어떻게 다를까? 단, 자녀는 성년이며, 배우자공제를 최대한 받기 위해 배우자가 법정지분 이상을 상속받는다고 가정한다.

① 사전증여 없이 상속재산 50억 원 중 30억 원은 배우자, 20억 원은 자

녀에게 상속할 경우

② '상속일 - 10년' 이전에 3억 원은 배우자, 1억 원은 자녀에게 증여하고, 남은 재산 46억 원 중 28억 원은 배우자, 18억 원은 자녀에게 상속할 경우

③ 상속일 기준 10년 이내에 15억 원은 배우자, 5억 원은 자녀에게 사전증여하고, 남은 재산 30억 원 중 10억 원은 배우자, 20억 원은 자녀에게 상속할 경우

▼ 증여 방법별 절세효과 비교

구분	① 전액 상속한 경우	② '상속일 - 10년' 이전 사전증여	③ 상속일 기준 10년 이내 사전증여
상속재산	50억 원	46억 원	30억 원
증여재산가산액	–	–	20억 원
상속세 과세가액	50억 원	46억 원	50억 원
상속공제종합한도액	50억 원	46억 원	36억 5,000만 원
배우자공제	30억 원	27억 6,000만 원	21억 원
일괄공제	5억 원	5억 원	5억 원
상속세 과세표준	15억 원	13억 4,000만 원	24억 원
상속세 산출세액	4억 4,000만원	3억 7,600만 원	8억 원
증여세액공제	–	–	2억 9,000만 원
상속세부담세액	4억 4,000만원	3억 7,600만 원	5억 1,000만 원
증여세부담액	–	700만 원	2억 9,000만 원
상속세, 증여세 총부담액	4억 4,000만원	3억 8,300만 원	8억 원

결과적으로 10년 이전 사전증여 방식이 총부담세액이 가장 적고, 10년 이내에 증여하는 것(③)보다는 차라리 증여하지 않고 상속하는 방식(①)이 더 유리하다는 것을 알 수 있다. 주된 이유는 사전증여로 배우자의 상속재산이 감소해 배우자공제액이 줄어들기 때문이다.

▼ 상속재산에 가산하는 증여재산의 범위

구분	합산기간
피상속인이 상속인에게 증여한 재산	상속개시일 전 10년 동안
피상속인이 상속인 외 자에게 증여한 재산	상속개시일 전 5년 동안

상속인에게 증여하더라도 상속개시일 전 10년이 넘는 기간에 증여한 재산은 상속재산에 가산하지 않는다는 것을 알 수 있다. 다시 말해, 일찍부터 증여하면 상속재산에 가산하지 않아도 되므로 상속세 부담을 줄일 수 있다. 특히 배우자나 자녀에게 충분한 기간을 두고 사전에 증여할 경우, 그로 인한 절세효과는 적지 않다. 배우자에 대한 증여에 대해서는 10년 단위로 6억 원을 공제해주며, 자녀에 대해서는 미성년일 때는 10년 단위로 2,000만 원, 성년일 때는 10년 단위로 5,000만 원, 친인척은 1,000만 원을 공제해주기 때문에 증여세 부담을 지지 않을 뿐 아니라 상속재산도 크게 줄일 수 있다.

| 증여세 |
증여와 증여세

증여란 무엇일까?

증여란, 그 행위 또는 거래의 명칭이나 형식, 목적 등과 관계없이 경제적 가치를 계산할 수 있는 유·무형의 재산을 직접 또는 간접적인 방법으로 타인에게 무상으로 이전(현저히 저렴한 대가를 받고 이전하는 경우 포함)하거나 기여에 의해 타인의 재산가치를 증가시키는 행위를 말한다.

그리고 제3자를 통한 간접적인 방법이나 둘 이상의 행위 또는 거래를 거쳐 상속세나 증여세[1]를 부당하게 감소시킨 것으로 인정될 경우 경제적 실질에 따라 당사자가 직접 거래한 것으로 보거나 연속한 하나의 행위 또는 거래로 보아 증여 규정을 적용하고 있다.

세법에서 증여를 포괄적으로 규정하고 그에 대해 세금을 부과하는 것은 세금 없는 부의 무상이전이나 부의 세습에 따른 사회적 문제를 예방하기 위함이기도 하고, 무상이전의 또 다른 형태인 상속과 연결해 과세형평을 유지

---

1   **증여세** 타인으로부터 무상으로 재산을 취득한 자가 납부하는 국세로, 직접세이며 재산세로 분류되는 조세를 말한다. 증여가 증여자의 생전에 이루어진다는 점에서 상속세와 다르다.

하기 위함이기도 하다. 즉, 부를 분산시켜 생전에 무상이전할 경우 상속세의 누진세율을 회피할 수 있어 똑같은 부의 무상이전임에도 증여인지, 상속인지에 따라 불공평한 과세가 일어날 수 있기 때문이다.

증여를 한 때는 언제일까?

이는 증여세 납세의무가 언제 성립하는지의 문제이므로 잘 알아둘 필요가 있다.

▼ 증여재산의 종류에 따른 증여세 납부의무 성립일

재산 종류	납부의무 성립일
권리 이전이나 행사에 등기·등록이 필요한 재산	등기·등록일, 판결 등에 의해 실제 부동산 소유권을 취득한 날
증여 목적으로 건물을 신축하면서 수증자 명의로 건축허가를 받거나 신고한 경우	건물의 사용승인서 교부일 또는 사실상의 사용일, 임시사용승인일 중 빠른 날
증여 목적으로 수증자 명의로 분양권을 취득한 경우	
그 밖의 재산	인도한 날 또는 사실상의 사용일
주식 또는 출자지분	주권을 인도받은 날 또는 그 사실이 객관적으로 확인된 날(배당수령 또는 주권행사 등), 명의개서일
무기명채권	해당 채권에 대한 이자 지급 사실이 객관적으로 확인된 날
조건부 증여	조건을 성취한 날

다시 말해, 증여일은 증여하기로 계약한 날이 아니라 위 표와 같은 시기가 되므로 증여세 납부의무 성립일에 주의해야 한다.

증여세 부과 방식

어쨌든 이렇게 증여가 일어날 경우 세법은 증여재산을 취득하는 자, 즉 수증자에게 증여세를 부과하고 있으며, 따라서 증여세 과세관할도 수증자의 주소지가 된다. 물론 수증자가 세금을 납부하지 않을 경우 증여자도 연대납세의무를 지는데, 다음 세 가지 경우다.

① 수증자의 주소나 거소가 불분명해 조세채권 확보가 곤란한 경우
② 증여세를 납부할 능력이 없다고 인정되는 경우로 체납처분을 해도 조세채권을 확보하기 곤란한 경우
③ 수증자가 비거주자인 경우

위의 경우에는 과세관할도 증여자의 주소지로 하고 있다. 한편, 원칙적으로 증여받은 자를 납세의무자로 정하고 있으므로 증여자가 수증자의 증여세를 대신 내주면 또 다른 증여에 해당한다. 세금을 애초부터 증여자가 대신 내는 경우 해당 세금도 1회에 한해 증여재산에 합산하여 증여세를 재계산해 신고·납부하도록 하고 있다.

한편, 증여세는 수증자가 납부해야 하지만, 증여세 합산 규정을 적용할 때는 증여자별, 10년 단위로 하고 있다. 즉, 배우자, 직계존·비속, 배우자·직계존·비속이 아닌 친족 등 세 그룹으로 구분하여 각 수증자가 각 부류로부터 10년간 증여받은 금액을 합산해 증여세를 계산한다.

| 증여세 |

증여할 때는
미리미리 계획적으로!

자녀에게 생전에 재산을 물려줄 때는 증여세 절세와 수익이라는 두 가지 관점에서 살펴볼 필요가 있다.

증여는 사전계획이 중요하다

(사례) W씨는 나이 오십에 늦둥이를 보았다. 막내가 독립하려면 앞으로도 20년이 남았고, 그때가 되면 W씨의 나이도 일흔이 된다. 물론 막내는 삶의 기쁨이지만 W씨 자신이 늙어가니 나중에 어떻게 살아갈지 걱정이다. 사전에 막내에게 최소한의 기반을 만들어주고 싶은데 어떻게 해야 할까?

W씨 같은 경우에는 20년 동안 사전계획에 따른 증여를 생각해봐야 한다. W씨의 막내가 성년이 되었을 때 총 8,000만 원을 종잣돈으로 증여한다고 생각해보자. 만약 계획 없이 이 돈을 증여하면 증여재산공제 5,000만 원을 제외한 3,000만 원에 대해 증여세 300만 원을 부담해야 한다. 하지만 사전계획에 따라 증여한다면 어떻게 될까? 증여세를 전혀 물지 않고 동일한 금액을 증여할 수 있다. 그뿐 아니라 성년이 되었을 때 재산의 차이는 훨씬

커진다.

성년이 될 때까지 증여세 없이 증여할 수 있는 3번의 기회가 있다. 지금과 11년째 되는 날 그리고 21년째 되는 날이다. 첫 번째와 두 번째의 증여는 미성년 상태의 증여이므로 각각 2,000만 원씩 4,000만 원, 세 번째 증여는 성년인 상태의 증여이므로 5,000만 원, 이렇게 총 9,000만 원을 증여세 없이 증여할 수 있다. 증여재산은 동일하지만, 세금은 300만 원 절세할 수 있는 것이다.

만약 사전에 증여한 재산을 투자한다고 가정해보자. 예를 들어 지금 막내에게 2,000만 원을 증여한 후, 이를 20년 동안 펀드에 예치한다. 그리고 11년째 되는 해에 다시 2,000만 원을 증여한 후 10년 동안 펀드에 예치한다. 최근 펀드의 연평균수익률은 2% 안팎이므로 이를 적용해 20년 후의 재산을 계산하면 1억 200만 원[= {2,000만 원 × (1 + 40%)} + {2,000만 원 × (1 + 20%)} + 5,000만 원]으로 불어난다. 만약 9,000만 원을 성년이 된 후에 한꺼번에 증여한다면 세금만 400만 원이다. 결국 사전계획에 따라 증여하면 그렇지 않을 때보다 1,600만 원(세금효과 포함)의 재산 차이가 발생한다.

이처럼 어떻게 증여하느냐에 따라 경제적 효과가 큰 차이가 난다. 이왕 증여를 해야 하는 상황이라면 이와 같이 절세와 투자수익 관점에서 고민할 필요가 있다.

| 증여세 |

증여세 절세 포인트

증여는 사전에 계획적으로 하되, 증여세가 나오도록 신고한다

앞서 살펴보았듯 증여세는 10년 단위로 합산해 과세하므로 장기적인 계획으로 증여하면 증여세 부담을 크게 줄일 수 있다. 또 장기간에 걸친 재산의 투자수익으로 그 절세효과는 더욱 커진다.

사전계획에 따라 증여할 때는 반드시 증여세가 나올 정도의 재산을 증여해 신고하는 것이 좋다. 증여에 의한 자산 소유권의 근거를 세무서 기록에 남기는 것이다. 증여세가 나오지 않는 경우를 미달신고라 하는데, 이런 경우에는 세무서에서 조사결정을 게을리하는 수가 많으므로 가능하면 조금이라도 나오도록 신고해두는 것이 좋다. 그래야만 증여받은 사람이 그 재산으로 부동산이나 주식 등 등기나 명의개서가 필요한 자산을 취득할 때 취득자금에 대한 소명 근거를 확보할 수 있기 때문이다.

증여 시기는 빠를수록 유리하다

재산을 평가할 때는 항상 시간가치를 염두에 두어야 한다. 같은 금액이라면 미래의 재산보다는 현재의 재산이 더욱 가치가 크다. 시간가치와 위험성 때문이다. 동일한 금액이라도 현재 가지고 있으면 투자기간이 그만큼 길어지므로 재산 증식이 커지고, 손안에 들어 있기에 불확실성이라는 위험이 없다.

같은 금액의 재산을 증여하더라도 증여 시기가 빨라질수록 그 기간 동안 투자수익이 생기므로 미래 자산의 가치는 더욱 커진다. 이에 따라 증여세 부담도 훨씬 적어지므로 일거양득의 효과가 있다.

현금이나 금융자산보다는 부동산 증여가 유리하다

증여세를 과세할 때는 앞서 상속세 내용에서 살펴본 것처럼 재산을 시가로 평가해 증여세를 계산하는 것이 원칙이다. 하지만 토지나 건물과 같은 부동산은 현금이나 예금 등 금융상품처럼 시가 금액을 정확히 확정하기가 어렵다. 이럴 경우 공시가격(토지는 개별 공시지가, 건물은 국세청 기준시가, 주택은 공시가격 등)이나 감정평가액으로 계산해 과세한다.

일반적으로 공시가격은 거래시가보다 적게 마련이므로(보통 시가의 50~80%) 증여세 부담도 줄어들 수밖에 없다. 따라서 같은 금액을 증여한다면 부동산으로 증여해야 증여세를 절세할 수 있다. 예를 들어 성년인 자녀에게 3억 원의 예금증서를 증여할 때와 시가 3억 원의 토지(개별 공시지가 2억 원)를 증여할 때 증여세는 무려 2,000만 원이나 차이가 난다. 단, 아파트처럼 거래가 빈번한 경우에는 매매사례가액인 시가로 과세할 수 있으므로 주의해야 한다.

증여받은 후 3개월 이내에 팔거나 담보 제공을 하지 마라

증여세 신고기한은 재산의 취득일로부터 3개월 이내다. 금융상품은 취득 당시 가액이 확정될 수 있지만, 부동산은 시가를 정확히 파악하기 어려우므로 공시가격으로 신고하는 경우가 많다. 하지만 이 신고기한 이내에 시가가 파악되는 거래가 발생하면 공시가격은 무시되고 시가로 증여세를 재계산하게 되어 세금을 추징당할 수 있다.

증여재산 평가의 원칙인 시가는 불특정다수인 사이에 자유로이 거래가 이루어진다는 가정하에 성립된다고 인정할 수 있는 가액을 말한다. 「증여세법」에서는 증여 전 6개월, 증여 후 3개월 이내 기간 중 매매, 감정, 수용, 경매 또는 공매가 있는 경우 다음과 같은 가액을 시가로 보도록 하고 있다.

- 당해 재산에 대한 매매 사실이 있는 경우에는 그 거래가액
- 당해 재산에 대해 둘 이상의 감정평가법인이 평가한 감정가액이 있는 경우에는 그 감정가액의 평균액
- 당해 재산에 대해 수용, 경매 또는 공매 사실이 있는 경우에는 그 보상가액이나 경매, 공매가액

대개 부동산을 담보[1]로 제공할 때는 감정평가를 하게 되므로 3개월 이내 담보 제공 시에도 증여세를 추징당할 수 있으니 주의해야 한다.

---

1 담보(擔保) 「민법」에서 채무불이행 때 채무의 변제를 확보하는 수단으로 채권자에게 제공하는 것을 말한다. 유치권, 질권, 저당권 따위의 물적담보와 보증채무, 연대채무 따위의 인적담보가 있다.

부동산을 증여할 때는 공시가격이 고시되기 전에 증여

아파트 외 토지나 단독주택 등 부동산을 증여할 때는 시가를 확인하기 어렵기 때문에 공시가격(개별 공시지가, 주택 공시가격, 국세청 건물 기준시가)으로 증여재산을 평가한다고 했다. 그런데 부동산의 공시가격은 매년 고시되는데, 일반적으로 고시될 때마다 조금씩 상승하므로 가능하면 새로운 공시가격이 고시되기 전에 증여해야 증여재산 평가액이 줄어들어 세금을 절약할 수 있다.

개별 공시지가(매년 1월 1일 기준)는 매년 6월 30일까지 시·군·구청장이 국토해양부의 표준지 공시지가를 바탕으로 결정·공시하고, 주택의 공시가격은 매년 4월 말(1월 1일 기준)과 9월 말경(6월 1일 기준)에 고시한다. 그리고 건물에 대한 국세청 기준시가는 매년 1월 1일에 고시하고 있으므로 이와 같은 공시가격이 고시되는 시기를 미리 알아두어 그 시기 전에 증여를 하는 것이 유리하다.

배우자에게 증여할 때는 공제 한도 내에서 증여

배우자 사이에 증여할 때는 10년 합산 6억 원까지는 증여세가 없다. 이를 잘 활용하면 여러 가지로 유리하다.

(사례) X씨는 비조정지역에 시가 12억 원의 아파트를 취득하면서 자기 단독명의로 할지 아니면 부인과 공동명의로 할지 고민이다. 어느 쪽이 세금 면에서 유리할지 따져보고 등기신청을 하려고 한다.

부인에게 아파트 소유 지분의 50%(6억 원)까지 증여해 공동명의로 등기를 해도 취득과 관련된 세금, 즉 취득세 등의 합계는 동일하다. 물론 지분율이 50%(6억 원)를 초과하면 초과한 금액에 대해서는 증여세를 내야 한다. 따라서 공동명의로 하려면 증여재산공제 한도금액인 6억 원까지 하는 것이 좋다.

공동명의로 할 때 또 한 가지 유리한 것은 양도소득세를 절세할 수 있다는 점이다. 예를 들어 2년 이후에 17억 원에 양도했다고 가정하면 단독명의와 공동명의로 할 경우 다음 표와 같이 양도소득세 차이가 발생한다(계산편의상 양도세 과세표준은 4억 원으로 기본세율을 적용한다).

▼ 단독명의와 공동명의일 때 세금 비교

구분		과세표준	양도소득세	지방소득세	총세금
단독명의		4억 원	1억 3,406만 원	1,340만 원	1억 4,746만 원
공동명의	X씨	2억 원	5,606만 원	560만 원	1억 2,333만 원
	배우자	2억 원	5,606만 원	560만 원	

공동명의로 하면 2,413만 원(지방소득세 포함) 정도 세금 면에서 유리하다는 것을 알 수 있다. 만약 양도하지 않고 상속한다 하더라도 상속재산이 절반으로 줄어들기 때문에 이 역시 절세에 유리하다.

상속재산 협의분할은 상속등기 전에

유언도 남기지 못하고 갑작스럽게 사망해 상속이 이루어지는 경우에는

「민법」에 따른 법정상속[2]이 시행된다. 법정상속지분에 따라 상속하고, 그에 따라 상속세를 계산한다. 그런데 상속인들 사이에 재산관리의 편의성 또는 협의에 의해 상속재산 재분할을 하는 경우가 종종 발생한다.

상속재산을 협의에 의해 분할할 경우 상속등기 전에 하는지, 후에 하는지에 따라 증여세 문제가 발생하므로 주의해야 한다. 즉, 상속등기를 구분하기 전에 협의분할하고 그 후에 등기하면 증여세 문제가 발생하지 않지만, 상속등기를 마친 후에 재산을 협의분할하면 증여세 문제가 발생한다.

이는 상속인들 사이에 증여(재산의 무상이전)가 이루어진 것으로 보아 증여세를 과세하기 때문이다. 실질상의 변화 없이 다만 상속등기 이전인지 이후인지에 따라 세금 차이가 발생하므로 상속재산 협의분할 시에는 특히 주의해야 한다.

미성년자 명의로 재산을 취득할 경우 자금출처 조사에 대비

특별한 경우가 아니면 미성년자는 재산을 자력으로 취득할 능력이 없는 것으로 간주한다. 그렇기에 미성년자 명의로 부동산이나 주식을 취득하거나 보험금을 수령할 때는 항상 증여세 문제가 발생하고, 세무서로부터 취득 자금 출처에 대한 소명을 요구받게 되므로 미리미리 대비해야 한다.

우선은 등기 또는 명의개서가 필요한 자산을 미성년자 명의로 취득하

---

2 **법정상속** 「상속법」에는 피상속인의 유언에 따른 상속재산의 거취를 인정하는 유언상속과 상속인, 상속순위, 상속분 등 모두를 법률에 따라 정하는 법정상속이 있다. 법정상속인 순서는 직계비속, 직계존속, 형제자매, 4촌 이내 방계혈족 순이다.

려면 사전계획에 따라 취득자금에 대한 근거를 미리 만들어두자. 예를 들어 아들(미성년자) 명의로 1억 원의 오피스텔을 취득할 경우를 가정해보자. 오피스텔이 등기되면 해당 자료가 세무서로 이첩되어 세무서에서는 아들에게 오피스텔 취득자금에 대한 소명을 요구하게 된다.

그런데 그동안 아들에게 증여세 면세점 수준(2,000만 원, 5,000만 원)으로 몇 차례 증여세신고를 한 후 아들 명의 금융상품에 가입하고, 취득 시점에 예금의 총원리금 합계액이 8,000만 원이 넘는다면, 취득자금의 80% 이상이 소명되므로 취득자금 출처에 대한 소명이 이루어지게 되어 증여세 문제를 해결할 수 있다.

만약 이런 근거가 없다면 아들은 1억 원의 취득자금에 대해 증여세를 물게 되는데, 미성년자 공제금액인 2,000만 원을 제외한 8,000만 원에 대해 10%인 800만 원의 증여세를 물어야 한다. 그런데 증여세 해당 금액을 자신이 납부해야 하므로 결국 증여세로만 900만 원 가까이 부담해야 한다.

증여세신고는 기한 내에

증여세 신고기한은 증여 시점, 즉 수증자가 재산을 취득한 시점으로부터 3개월 이내다. 이 기간 동안 신고하면 증여세 산출세액의 3%를 공제해준다.

하지만 이 기간을 넘기면 가산세가 붙는다. 가산세 내용은 상속세에서 다룬 내용과 동일하다. 이왕 증여세를 신고·납부해야 한다면 신고기한 내에 함으로써 세금을 조금이라도 줄이는 것이 좋다.

가업의 사전승계 또는 창업자금에 대한 증여세 과세특례

가업상속제도가 가업에 대한 피상속인 사후승계에 대한 상속세특례제도라면, 가업을 사전에 승계하거나 중소기업 창업자금을 증여하는 유사한 증여세 특례가 있다.

증여세 과세특례란, 10년 이상 가업을 영위하던 부모(60세 이상, 증여 당시 부모가 사망한 경우에는 조부모 포함)가 18세 이상 자녀에게 가업승계를 위해 주식 또는 출자지분 등을 사전에 증여할 경우, 해당 주식의 평가액을 기준으로 최대 600억 원 한도로 10억 원을 공제한 후 과세표준 60억 원까지는 10% 세율을, 60억 원 초과분에 대해서는 20% 세율을 적용하는 것을 말한다.

▼ 증여세 과세특례의 적용

조건	과세표준	적용세율
증여하는 주식 또는 출자지분 등의 평가액을 기준으로 최대 600억 원 한도[1]에서 10억 원을 공제한 후 세율 적용	60억 원 이하	10%
	60억 원 초과	20%

1) 부모가 10년 이상 ~ 20년 미만 경영: 300억 원
부모가 20년 이상 ~ 30년 미만 경영: 400억 원
부모가 30년 이상 계속 경영한 경우: 600만 원

이렇게 가업의 사전승계를 위한 증여세 과세특례에 대해서는 주식 등을 증여받은 시점부터 5년간 사후관리를 하게 된다. 우선 가업의 주식 등 증여받은 자 또는 그 배우자가 증여세 과세표준 신고기한(증여일이 속하는 달 말일부터 3개월 이내)까지 가업에 종사해야 하고, 증여일로부터 5년 이내에 대표이사에 취임해야 한다.

만약 수증자가 증여일로부터 5년까지 대표이사직을 유지하지 않거나 가업의 주된 업종을 세금 분류가 다른 업종으로 변경하는 경우, 1년 이상 휴

업하거나 폐업하는 경우, 증여받은 주식이 처분 또는 증여 등에 의해 그 수가 감소할 경우, 주식에 대해 정상적인 증여세와 이자상당액을 추징 부과한다.

다만, 예외적으로 수증자가 사망하고, 수증자의 상속인이 상속세 과세표준 신고기한까지 당초 수증자의 지위를 승계해 가업에 종사하거나 수증자가 증여받은 주식 등을 국가 또는 지방자치단체에 증여하는 경우 그리고 병역의무의 이행, 질병의 요양, 취학상 형편 등으로 가업에 직접 종사할 수 없는 경우는 제외한다.

이번에는 창업자금증여특례를 살펴보자. 18세 이상 거주자가 중소기업을 창업할 목적으로 60세 이상 부모에게 부동산 등이 아닌 재산을 증여받는 경우 창업자금 50억 원 또는 100억 원(10명 이상의 신규고용창업의 경우)을 한도로 5억 원을 공제하고, 10%의 세율로 증여세를 과세한다. 단, 증여받은 날로부터 2년 이내에 창업하고, 해당 창업자금을 4년 이내에 해당 목적에 모두 사용해야 한다.

| 증여세 |

증여세 계산 시
주의사항

동일인으로부터 10년 동안 받은 모든 증여재산을 합산

증여세를 계산할 때는 동일인으로부터 10년 동안 받은 모든 증여재산을 합산한다. 예를 들어 9년 전에 아들에게 1억 원을 증여한 후 올해 아들에게 5억 원짜리 아파트를 증여했다면 올해 증여세를 계산할 때는 9년 전 증여금액을 포함한 6억 원이 증여재산이 된다. 그 상태에서 증여세를 재계산한 후 기납부증여세를 공제하는 방식으로 계산하는데, 이를 놓치면 가산세 대상이 된다.

여기서 동일인이란, 특정인을 지칭하는 것이 아니라 세 그룹으로 나누어 합산하게 된다. 즉, 수증자(증여받는 사람)를 기준으로 ① 배우자 증여분, ② 직계존·비속 증여분, ③ 기타 친족 증여분으로 구분해 합산한다.

▼ 증여세 계산구조

계산구조	내용
증여재산가액 (−) 인수한 채무액	• 10년 이내 동일인으로부터 증여받은 재산가액 • 채무를 끼고 증여받는 경우의 채무(부담부증여)
(=) 증여세 과세가액 (−) 증여공제 (−) 감정평가수수료공제	• 증여재산공제, 재해손실공제 • 부동산 평가는 500만 원, 비상장주식은 평가 수별로 1,000만 원, 서화·골동품 평가는 500만 원 한도
(=) 증여세 과세표준 (×) 세율	• 10~50%의 5단계 누진세율(자녀 아닌 직계비속은 여기서 30% 또는 40% 할증)
(=) 증여세 산출세액 (−) 세액공제액 등 (=) 신고·납부세액 (−) 연부연납, 물납세액 (=) 자진납부세액	• 징수유예세액, 세액공제액 등 • 1,000만 원 초과 시 2개월 이내 분납 또는 연부연납 가능

다시 말해, 증여세는 증여자별로 수증자별로 과세하되, 동일 그룹에 속하는 사람들로부터 10년 동안 받은 것을 모두 합산해 동일인에게 받은 것으로 보아 세금을 계산해야 한다.

예를 들어 배우자에게 10년 동안 4억 원을 받고, 어머니와 아버지, 조부와 조모, 아들, 딸에게 10년 동안 각각 1억 원씩 6억 원을 받았다면 모두 7인에게 재산을 받았지만, 증여세신고는 두 사람에게서 받은 것처럼 해야 한다. 즉, 배우자에게 받은 재산의 증여세신고와 직계존·비속으로부터 받은 재산의 증여세신고 2건으로 하여 최종적으로 배우자에게는 4억 원에 대해 신고하고, 직계존·비속에게는 6억 원으로 합산해 신고해야 한다는 뜻이다.

부담부증여 시 채무금액은 증여재산이 아닌 양도자산

부담부증여(채무를 포함해 재산을 증여한 경우)를 하면 채무금액은 증여재산에서 빼준다. 예컨대 5억 원짜리 건물을 증여하면서 은행부채 2억 원을 떠안기로 했다면 사실상 증여금액은 3억 원이 된다. 물론 2억 원에 해당하는 부채 부분에 대해서는 양도소득세를 신고해야 한다. 이렇게 부담부증여를 하면 5억 원 중 3억 원은 순수하게 증여받은 것이고, 2억 원에 해당하는 부분은 2억 원이라는 금전을 주고 양수(은행에서 빌린 채무든, 임차인의 보증금이든 언젠가는 자기 돈으로 갚아야 한다)받은 것으로 보는 것이다. 그래서 3억 원에 대해서는 증여세신고를 하고, 2억 원에 대해서는 양도소득세신고를 해야 한다.

물론 배우자나 직계존·비속 간의 부담부증여는 채무를 입증하지 않는 한 모두 증여로 본다.

증여재산공제금액을 정확하게 알고 있어야 한다

증여재산은 동일인으로부터 10년 이내에 받은 금액을 합산하고, 그 동일인은 세 그룹으로 나누어 판단한다고 했다. 증여재산공제를 할 때도 마찬가지로 세 그룹으로 나누어 판단한다.

▼ 증여세 공제금액

	구분	증여재산 공제액(10년 동안 합산)
①	배우자로부터 증여받은 경우	6억 원
②	직계존속으로부터 증여받은 경우	5,000만 원(미성년자 2,000만 원)
	직계비속으로부터 증여받은 경우	5,000만 원
③	기타 친족으로부터 증여받은 경우	1,000만 원

증여세 과세구간에 따라 세율이 다르다

증여세는 과세구간에 따라 세율이 다르다. 더욱이 자녀가 아닌 직계비속에게 증여할 경우, 즉 할아버지가 아들을 건너뛰어 손자에게 증여할 경우에는 '세대를 건너뛴 증여'라 해서 원래의 증여세 산출세액에 30%(20억 원 초과 시 40%)를 가산한다.

▼ 증여세 적용세율

구분	적용세율
1억 원 이하	과세표준의 10%
1억 원 초과 ~ 5억 원 이하	1,000만 원 + 1억 원 초과금액의 20%
5억 원 초과 ~ 10억 원 이하	9,000만 원 + 5억 원 초과금액의 30%
10억 원 초과 ~ 30억 원 이하	2억 4,000만 원 + 10억 원 초과금액의 40%
30억 원 초과	10억 4,000만 원 + 30억 원 초과금액의 50%

분납, 연부연납, 물납

세금이 1,000만 원이 넘으면 분납을, 2,000만 원이 넘으면 연부연납이나 물납을 신청할 수 있다. 분납은 신고·납부기한으로부터 2개월 이내에 2차례에 나누어 납부할 수 있고, 연부연납은 최장 5년(가업상속 15년) 동안 나누어 납부할 수 있다. 단, 연부연납의 경우 가산금으로 연부연납세액에서 기납부세액을 뺀 금액에 정부고시 이자율(연 2.9%)을 곱한 금액을 매번 추가로 부담해야 한다.

(사례) Y씨는 2017년에 남편으로부터 5,000만 원 상당의 차량을 받았

고, 2023년 9월 1일에 남편의 명의였던 시가 7억 원짜리 아파트를 본인 명의로 변경했다. 그리고 같은 시기에 친정아버지로부터 5억 원에 상당하는 건물을 증여받았다. Y씨가 12월 31일까지 신고·납부해야 하는 총증여세는 얼마일까?

Y씨의 신고 대상이 되는 증여 건수는 2건, 즉 배우자로부터 받은 재산(차량, 아파트)과 직계존속으로부터 받은 건물 5억 원이다. 우선 배우자로부터 받은 재산에 대한 증여세를 계산하면 증여재산은 7억 5,000만 원(10년 동안 증여받은 금액 합산)이고, 증여재산공제는 6억 원이므로 과세표준은 1억 5,000만 원, 세율은 20% 구간이므로 증여세 산출액은 2,000만 원이다.

부친으로부터 받은 재산에 대한 증여세는 증여재산 5억 원(건물)이고, 증여재산 공제금액은 5,000만 원, 따라서 과세표준은 4억 5,000만 원, 세율은 20% 구간으로 산출세액은 8,000만 원이다. 증여세가 각각 2,000만 원이 넘으므로 분납이나 연부연납을 신청할 수 있다.

**Common Sense Dictionary
of Reducing Tax**

5

다섯째 마당

알면 도움되는
생활 속 세테크

개별소비세

개별소비세는 과거 특별소비세의 명칭을 바꾼 세금으로, 부가가치세와 함께 대표적인 간접세 중 하나다. 간접세는 법인세나 소득세처럼 세부담 능력에 따라 세금을 내는 직접세와 달리, 세부담 능력에 관계없이 특정 과세대상의 소비에 대해 세금을 부과한다는 점에서 조세평등을 해치는 세금이라고 평가된다.

개별소비세란?

개별소비세는 특정한 물품, 특정한 장소에 입장 행위 또는 유흥음식 행위, 영업 행위에 대해 부과하는 세금으로, 과세 대상은 '과세물품'과 '과세장소·과세유흥장소'로 구분된다.

개별소비세가 과세되는 물품을 살펴보면 슬롯머신과 같은 오락용사행기구, 녹용, 화장품, 원석이 아닌 가공된 보석, 고급사진기, 고급시계, 고급모피, 고급융단, 고급가구, 경차를 제외한 승용차, 125cc를 초과하는 오토바이, 캠핑용자동차, 휘발유 등 유류·대체유류 등이다.

개별소비세가 과세되는 장소로는 경마장과 투전기설치장소, 골프장, 카지노, 경륜장·경정장, 유흥주점 등이 있다.

개별소비세 대상이 되는 사업을 운영하고자 하는 경우에는 관할세무서장에게 개업신고서를 제출해야 하는데, 과세물품 판매·제조는 사업개시 5일 전까지, 과세장소·과세유흥장소 영업은 영업개시 전까지 하면 된다. 하지만 영업을 1개월 이상 휴업하거나 폐업하는 때에는 지체 없이 그 사항을 관할세무서장에게 신고해야 한다.

개별소비세신고·납부는 부가가치세신고·납부와 별개

개별소비세신고·납부는 부가가치세신고·납부와 별개로 해주어야 하는데, 내용은 다음과 같다.

우선 개별소비세 과세물품을 제조해 반출하는 자, 제조장, 과세장소·과세유흥장소를 경영하는 사람은 판매 또는 반출한 날이 속하는 분기의 다음 달 25일(석유류는 판매 또는 반출한 날이 속하는 달의 다음 달 말일)까지 제조장 관할세무서장에게 개별소비세를 신고·납부해야 한다.

과세물품을 수입하는 사람이 수입신고를 할 때도 관할세관에 개별소비세를 신고·납부해야 한다. 그리고 개별소비세 납부 시에는 그에 따른 교육세(개별소비세의 15~30%), 농어촌특별세(개별소비세의 10~30%)도 함께 내야 한다. 물품이나 행위, 장소에 따른 과세표준과 세율을 구분해보면 다음 표와 같다.

▼ 개별소비세의 과세표준과 세율

구분	과세표준	세율, 세액
과세유흥장소	유흥음식요금	10%(아래 계산 사례 참고)
과세장소	입장인원	경마장 1,000원, 투전기설치장소 1만 원, 골프장 1만 2,000원, 경륜장·경정장 400원, 폐광지역지원 허가지역 카지노 내국인 6,300원, 기타 지역 카지노 내국인 5만 원
보석류, 고급시계·모피·가구 등	판매하는 때의 가격 중 기준가격을 초과하는 가격	20%

제조업	제조장 반출가격. 단, 기준가격이 있는 물품은 기준가격을 초과하는 가격	• 배기량 1,000cc 초과 승용차와 캠핑용 차량: 5%
		• 전기승용차: 5%
		• 개별소비세 면세 대상
		  – 배기량 1,000cc 이하 소형승용차(정원 8인 이하, 길이 3.6m × 폭 1.6m 이하, 전기승용차 포함)
		  – 일정 조건의 장애인이 구입하는 승용자동차(1인 1대에 한함)

예를 들어 유흥주점 등 과세유흥장소의 1~3월 매출액(공급대가 기준)이 1억 원일 경우 개별소비세를 계산해보자(일반과세사업자의 경우).

① 부가가치세 과세표준 = 1억 원 ÷ 1.1 = 90,909,090원(공급가액, 개별소비세 등 포함)

② 개별소비세 과세표준 = 90,909,090원 ÷ 1.13 = 80,450,522원

③ 개별소비세 = 80,450,522원 × 10% = 8,045,052원

④ 교육세 = 8,045,052원 × 30% = 2,413,515원

⑤ 부가가치세 = 90,909,090원 × 10% = 9,090,909원(총판매가의 약 21.5%)

자동차 관련 세금

국토교통부의 통계에 따르면, 2020년 말 대한민국의 자동차 등록대수는 약 2,437만 대라고 한다. 이 중 자가용은 2,036만 대로, 2020년 말 한국의 주민등록등재 인구가 5,183만 명을 돌파했으므로 2.5인당 1대가량이라는 것을 알 수 있다. 승용차가 냉장고, TV, 컴퓨터 못지않게 생활필수품으로 자리 잡았음을 보여주는 수치다. 하지만 사람들은 주택에 대한 세금은 어느 정도 알고 있지만, 자동차와 관련된 세금은 잘 모르는 것이 현실이다. 이번에는 자동차 관련 세금에 대해 알아보고, 절약할 수 있는 방법은 없는지 살펴보자.

자동차는 구입부터 처분 또는 폐차할 때까지 수많은 세금의 그물망에 둘러싸여 있다. 자동차와 관련된 세금은 종류만 해도 열 가지에 이른다. 우리나라에서 가장 많이 팔린 차종 중 하나인 아반떼(기본형 1,600cc, 공장도가격은 1,200만 원 가정)를 사례로 하여 단계별로 부과되는 세금을 하나씩 살펴보자.

구분	내역	금액
공장도가격	제조원가 등	12,000,000원
개별소비세	공장도가의 5%	600,000원
교육세	개별소비세의 30%	180,000원
부가가치세	세포함가의 10%	1,278,000원
판매가격	부가가치세 포함가	14,058,000원
취득세	판매가의 7%	984,060원
농특세, 지방교육세	판매가의 1.2%	168,696원
세금 합계	취득 시 세금	3,210,756원

구입 시 세금

자동차를 처음 구입할 때 부담하는 세금으로는 본세인 개별소비세, 부가가치세, 취득세, 등록면허세, 교육세가 있다. 개별소비세는 1,000cc 초과 승용차량에 대해 공장도가격의 5%, 1000cc 이하는 제외한다. 그러므로 아반떼의 개별소비세는 공장도가격의 5%인 60만 원이다. 교육세는 개별소비세액의 30%인 18만 원, 부가가치세는 공장도가격에 개별소비세와 교육세를 더한 금액의 10%, 즉 1,278,000원이다. 따라서 아반떼 기본형의 판매가격은 14,058,000원이 된다. 이 신차 판매가격에 대해 취득세 7%, 농특세·지방교육세 각 0.2%, 1%를 모두 합해 8.2%인 1,152,756원을 세금으로 부담하게 된다.

이렇게 보면 자동차를 구입할 때 지출하는 세금은 공장도가격의 무려 26.76%에 해당하는 3,210,756원이 부과된다는 것을 알 수 있다.

보유할 때 세금

자동차를 보유할 때 내는 세금도 있다. 자동차 소유주는 매년 자동차세와 그 부가세인 지방교육세를 내야 한다.

자동차세는 비영업용승용차로서 2,000cc 이하는 cc당 200원, 1,600cc 이하~1,000cc 초과는 cc당 140원이므로 2년 동안은 매년 224,000원을 내야 한다. 그리고 지방교육세는 자동차세의 30%인 67,200원이다. 다만, 3년째부터는 자동차세가 조금씩 감면되는데, 만약 5년을 보유한다면 3년째부터 11,200원씩 감소하므로 5년간 자동차세·지방교육세로 부담하는 세금은 총 1,368,640원에 이른다.

▼ 자동차 보유 시 세금

구분	자동차세	지방교육세	5년 보유 시 세금 총계
산정 방식	1,600cc 이하 140원 (2,000cc 이하 200원)	자동차세의 30%	3년째부터 점차 감소
연간금액	224,000원	67,200원	1,368,640원

휘발유 관련 세금

자동차는 장식용이 아니므로 끊임없이 운행한다. 운행할 때는 유류대와 소모품 교체비가 발생하는데, 일단 소모품 등의 교체 관련 세금은 예외로 하고, 본세인 교통·에너지·환경세(이하 교통세)와 그에 비례하는 교육세·주행세, 개별소비세 그리고 판매가격의 10%에 해당하는 부가가치세 등 유류대에 대한 세금만 살펴보자.

교통세는 휘발유와 경유로 구분해 부과되는데, 휘발유는 리터당 475원,

경유는 리터당 340원의 교통세가 포함되어 있다. 교육세·자동차세(주행)는 교통세의 각각 15%, 36%를 부과한다. 부가가치세는 판매가격의 10%다. 휘발유 1리터당 가격을 1,400원, 경유 1리터당 가격을 1,200원으로 가정하면 부가가치세는 각각 127원, 109원이다. 따라서 휘발유에 대한 세금은 1리터당 844.25원, 경유에 대한 세금은 1리터당 622.4원이 된다.

보통 1년에 1만km를 주행한다고 가정했을 때 아반떼의 경우 소요되는 휘발유량은 900리터, 경유량은 750리터(공식연비의 80%)라 가정해보자. 이때 연간 유류 관련 세금을 산정하면 휘발유는 759,825원, 경유는 466,800원이다. 아반떼를 5년 동안 운행한다고 하면 휘발유 관련 총세금은 약 380만 원, 경유 관련 총세금은 233만 원에 이른다.

▼ 휘발유에 포함된 세금

구분	교통세	교육세	주행세	부가가치세	1ℓ당 세금 합계	5년간 세금 합계
산정 방식	1ℓ당 475원	교통세의 15% (71.25원)	교통세의 36% (171원)	판매가의 10% (127원)	844.25원	380만 원

경유 사용 시 교통 관련 세금은 휘발유를 사용할 때의 61% 정도로 생각하면 된다. 따라서 아반떼를 구입해 5년간 운영할 때 부담하는 세금은 취득 시 321만 원, 보유 시 137만 원, 운행 시 380만 원으로, 총 838만 원이다. 이는 아반떼의 공장도가격 1,200만 원 대비 69.8%에 달하는 금액이다.

구분	공장도가격	취득 시 세금	5년간 보유 시 세금	5년간 운행 시 세금	총부담세액
내역	제조원가 등	• 개별소비세 • 교육세 • 부가가치세 • 등록면허세 • 취득세	• 자동차세 • 지방교육세	• 교통세 • 교육세 • 자동차세 • 부가가치세	5년간 합계
금액	1,200만 원	321만 원	137만 원	380만 원	838만 원

자동차 관련 세금 절세 방법은?

그렇다면 자동차 관련 세금을 줄이는 방법은 없을까? 세금 부과 기준을 살펴보면 방법이 전혀 없는 것도 아니다.

첫째, 옵션을 최소화할수록 절세액이 커진다. 취득 시 세금 부과 기준을 살펴보면 공장도가격의 일정 비율이 세금으로 부과된다는 것을 알 수 있다. 취득 시 총세율은 공장도가격의 약 26.75%에 달한다. 따라서 옵션을 많이 선택해 공장도가격이 높아질수록 그에 따른 세금 부담도 커지게 된다. 옵션의 세금효과는 개별소비세와 교육세, 취득세·등록면허세 상당액으로서 옵션가액의 약 15%라고 보면 된다(부가가치세는 피할 수 없다).

예를 들어 1,600cc급 아반떼 기본형과 풀옵션형의 가격 차이는 약 500만 원에 달한다. 따라서 옵션을 완전히 포기하면 무려 75만 원의 세금을 절약할 수 있다. 다시 말해, 옵션은 자동차를 취득한 이후에 개별적으로 부착하는 것이 절세에 도움이 된다.

둘째, 자동차세(교육세 포함)는 1년에 두 차례에 걸쳐 납부하는데, 제1기분은 6월 1일 현재 소유자, 제2기분은 12월 1일 현재 소유자에게 징수하므로 차를 구매할 경우 가능하면 해당일이 지나고 소유권을 이전등록하는 것이 자동차세와 교육세를 절세하는 방법이라 할 수 있다. 이로 인한 세금효과는 13만 원 정도다.

셋째, 경유차를 이용하면 휘발유차를 이용할 때보다 운행 관련 세금을 줄일 수 있다. 교통세와 교육세, 주행세, 부가가치세는 휘발유와 경유의 세율이 다른데, 경유가 세금 부담이 적다. 1리터당 세금을 비교하면 경유가 휘발유 대비 23%가량 세금을 덜 부담한다.

어찌 보면 사소할 수도 있지만, 곰곰이 따져보면 충분히 절약할 수 있는 내용이므로 차를 구입할 때는 위와 같은 점을 참고하기 바란다.

110

골프 관련 세금

골프라는 스포츠는 일반 서민이 즐기기에는 여전히 경제적 부담이 크다. 골프클럽과 골프웨어 등 초기비용만 200만 원 이상이 소요되고, 필드에 나가기까지 최소 3개월 이상의 레슨이 필요하며, 필드에 한 번 나갈 때마다 20만 원 가까운 비용이 들기 때문이다.

그런데도 골프를 즐기는 인구가 해마다 늘고 있다. 당연히 골프 이용객 증가와 관련한 세수도 매년 크게 증가하고 있다. 골프와 관련된 세금은 골프장 법인의 소득에 부과되는 법인세와 이용요금에 부과되는 부가가치세를 제외하고도 매우 많다.

개별소비세와 그 부가세인 교육세와 농어촌특별세 그리고 종합부동산세, 지방세인 취득세와 등록면허세, 재산세, 주민세(재산분)와 그 부가세인 지방교육세와 농어촌특별세, 지방소득세(종업원분), 마지막으로 체육진흥기금이 있다.

골프장 이용료에 부과되는 개별소비세

우선 이용객의 골프장 이용료에 직접 영향을 미치는 개별소비세에 대해 살펴보자. 개별소비세는 회원제 골프장에 입장하는 행위에 부과되는데, 1인 1회 입장에 대해 12,000원이 부과된다(제주도 및 위기지역 골프장은 3,000원, 카지노는 50,000원, 경마장은 1,000원, 경륜장은 400원의 개별소비세가 부과된다). 퍼블릭 골프장에 대해서는 개별소비세가 부과되지 않는다.

이 개별소비세에는 교육세와 농어촌특별세가 부가되는데, 각각 개별소비세액의 30%에 해당하는 금액이다. 따라서 골프장을 이용할 때마다 개별소비세 관련 세금만 19,200원(개별소비세 12,000원, 교육세·농특세 각각 3,600원씩 합계)을 내야 한다.

이러한 개별소비세가 포함된 골프장 이용료(캐디피[1] 제외 기타 비용)에 다시 10%에 해당하는 부가가치세가 부과된다. 그런데 골프장 이용료는 세법상 접대비로 취급되고, 이와 관련된 부가가치세 매입세액은 공제되지 않으므로 개별소비세가 이용객에게 미치는 영향은 사실상 21,120원에 달한다고 할 수 있다.

골프장 보유 시 부과되는 재산세와 종합부동산세

이번에는 골프장 보유 시 부과되는 재산세와 종합부동산세를 살펴보자. 골프장은 취득 시 부과되는 취득세 그리고 보유 시 매년 납부해야 하는 재

---

1   **캐디피(Caddie Fee)** 골프장에서 캐디에게 주는 돈. 캐디는 클럽을 메고 골프를 치는 사람을 따라다니며 조언을 해주거나 시중을 들어주는 사람을 말한다.

산세와 종합부동산세가 있다.

골프장 취득세는 토지·건물 취득가액의 12~16%가 부과되고, 취득가액의 약 1%에 해당하는 농어촌특별세와 지방교육세가 부가된다. 그리고 골프장 용지·건물에 대해서는 매년 6월 1일 소유자에게 재산세를 부과하는데, 재산세는 개별 공시지가·건물 기준시가에 연도별 적용 비율을 곱한 금액에 4%씩 부과된다. 그리고 재산세의 20%에 해당하는 지방교육세가 부가된다.

종합부동산세는 대중 골프장은 별도합산과세 대상으로 1.6%가 과세되고, 회원제 골프장은 종합합산과세 대상토지로 40억 원 초과분에 대해 4% 세율로 부과되며, 종합부동산세의 20%에 해당하는 농어촌특별세가 부가된다.

또 재산에 부과되는 주민세(재산분)와 지방소득세(종업원분)가 있는데, 재산분 주민세는 연면적 1㎡당 250원, 종업원분 지방소득세는 종업원 총 급여의 0.5%를 부과한다. 이밖에도 「국민체육진흥법」에 따른 국민체육진흥기금이 부과되는데, 입장료에 따라 1인당 1,000~3,000원 정도다.

골프장에는 이처럼 다양한 세금과 공과금이 부과되며, 통상적으로 입장료의 25% 내외 비중을 차지한다. 예를 들어 그린 사용료가 15만 원이라면 그중 약 4만 원이 세금이라고 생각하면 된다.

111

담배 관련 세금

담배는 술과 함께 사람들이 가장 선호하는 기호품 중 하나다. 하지만 담배는 인류 건강 최대의 적으로 치부되면서 흡연에 대한 규제와 비판의 강도가 거세지고 있다. 그런데도 흡연자들의 비율은 크게 줄지 않고 있다. OECD의 통계에 따르면, 2022년 우리나라 15세 이상 전체 인구 중 흡연인구 비율은 약 15.9%로, OECD 평균(16.0%) 수준이다.

담배에 포함된 세금

담배 가격에는 원가 이외에도 각종 세금과 부담금 등이 포함되어 있다. 우선 준조세 성격의 부담금이 있는데, 국민건강증진부담금과 폐기물부담금, 연초 농가 지원을 위한 연초생산안정화기금이 바로 그것이다. 이 부담금은 모두 정액제로서 담배 한 갑당 국민건강증진부담금 354원, 폐기물부담금 7원, 연초생산안정화기금 15원이 붙는다.

국민건강증진부담금은 보건복지부가 담배 소비를 줄이기 위한 주요 수단으로 사용하는 부담금이다. 폐기물부담금은 재생불가능한 폐기물이 환경에 미치는 영향을 최소화하기 위해 부과하는 것이고, 연초생산안정화기금은 국내 입담배 재배 농가 보호를 위한 기금 마련을 위한 것이다.

담배에는 담배소비세, 지방교육세, 부가가치세가 부과된다. 담배소비세와 지방교육세는 모두 지방세로서 지방재정 원천의 중요한 비중을 차지한다.

세법에서 구분하는 담배

세법에서는 담배를 궐련과 파이프담배, 엽궐련, 각련, 전자담배, 물담배, 씹는 담배, 냄새 맡는 담배, 머금는 담배로 구분한다. 보통 흡연자들이 피우는 담배가 궐련이다. 파이프담배는 파이프에 넣어 피울 수 있도록 가공처리한 고급잎담배, 엽궐련은 보통 시가라 불리는 두껍게 말린 담배, 각련은 담뱃대나 흡연자가 직접 말아 피울 수 있도록 가공한 담배, 전자담배와 물담배는 니코틴 용액 등을 전자장치를 이용해 호흡기로 흡입하는 담배, 씹는 담배는 껌처럼 씹을 수 있게 가공된 담배, 냄새 맡는 담배는 특수가공된 담배가루를 코 주위 등에 발라 냄새를 맡음으로써 흡연효과가 나도록 한 가루 형태의 담배, 머금는 담배는 니코틴이 포함된 사탕 등 유사한 형태의 담배를 말한다.

담배에 붙는 세금 중 담배소비세는 담배의 종류에 따라 과세표준과 세율이 다르다. 앞서 설명한 궐련은 담배의 개비 수가 과세표준이 되고, 나머지는 담배의 중량 또는 니코틴 용액의 용량으로 한다. 담배 종류별로 담배소비세의 과세준과 세율을 살펴보면 다음 표와 같다.

▼ 담배에 대한 종류별 세율(제1조 제2항 제6호 관련)

구분	종류	과세표준	개별소비세	담배소비세
피우는 담배	제1종 궐련	20개비당	594원	1,007원
	제2종 파이프담배	1g당	21원	36원
	제3종 엽궐련	1g당	61원	103원
	제4종 각련	1g당	21원	36원
	제5종 전자담배	니코틴 용액 1mℓ당	370원	628원
		연초 및 연초고형물을 사용하는 경우 ① 궐련형: 20개비당 ② 기타 유형: 1g당	① 529원 ② 51원	① 897원 ② 88원
	제6종 물담배	1g당	422원	715원
씹거나 머금는 담배	-	1g당	215원	364원
냄새 맡는 담배	-	1g당	15원	26원

담배소비세가 담배에 붙는 독립세라면 담배소비세에 부가되는 세금으로 지방교육세가 있다. 지방교육세는 담배소비세액의 43.99%를 부과한다. 예를 들어 4,500원짜리 담배 한 갑에는 담배소비세 1,007원, 지방교육세 443원, 개별소비세 594원이 붙는다. 그리고 마지막으로 담배원가와 각종 부담금, 세금을 합한 금액의 10%에 해당하는 부가가치세가 부과된다.

▼ 담배에 포함된 세금

구분	출고가와 유통마진	국민건강 증진 부담금	담배 소비세	지방 교육세	개별 소비세	부가 가치세 등	합계
에쎄	1,182원	841원	1,007원	443원	594원	433원	4,500원

세금이 면제되는 담배

그런데 담배소비세, 지방교육세, 부가가치세를 면제해주는 담배가 있다. 담배소비세와 지방교육세가 면제되는 경우를 살펴보자. 수출하는 담배 또는 국군·전투경찰·주한외국군에 납품하는 담배, 보세구역이나 외항선, 국제항공기 내 등에서 판매하는 담배 그리고 외국에서 반입하는 담배로서 궐련은 200개비(10갑), 엽궐련은 50개비, 기타 담배는 250그램 범위 내에서 면제된다.

또 담배의 부가가치세가 면제되는 경우는 다음과 같다. 영세율이 적용되어 부가가치세 부담이 없는 담배로 수출용 담배, 보세구역(면세점 등)에서 판매하는 담배가 있다. 그리고 과거에는 판매가격이 한 갑당 200원 이하인 소액담배와 군인 등에게 판매하는 군용담배가 있었다. 면세점에서 판매하는 담배가 값이 싼 이유가 바로 여기에 있다. 이왕 피울 담배라면 면세점에서 구입해 주머니 사정을 개선하는 것도 절세의 한 방법이다. 면세점에서 구입할 때는 1인당 10갑의 범위 내에서 담배소비세 등이 면제되므로 여러 사람이 사는 것으로 하면 이 제한을 피할 수 있다.

술 관련 세금

술이 없었다면 우리의 삶은 어떻게 바뀌었을까? 인류의 문화·예술적 성취는 훨씬 보잘것없었을 것이고, 일상생활은 더없이 무미건조했을 것이다. 애주가라면 '친구들과 어울릴 때', '비오는 날', '혼자 있을 때' 등 술이 생각나는 이유가 한두 가지쯤 있게 마련이다. 술은 비록 인류 건강에 있어서는 공공의 적이지만, 살아가는 데 없어서는 안 될 기호품으로 자리 잡았다.

술에 대한 세금

술에 대한 세금으로는 크게 술과 직접 관련되는 주세, 주세에 부가되는 교육세 그리고 부가가치세가 있다.

구분		과세표준	세율
주세	종량세	주정의 공장출고량 또는 수입신고수량	kℓ당 57,000원 (알코올 95° 초과 시 1°마다 600원 가산)
	종가세	주류 공장출고가	주류별로 5%, 10%, 15%, 30%, 72% 세율 적용
교육세		주세금액	10%, 30%
부가가치세		공장출고가 + 주세 + 교육세	10%

주세는 크게 종량세와 종가세로 나뉜다. 종량세란, 공장출고 시 술의 양(kℓ)에 따라 일정한 세금을 부과하는 방식으로 주정에 대한 세금 부과 방법이다. 종가세란, 공장출고 시 원가에 일정한 세율(10~72%)을 곱해 부과하는 세금으로, 주정을 제외한 모든 술에 부과한다. 교육세는 주세에 부가되는 세금으로, 주세 세율이 70%를 초과하는 술에는 주세의 30%를, 70% 이하인 술에는 10%를 부과한다.

「주세법」에서 구분하는 술의 종류

「주세법」은 술을 크게 주정, 발효주, 증류주, 기타 주류로 구분해 서로 다르게 취급한다.

주정은 소주의 원료로 전분 또는 당분을 발효시킨 물질 또는 알코올 분포함 물질을 95도 이상으로 증류한 에틸알코올을 말한다. 소주는 바로 이 주정을 희석해 만든 술이다. 발효주는 곡물이나 과실을 발효해 만든 술로 탁주(막걸리 등), 약주(민속주 등), 청주, 맥주, 과실주(와인 등 과실을 발효해 숙성시킨

술) 등을 말한다. 증류주는 발효주를 증류해 만든 술로 소주(한국식 위스키), 위스키(스카치처럼 곡물발효주를 증류해 숙성시킨 술), 브랜디(코냑처럼 과실주를 증류한 술), 일반 증류수, 리큐르(알코올에 향과 색소를 첨가한 술)를 말한다. 앞의 분류에 속하지 않는 모든 술은 기타 주류로 구분한다. 이들 분류에 따라 주세의 과세표준과 세율이 다른데, 이를 살펴보면 다음 표와 같다.

▼ 주세의 과세표준과 세율

구분		주세의 과세표준		주세의 세율
주정 (85° 이상 증류)		종량세	공장 출고(또는 수입신고) 수량(㎘)	1㎘당 57,000원(알코올 95° 초과 시 1°마다 600원 가산)
발효주	탁주	종량· 종가세	공장출고원가	1㎘당 42,900원
	약주			30%
	청주			30%
	맥주			80%, 출고 맥주 1kg 855,200원
	과실주			30%
증류주				72%
기타 주류				10~72%

주정은 공장출고수량(㎘) 등 수량에 세율을 곱해 세금을 부과하고, 그 이외의 주류에 대해서는 공장 출고가격에 세율을 곱해 부과한다.

증류주인 소주(360ml)의 공장판매가(부가가치세 포함)가 990원이라고 할 때 부가가치세는 90원이다. 그리고 공급가액인 900원에는 공장제조원가(원료비＋노무비＋용기대금＋포장비＋일반 관리비＋이윤)와 이 원가의 72%인 주세, 주세의 30%에 해당하는 교육세가 포함되어 있다. 공장출고가에서 역산해보면 소주의 공장원가는 약 465원, 주세는 335원, 교육세는 100원인 셈이다. 공장제조원가(제조원가와 이윤)가 공장출고가(부가가치세 포함)의 47%를, 각종 세금이 53%를 차지한다는 것을 알 수 있다.

하지만 애주가들이 술집에서 마시는 소주값은 4,000원가량인데, 부가가치세 363원이 포함되어 있으므로 애주가들이 술집에서 소주 1병을 마실 때 부담하는 세금은 주세 335원, 교육세 100원, 부가가치세 363원으로 총 798원이나 된다.

맥주도 이와 유사하다. 맥주 1병(500ml)의 공장원가가 500원이라면 보통 술집에서는 4,000원 정도 한다. 이 경우 주세와 교육세, 부가가치세를 합하면 총 831원이다. 소주보다 세금 부담이 좀 더 많다.

반면, 막걸리(탁주)는 주세율이 낮아 공장출고원가의 5% 그리고 그 10%가 교육세다. 막걸리의 공장출고원가가 800원이라면 주세와 교육세, 부가가치세는 180원가량이므로 맥주나 소주에 비해 훨씬 적다. 따라서 막걸리 열풍으로 소주나 맥주 소비량이 줄어들면 국가재정에는 마이너스가 되는 아이러니가 있다.

맥주나 소주, 국내산 위스키와 달리 국내산 와인은 주세율이 다르다. 와인은 과실주에 속하므로 주세가 30%, 주세에 대한 부가세인 교육세가 10%다. 따라서 국내 와인의 세부담은 소주나 맥주, 국내산 위스키에 비해 적은 편이다.

수입 주류의 세금

그렇다면 수입 주류는 어떨까? 수입 주류에 붙는 세금은 국내산 주류와 달리 여러 가지 부대원가와 세금이 추가된다. 우선 수입 주류의 수입원가에는 현지구입가에 운임과 해상보험료 등이 가산되고, 이 합산한 금액의 최저 5%에서 최대 30%에 이르는 관세가 부과된다. 수입관세는 주정·주류의 증류와 나라 간 관세협정에 따라 관세율이 다르다.

여기에 주세 등이 과세되므로 세금 부담이 국내산보다 더 커진다. 더욱이 수입물품에 대해서는 검역수수료, 보세창고 보관료, 국내운송료, 거기에다 유통마진(수입상 20~30%, 도매상 15~20%, 소매상 20~30%)까지 부가되므로 최종소비자들이 마시거나 구입하는 와인 가격에 포함되는 부가가치세 부담은 더욱 커진다.

따라서 똑같은 와인이라도 칠레산은 9.5%, 미국산이나 유럽산은 30%의 관세율이 차등부과되므로 그에 따른 관세 차이가 주세와 교육세, 부가가치세에 고스란히 전가된다. 예를 들어 프랑스산 와인과 칠레산 와인의 수입원가가 똑같이 4,500원이라면 관세율 차이에 의해 세관출고가는 1,200원 차이가 난다. 다음 표는 국내산 소주와 맥주, 외국산 와인의 출고가에 포함된 세금 비중을 비교한 것이다.

▼ 주류 출고가에 포함된 세금 비중

구분	소주(360㎖)	맥주(500㎖)	프랑스산 와인	칠레산 와인
공장제조, 수입원가	465원	500원	4,500원	4,500원
관세(수입원가 × %)	국내산	국내산	1,350원(30%)	427원(9.5%)
주세(관세포함가 × %)	335원(72%)	200원(40%)	1,755원(30%)	1,606원(30%)
교육세(주세 × %)	100원(30%)	60원(30%)	175원(10%)	160원(10%)
부가가치세 (세포함가 × 10%)	90원	76원	778원(10%)	669원(10%)
공장 또는 세관출고가	990원	836원	8,560원	7,362원
세금 비중	53%	40%	47.42%	38.87%

국내 주류와 수입 주류의 세금 비중이 다른 것은 술의 종류가 다르기 때문이다. 따라서 관세효과는 국내 주류를 보호하는 효과를 가져오는 것이 분명하다. 다만, 자유무역협정에 의해 관세가 사실상 철폐되면 수입 주류의 가격이 크게 떨어질 것이므로 애주가들의 주머니 사정이 조금은 나아지지 않을까 싶다.

113

이혼 관련 세금

재산분할을 할 것인가, 위자료로 받을 것인가? 통계청의 발표에 따르면, 2022년 한 해 혼인 건수는 191,697건, 부부가 헤어져 이혼한 건수는 93,223건으로 나타났다. 하루 평균 525쌍이 결혼하고, 255쌍이 이혼한 것이다.

이혼은 누구에게나 큰 아픔이다. 결혼 지속에 따르는 갈등을 정리하려는 절차가 이혼이기는 하지만, 이혼 절차를 진행하면서 심적 고통이 가중된다는 것이 이혼 경험자들의 공통된 이야기다. 공통의 재산을 나누고 위자료를 정리하는 과정 자체가 일심동체 관계를 이심이체(二心二體)로 나누는 고통을 수반하기 때문이다.

이혼에 따른 세금

이런 아픔에 세금까지 물어야 한다면 얼마나 억울할까? 이혼을 하더라도 세금 부담을 줄이려면 이혼과 관련된 세금 문제를 점검하는 것이 필요하다. 같은 위자료 성격의 재산을 지급하더라도 유형에 따라 세금을 물어야 할 수도 있고, 세금을 전혀 물지 않고 소유권을 이전할 수도 있기 때문이다.

이혼에는 부부 공동의 재산을 어떻게 나눌 것인가 하는 문제와 이혼에 따른 위자료 지급이라는 민사(民事)적인 문제가 수반된다. 물론 이혼을 야기한 당사자가 지는 책임의 경중에 따라 분배 비율이 달라진다. 이와 같이 이혼에 따른 재산분할과 위자료 문제는 세금 문제와 연관이 있으므로 세심한 주의를 기울여야 한다. 사례를 살펴보자.

(사례) 서울에 사는 Z씨는 아파트 2채를 소유하고 있었는데, 배우자와 성격 차이로 이혼을 하게 되었다. Z씨는 이혼을 하면서 혼인 전부터 소유해온 아파트 1채(시가 10억 원, 취득가 3억 원)의 소유권을 배우자 명의로 이전해주었다. 대가를 받고 소유권을 넘겨준 것이 아니므로 Z씨는 세금을 신고·납부하지 않았다. 그런데 1년 후 세무서로부터 2억 8,000만 원 정도의 양도소득세 고지서가 발부되었다. 너무 황당해 내용을 알아보니, 소유권이전등기원인이 '이혼위자료 지급'으로 되어 있어 양도소득세 과세 대상이라는 것이었다. 왜 이런 일이 발생했을까?

세법은 이혼에 따른 부동산 소유권 이전 유형을 재산분할청구와 이혼위자료에 의한 이전으로 구분하고, 각각에 대해 세법 규정을 달리하고 있다.

재산분할청구로 부동산 소유권 이전

첫째, 협의이혼이든, 재판에 의한 이혼이든 「민법」 제839조 제2항에서 규정하는 재산분할청구로 인해 부동산 소유권을 이전한 경우다. 이럴 때는 부동산의 소유권을 이전하더라도 증여세와 양도소득세 과세 대상에 포함되지 않는다. 재산분할청구란, 부부 공동의 노력으로 이룩한 공동재산을 나누는 절차로 결혼 후에 취득한 부동산은 부동산의 명의에도 불구하고 부부 공동의 재산이므로 이혼과 함께 소유권을 이전하는 것은 결국 명의만 이전하는 절차라 할 수 있다. 즉, 재산분할이란, 타인 명의로 된 자기 재산을 돌려받는 것이므로 무상으로 재산을 취득하는 증여나 위자료라는 대가로 받는 양도에 해당하지 않는다.

이와 같이 소유권이전등기를 할 때 등기원인은 '재산분할청구로 인한 소유권 이전'이 되며, 어떤 세금도 부담하지 않고 소유권을 이전할 수 있다 (단, 이혼합의서, 판결문 등의 서류가 첨부되어야 한다).

참고로 「민법」 제839조 제2항은 재산분할청구권에 대해 협의에 의해 이혼한 자의 일방은 다른 일방에 재산분할을 청구할 수 있고, 재산분할에 관해 협의가 되지 않거나 협의할 수 없을 때 가정법원은 당사자의 청구에 의해 당사자 쌍방의 협력으로 이룩한 재산의 액수, 기타 사정을 참작해 분할 액수와 방법을 정하며, 이 재산분할청구권은 이혼한 날부터 2년이 경과한 때에 소멸한다고 정하고 있다.

이렇게 이전된 부동산을 이혼 후에 양도할 때 취득 시기는 이혼 전 최초 취득 시점이라는 점도 알아두어야 양도소득세 계산 시 실수가 없다.

이혼위자료의 대가로 부동산 소유권 이전

둘째, 이혼위자료 등의 대가로 대물변제되어 부동산 소유권을 이전하는 경우다. 이럴 경우 양도소득세 과세 대상이 된다. 당사자 간의 합의에 의하거나 법원의 확정판결에 의해 일정액의 위자료를 지급하기로 결정하고 당사자 일방이 소유하고 있던 부동산의 소유권을 상대방에게 이전하는 것은 그 자산을 양도하는 것으로 간주하기 때문이다. 이혼위자료라는 채무를 변제하기 위해 부동산을 주는 것은 일종의 대물변제에 해당한다.

「소득세법」상 대물변제는 양도의 한 유형에 속한다. 이럴 경우 소유권 이전등기를 신청할 때 등기원인을 '이혼위자료 또는 정신적 피해보상의 대가 지급'이 되며, 이전하는 부동산이 1세대 1주택 비과세 요건을 갖추지 않았다면 양도소득세를 물어야 한다. 그리고 위자료로 받은 부동산을 양도할 때 취득 시기는 최초 취득 시점이 아니라 위자료로 등기이전한 때라는 점을 알아둘 필요가 있다.

Z씨의 사례에서 양도소득세가 추징된 이유는 1세대 2주택 상태에서 '재산분할청구'에 의한 것이 아니라 '이혼위자료'로 주택의 소유권을 이전해주었기 때문이다. 만약 해당 주택이 1세대 1주택에 해당되었다면 양도소득세 과세 대상이기는 하지만 양도세를 추징당하지는 않았을 것이다.

▼ 재산분할청구와 위자료 지급의 소유권 이전

구분		재산분할청구 소유권 이전	위자료 지급 소유권 이전
증여세		없음	없음
양도세	이혼 당시	없음	있음
	이혼 후	보유기간은 이혼 전 취득 시점부터 계산	보유기간은 이혼 후 명의이전 시부터 계산

재산분할청구권은 혼인 후 형성된 재산에 대해서만 적용

하지만 여기서 주의해야 할 점이 있다. 재산분할청구권은 혼인 후 형성된 재산에 대해서만 적용된다는 점이다. 재산분할청구란, 자기 재산의 환원을 그 내용으로 하고 있기 때문이다. 따라서 혼인 전 재산은 공동의 재산이 아니라, 결혼 전 각자의 노력으로 취득한 개별 재산에 속한다. 이와 같은 재산은 재산분할청구 대상이 되지 않는다. 이렇게 혼인 전에 취득한 부동산의 소유권을 이전할 때는 이혼위자료의 지급으로 봐서 당연히 양도소득세가 과세된다.

이혼 전에 소유권 이전은 증여

앞서 언급한 방법과 달리 정식 이혼 전에 소유권을 이전해주는 경우도 있다. 이것은 소유권이전등기원인이 '증여'가 되어 증여세 과세 대상이 된다. 하지만 배우자로부터 증여를 받으면 10년 동안 합산한 금액 6억 원까지는 증여공제를 하므로 부동산의 시가가 6억 원이 되지 않는 경우에 택할 수 있는 방법이다. 단, 증여 방식은 정식 이혼을 하기 전에 선택해야 한다. 이혼한 후에 증여하게 되면 부부간 증여가 아니라 타인 간 증여가 되므로 공제 없이 전액 증여세가 과세되기 때문이다.

이혼으로 인해 안 그래도 마음이 아픈데 세금까지 물어야 한다면 그 고통은 더욱 커질 수밖에 없다. 따라서 불가피하게 이혼하게 되어 부동산 등의 재산을 나눈다면 소유권이전등기 원인을 재산분할청구에 의한 소유권 이전으로 해야 양도소득세나 증여세를 합법적으로 피할 수 있다. 부부 관계를 정리하는 마지막 단계에서 좀 더 냉정한 마음으로 세무 처리를 해야 그나마 고통을 줄일 수 있지 않을까?

114

예술가 관련 세금

작가, 화가, 음악가 등 예술가들은 세금을 어떻게 낼까? 세법은 예술가들의 창작활동과 그 결과물을 어떻게 다룰까?

결론부터 말하면, 세법은 예술가들의 예술활동에 생각보다 관대하지 않다. 소설가 K씨는 모 신문사 칼럼을 통해 '작가와 세금'에 대해 이야기하면서 '(작가들의) 수입은 투명하게 다 잡히는데 적어넣을 비용은 없으니 버는 돈 거의 전부가 과세 대상이 된다. 예전에는 이런 난점 때문에 작가의 경우 수입의 일정 비율을 무조건 비용으로 인정해주었지만, 그 비율이 점점 줄어들고 있다. 반면 무기장사업자에 대한 가산세는 계속 늘고 있다. 장부를 쓰자니 적을 것이 없고, 적지 않자니 가산세를 무는 진퇴양난의 상황이다'라고 토로하기도 했다.

예술활동의 두 가지 방식

첫째는 인적용역을 제공하는 방식이다. 예를 들어 저술가 또는 작곡가가 사업자의 의뢰를 받아 원고를 써주거나 작곡을 해주고 대가를 받는 경우다. 이렇게 용역을 대가로 받는 경우 예술가들은 자신의 용역 제공 결과물, 예를 들어 소설이나 노래 등에 배타적인 저작권을 인정받는다.

둘째는 재화를 제공하는 방식이다. 재화란, 재산적 가치가 있는 모든 유체물과 무체물을 말하는데, 예술가들에게 재화란 독립적인 예술활동의 결과물, 즉 예술작품 또는 작품에 대한 권리(저작권)다. 예술가들 자신이 창작활동의 결과물인 소설이나 그림, 조각작품, 도예품 등을 판매하거나 예술창작물에 대한 배타적·독점적 권리인 저작권을 제공하는 것이 이에 속한다. 저작권의 대상이 되는 것은 소설, 시, 논문, 강연, 연기술, 각본, 음악, 연극, 무용, 회화, 서예, 도안, 조각, 공예, 건축물, 사진, 영상, 도형, 컴퓨터프로그램 등으로 이들은 법적 보호를 받는다.

예술에 적용하는 세금

세법은 이러한 예술활동에 대해 재화 또는 용역의 제공 자체에 부가가치세를 과세하는 방식과 예술활동을 통해 얻은 소득에 대해 소득세(또는 법인세)를 과세하는 방식으로 과세한다.

우선 예술가들은 예술활동이라는 용역의 제공(저작권의 사용료 포함)에 대해 부가가치세를 면제받는다. 하지만 예술활동에 대한 부가가치세가 면제되려면, 세법상 개인이 물적 시설(사업적 설비) 없이 근로자를 고용하지 않고 독립된 자격으로 용역을 공급하고 그 대가를 받는 경우에 한한다.

따라서 이러한 활동을 개인이 아니라 집단(또는 법인)이 행하거나, 사업적인 설비(물적 시설)를 갖추고 행하거나, 근로자를 고용해 행하면 부가가치세가 과세될 수 있다. 예를 들어 극장에서 영리활동의 하나로 공연하는 연극이나 뮤지컬 등은 부가가치세가 과세되는 용역활동이 된다.

또한 예술창작품이나 영리를 목적으로 하지 않는 예술활동 또는 문화행사에 대해서도 부가가치세를 면제하는데, 이 경우 예술창작품은 미술, 음악, 사진에 속하는 예술창작품에 국한된다. 즉, 영리적인 목적의 공연, 영화 등에는 부가가치세를 과세한다.

예술활동으로 얻은 소득에 부과하는 소득세

예술가들은 예술활동을 통해 얻은 소득에 대해 소득세를 내야 한다. 예술가들이 부담하는 소득세는 유형에 따라 두 가지로 나뉜다. 하나는 사업소득세이고, 다른 하나는 기타소득세다.

사업소득과 기타소득의 구분은 이렇다. 예술가들이 사업적으로 계속해서 활동하며 얻은 소득이면 사업소득으로 보고, 일시적이며 우발적인 활동에 따른 소득이면 기타소득으로 본다. 사업소득과 기타소득은 소득을 지급하는 사업자가 대가를 지급할 때 그에 대한 원천징수를 하는 것은 동일하지만, 원천징수 방법과 세율은 다음 표와 같이 다르다.

▼ 예술활동에 부과하는 세금

구분	원천징수 방식, 세율(지방소득세 포함)	종합소득세 합산신고 여부
사업소득	총지급액의 3.3%	합산신고의무
기타소득	'총지급액 – 필요경비(총지급액의 60%)'의 22%	연간 기타소득금액 300만 원 초과 시에만 합산신고의무

즉, 사업소득에 대한 원천징수는 총지급액의 3.3%인 반면, 기타소득에 해당되면 총지급액의 60%를 필요경비로 공제한 잔액에 대해 22%(총지급액 기준으로 보면 8.8%)를 소득세(지방소득세 포함)로 원천징수한다는 점에서 다르고, 매년 5월 말까지 종합소득으로 합산해 신고할 의무가 있는지 여부에 따라 다르다. 사업소득으로 본다고 해서 반드시 예술가들이 사업자등록을 해야 하는 것은 아니다. 사업자등록을 하지 않아도 사업자로 간주해 소득세를 계산한다.

일반적으로 예술가들은 사업자등록을 하지 않고 예술활동을 하기 때문에 장부기장을 하지 않는 경우가 많다. 따라서 대부분 추계에 의해 소득세를 계산하는 방식을 택한다.

이때 직전 연도 수입이 2,400만 원이 초과되는 기준경비율 대상자가 된다면 꼼꼼한 장부기장이 필요하다. 장부기장을 하지 않았을 때는 추계에 의한 경비 인정을 제한하고, 미기장에 대한 제재를 강하게 하기 때문이다.

▼ 예술가의 단순경비율과 기준경비율

| 구분(2019년 귀속분) | 단순경비율(연간 수입 기준) | | 기준경비율 |
	4,000만 원 이하	4,000만 원 초과	
작가	58.7%	42.2%	16.7%
화가, 조각가, 만화가, 삽화가, 도예가	72.3%	61.2%	18.0%
작곡가, 편곡가, 작사가, 각색영화편집	58.5%	41.9%	20.7%
배우, 탤런트, 성우, 코미디언, 개그맨 등	34.0%	7.6%	9.7%
모델	50.8%	31.1%	6.9%
가수	37.3%	12.2%	12.2%
성악가, 국악인, 무용가, 영화감독, 연출가 등	53.1%	34.3%	20.7%
엑스트라, 조명, 촬영, 장치, 녹음, 기타	70.9%	59.3%	23.7%

(사례) A씨는 꽤 알려진 소설가로, 2022년 소설의 인세 소득만 1억 5,000만 원이었다(직전 연도에는 8,000만 원이었다). 이름이 알려지다 보니 강연 요청도 많이 들어와 강연료 수입도 2,500만 원에 달한다. A씨는 장부작성 같은 일을 귀찮아해 소득세를 추계로 신고한다. 이 경우 A씨의 소득세는 얼마나 될까?

우선 A씨는 사업소득으로 얻은 수입이 1억 5,000만 원이고, 기타소득으로 얻은 수입이 2,500만 원이다. 강연료는 작가에게는 일시적이고 우발적인 수입이므로 기타소득으로 구분된다. 그리고 기타소득금액이 연간 300만 원이 넘으므로(2,500만 원의 40%는 1,000만 원) 종합소득에 합산해 신고해야 한다. 그런데 사업소득 1억 5,000만 원에 대해서는 3%, 기타소득 2,500만 원에 대해서는 8%에 해당하는 소득세가 원천징수되어 이미 납부한 세금이기 때문에 나중에 공제받게 된다.

A씨는 직전 연도 수입이 8,000만 원이므로 기준경비율 대상자이자 복식부기의무자에 해당한다. 하지만 전혀 기장하지 않고 다른 증빙도 없으므로 기준경비율로 신고한다고 가정한다(소득상한배율이 3배이므로 단순경비율이 불리하다. 49장 참고).

A씨의 종합소득은 사업소득금액 1억 2,495만 원(=1억 5,000만 원 - 1억 5,000만 원 × 16.7%)에 기타소득 1,000만 원(=2,500만 원 × 40%)으로 합계금액이 1억 3,495만 원이다. 여기에 인적공제 등 여러 가지 소득공제를 합한 종합소득공제금액이 1,430만 원이었다면, 종합소득세 과세표준은 1억 2,065만 원이 된다. 과세표준에 누진세율을 곱하면 산출세액은 29,466,250원(지방소득세 포함)인데, 여기에 무기장가산세(산출세액의 20%)를 추가로 부담해야 한다. 그다음 원천징수된 세액 715만 원(지방소득세 포함)을 공제하면 추가로 납부할 소득세는 22,316,250원이 된다. 따라서 A씨는 자신이 벌어들인 수입의 16.8% 정도를 세금으로 부담하는 셈이다.

부동산의 취득에서
보유, 임대, 양도까지
부동산 세금을 한 권으로 끝낸다!

유종오 지음 | 280쪽 | 18,000원

▶ 부동산 거래를 앞두고 있다면 꼭 챙겨야 할 필수 상식사전!

▶ 큰 돈 오가는 부동산 거래, 웬만한 재테크보다 절세가 중요하다!

▶ 나는 세무사 도움 없이도 환급 & 절세한다!